天下祭読本

——幕末の神田明神祭礼を読み解く

神田神社本殿（平成 17 年大祭）

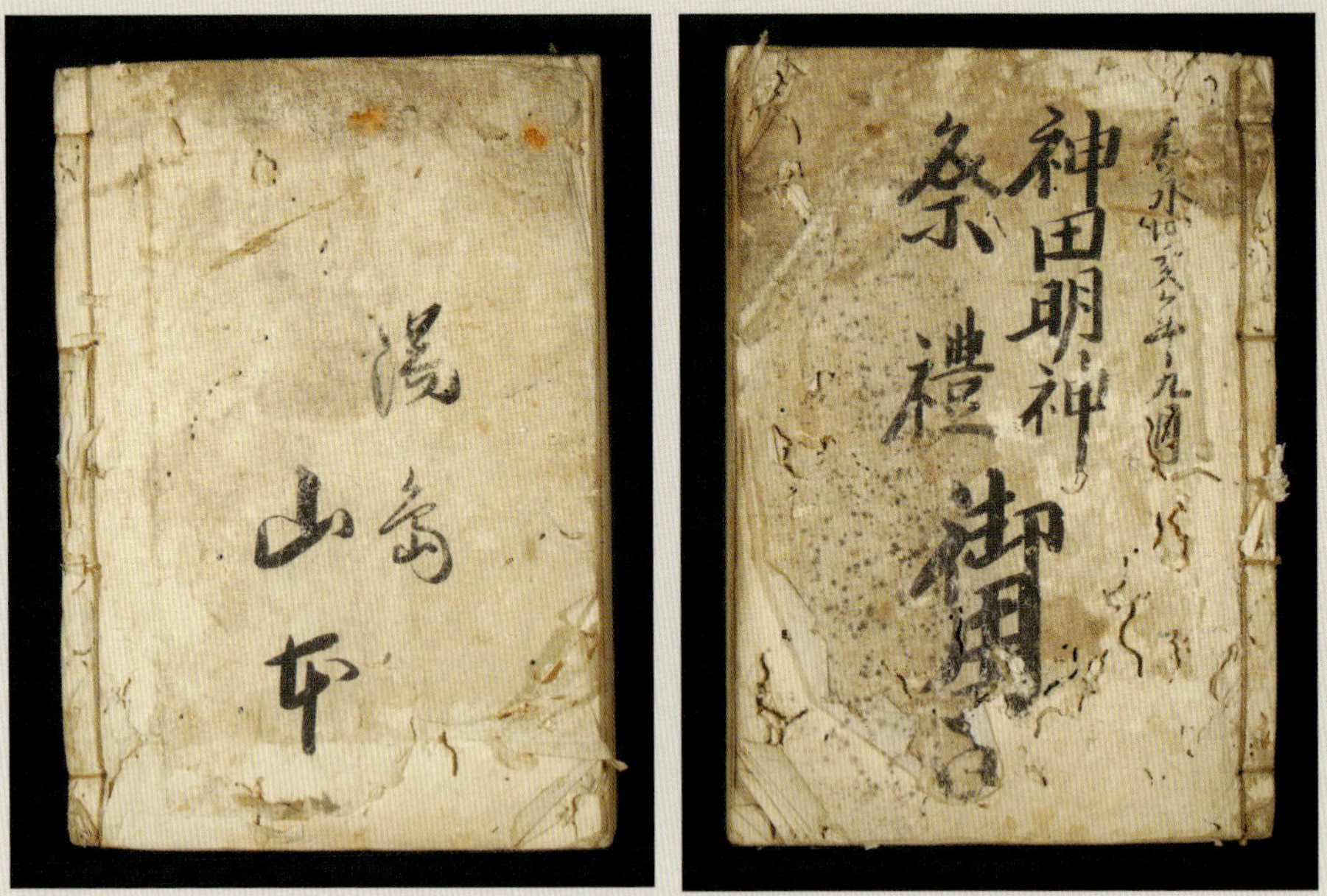

▲嘉永四年「神田明神祭礼御用留」　右：表紙、左：裏、神田神社蔵

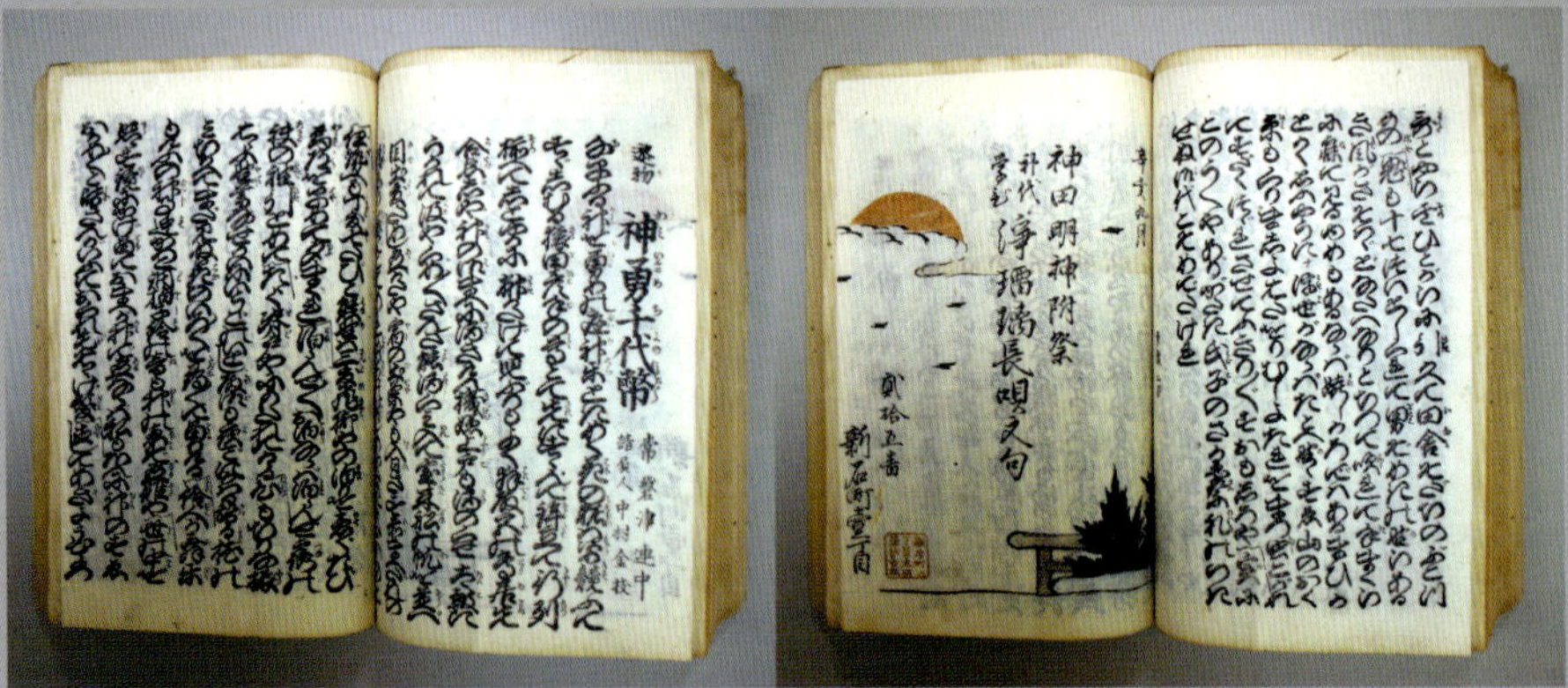

▲附祭唄本、嘉永四年「神田明神御祭礼御用留」所収

▲「神田明神御祭礼之図」（部分）喜多川歌麿画、神田神社蔵

▲「神田明神祭礼絵巻」（部分）幕末期製作、 神田神社蔵

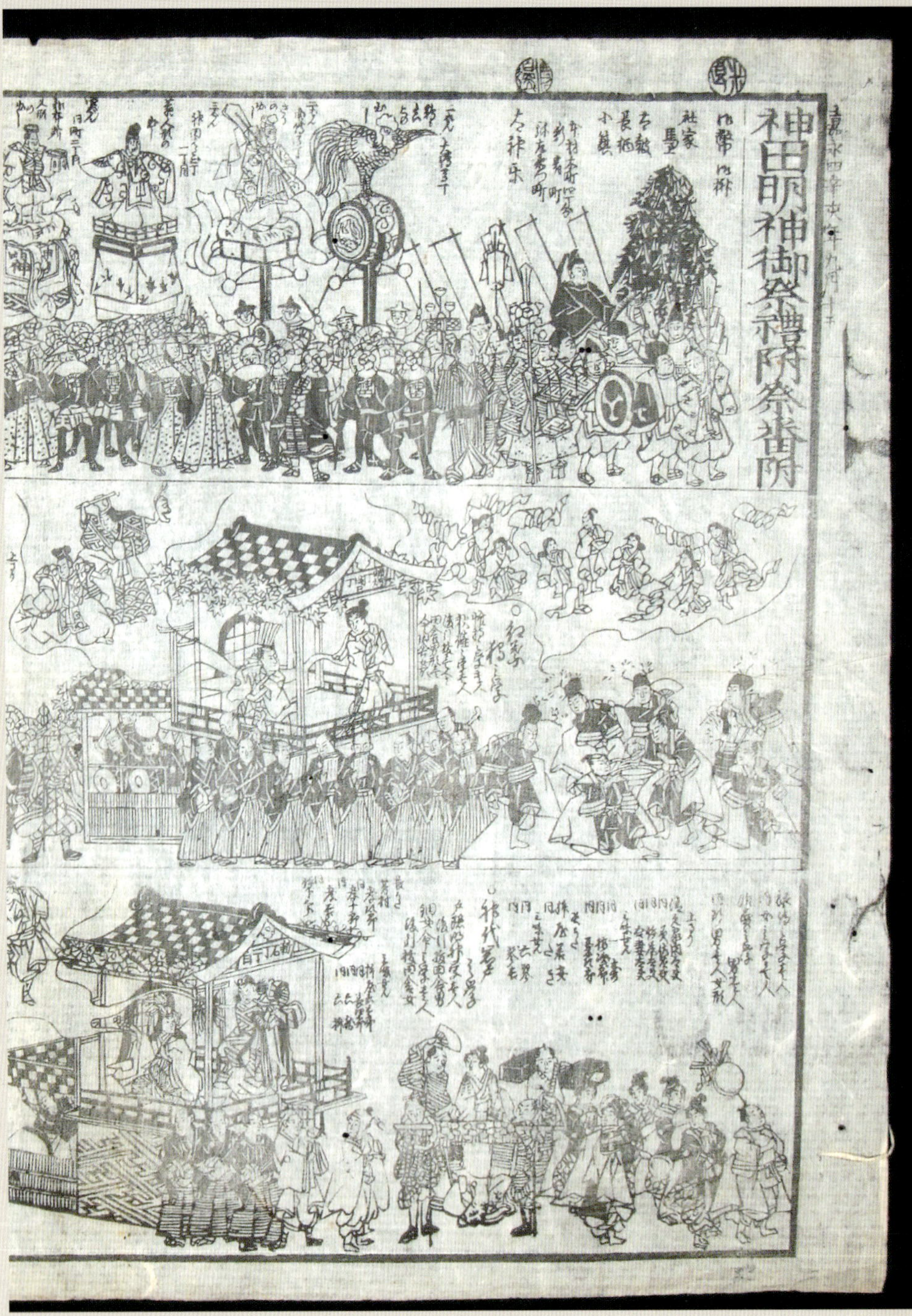

神田明神御祭禮附祭番附

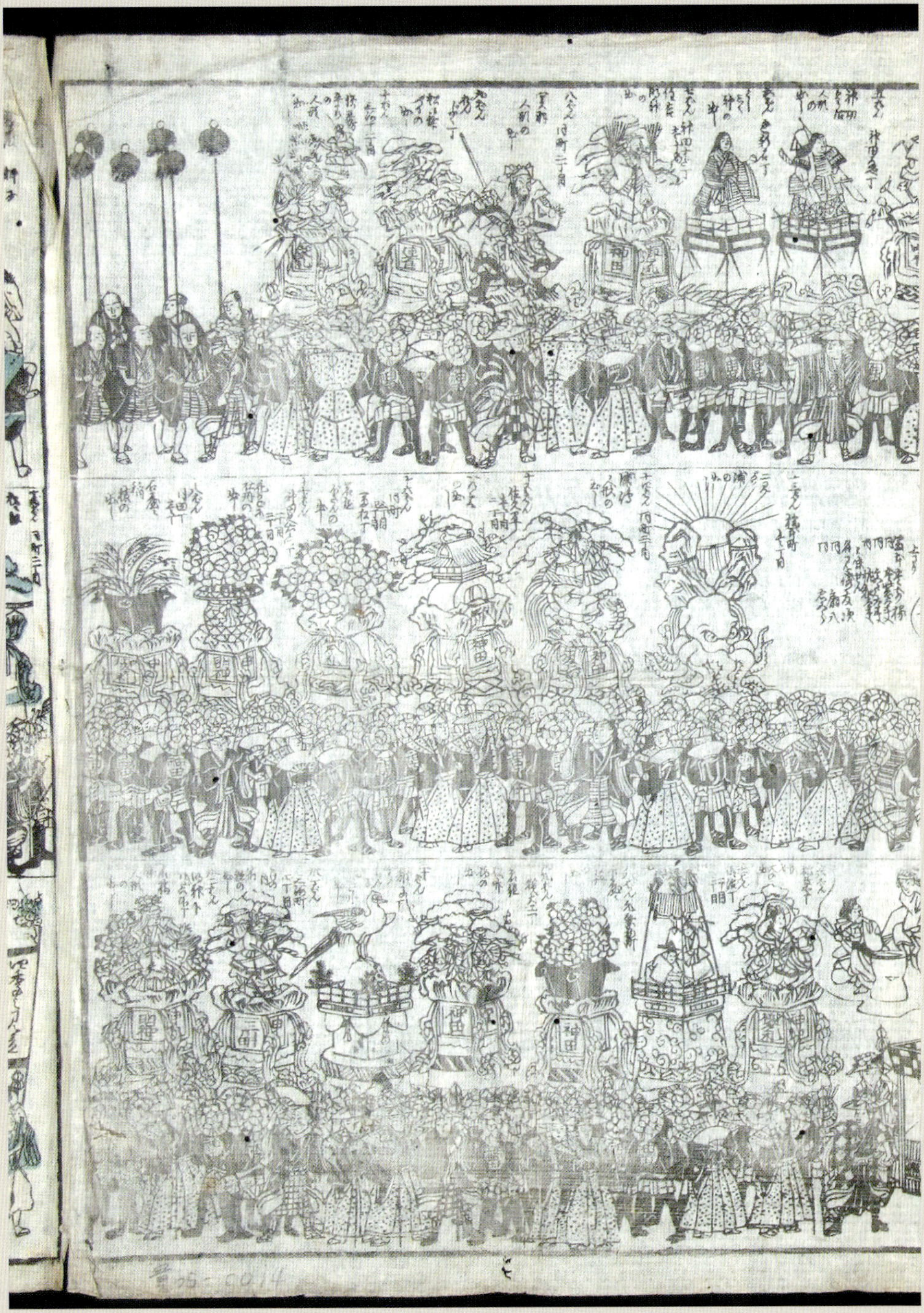

▲「神田明神祭礼附祭番附」嘉永四年、神田神社蔵、次頁も。（文字は資料編 222 ～ 223 頁参照）

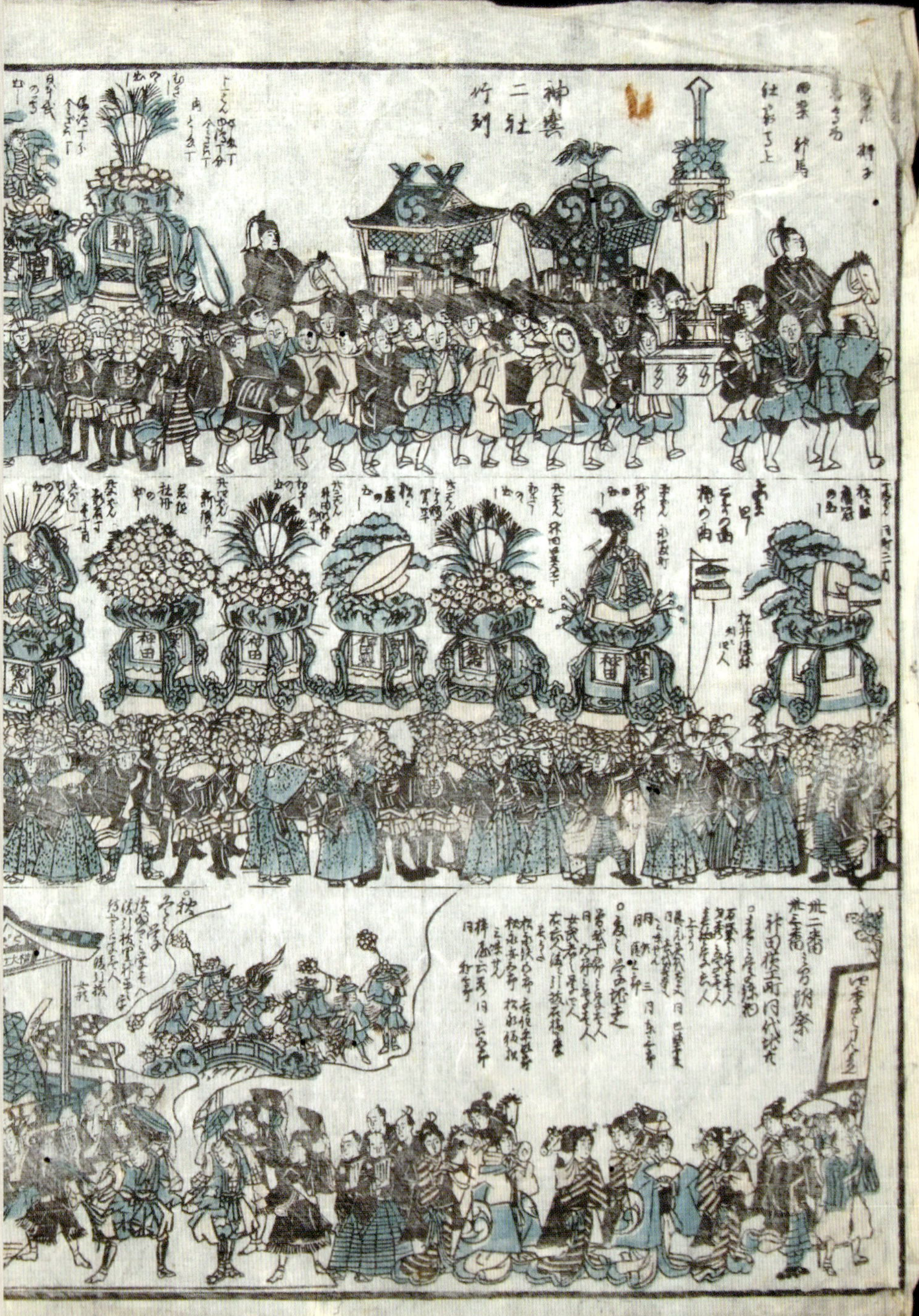

神輿二社行列

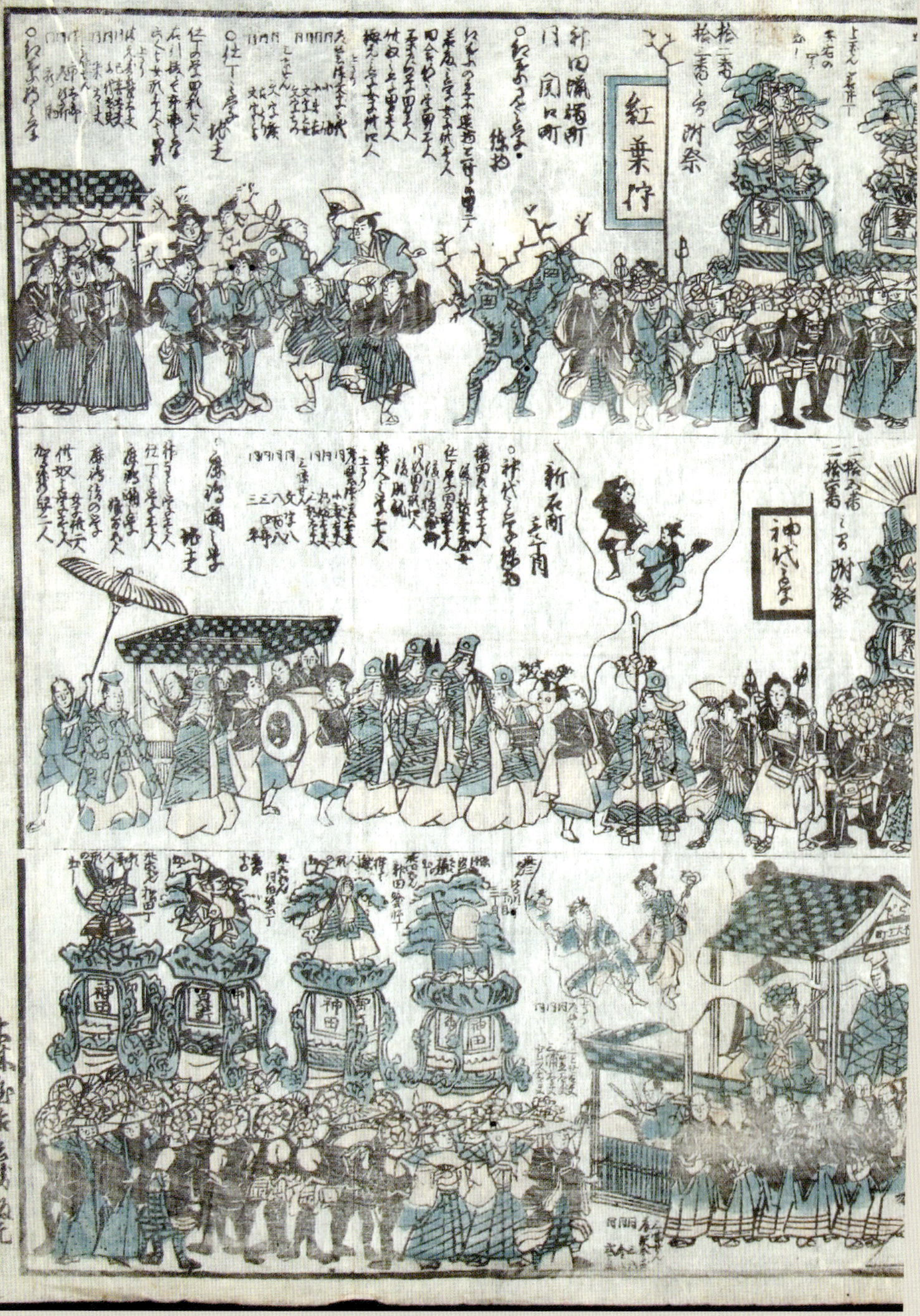
紅葉狩
附祭
新石町
附祭
神田

▲「神田大明神御祭礼附祭之図」天保八年、喜多川歌麿画
神田神社蔵

▲「神田明神御祭礼御免番附」文政八年、神田神社蔵

▲「神田御祭礼附祭番附」天保八年、神田神社蔵

『天下祭読本』の刊行によせて

神田神社宮司　大鳥居　信史

神田祭は江戸時代、徳川将軍も上覧した祭礼として「天下祭」と称されたことは、本書を手にした方ならご存知のことでしょう。

神田祭は、時代により新たな創造を加え絶えず変化し続けてきましたが、人々の心根にある「江戸」そして「天下祭」への誇りは途切れることなく脈々と受け継がれてまいりました。そうした神田祭の新たなる創造と誇りの継承、そこには未来そして世界へと神祭りを中心とする日本文化の素晴らしさ、楽しさを伝えていくという願いが込められております。

本書『天下祭読本』は嘉永四年という、ペリー来航を二年後に控えた幕末の、日本が激動の渦中に歩を進めつつあった時代の神田祭を描き出しております。改めて「日本とは」そして「江戸とは」を自問し、未来そして世界に対して発信するべき時代に行われた祭礼の姿を伝えております。

そうした激動の中でも当時の人々は誇りを胸に精一杯、神田祭を賑々しく楽しんだことが本書を一読すれば手に取るようにわかります。

嘉永四年と同様、今日は江戸とはそして日本とはが問われている時代です。神田祭という日本人の根底に息づく祭礼文化を実感していただければ幸いです。

本書の刊行にあたり、大橋亘男様、都市と祭礼研究会の皆様、株式会社雄山閣の編集部の皆様をはじめ非常に多くの方々のご尽力とご協力をいただきました。心よりあつく御礼申し上げます。

平成一九年四月吉日

目次

はじめに

都市と祭礼研究会代表　福原　敏男

「火事と喧嘩は江戸の華」というが、華を担った主体は鳶職、仕事師（衆）と呼ばれた土木工事業者（火消しを兼ねた）や各町の若者組であった。彼らはもう一つの「江戸の華」、火事や喧嘩のような突発的な出来事ではない、年中行事である「天下祭」をも担っていた。

天下祭とは隔年で行われた神田明神祭礼と赤坂の山王祭礼を指すが、都市と祭礼研究会は、天下祭を実際に行う人びとに視点をすえて祭礼を総合的に考えたい、という希望に燃えて出発した。二〇〇四年九月二六日、荒川ふるさと文化館においてのことであった。そのため、皆川義孝氏と鈴木努氏が発見した『嘉永四年神田明神祭礼御用留』を輪読することが決まった。天下祭は、神社（別当）、幕府それに町方の、三位一体の江戸最大のイベントでもあったが、当会は「町方から天下祭を考える」ことを第一の目標と定めた。従来の都市祭礼研究は社会学、人類学、民俗学、宗教学など「共時的学問」、「現在学」志向の諸学が中心であったが、当会は近世都市史の視点より祭礼を考えることを目的とした。当会は会則もなく、事務局を亀川泰照氏が引き受けて下さり、私は本書の監修を委任された。会場は荒川ふるさと文化館を中心としたが、静岡県掛川市横須賀の祭礼を支えている田中興平氏よりのご縁で、第一〇回目に神田神社を会場とし（二〇〇五年七月一八日）、以降は同神社で継続し、二〇〇六年八月一九日、二三回目の例会をもって輪読が終了した。活動は個別研究報告もあり、有志にて社寺史料研究会の研究大会、書物・出版と社会変容研究会の例会、芸能史研究会の東京例会においても発表した。このほかに、天下祭資料調査を国立歴史民俗博物館（二〇〇五年三月二三日）、神田神社（二〇〇六年九月一二日）にて実施し、さらに神田祭、神田祭巡行路、山王祭巡行路の実地調査も行った。

当会には服飾史の専門家などの参会を得ることが叶わず、本書には不備な点も多々あろうかと思う。幸い選書の初回であるので、今後の課題としたい。

江戸の総鎮守、神田神社の大鳥居宮司と清水禰宜の文化事業へのご理解と情熱、出版不況といわれるなかでこの学術出版をお引き受けくださった（株）雄山閣に対しては会員一同感謝の気持ちで一杯である。

大橋亘男氏宅

嘉永四年「神田明神祭礼御用留」を読むまえに

皆川　義孝

神田祭は、千代田区にある神田神社の祭礼である。江戸時代には、祭礼の行列を江戸城内に繰り入れ、将軍の上覧を受けたことから、千代田区にある日枝神社の祭礼、山王祭とあわせて「天下祭」と呼ばれた。神田祭と山王祭は、それぞれ一年おきに行われていた。現在でも、神田祭は大祭と陰祭が隔年で行われている。祭礼の日取りは、江戸時代には九月一五日であったが、現在は五月中旬となっている。

平成一九年（二〇〇七）二月、栃木県鹿沼市上久我の大橋亘男氏から神田神社に、嘉永四年（一八五一）の神田祭を運営していた町名主が作成した貴重な記録、「神田明神祭礼御用留」（以下、「御用留」と略す）が寄贈された。この資料には、実際に神田祭に参加した神田神社の氏子、商人、職人、芸人、そして飲食業者など、さまざまな江戸町人が登場する。天下祭の主人公は、実際に祭礼を運営していた江戸の町人たちであった。しかし、これまで語られてきた天下祭の歴史では、主人公の江戸の町人との関わりには未解明な部分が多い。

今回、『神田明神選書』の第一冊目として、天下祭の歴史に新たな光を提示することを期待して、この「御用留」を紹介することとしたい。

作者と伝来

「御用留」の筆記者は、神田神社門前の湯島町名主、山本六右衛門である。山本は、同年の神田祭で祭礼取扱掛の役をつとめている。『万世江戸町鑑』（嘉永三年版）によれば、山本は湯島町一丁目から六丁目、湯島一・三丁目の代地、湯島横町、聖堂掃除屋敷、湯島棟梁屋敷、本郷金助町、同元町、豊島町一丁目から三丁目、湯島亀有町代地の名主であった。

「御用留」は、これまで寄贈者の大橋亘男氏宅で大切に保管されてきた。同家には「御用留」のほか、文久三年（一八六三）の徳川家茂の「御上洛御用留」が伝来してきたが、この筆記者も山本六右衛門と思われる。今回、「御上洛御用留」も「御用留」とともに、神田神社に寄贈となった。この二つの資料が同家に至った経緯は関連資料もなく、現在のところ不明である。このように、伝来の経緯は不明な点が多い資料であるが、これまで大切に保管してこられた大橋家に、深く感謝申し上げたい。

「御用留」の内容

「御用留」には、嘉永四年六月九日から一一月一三日までの九三件の資料が収められている。それぞれの項目の詳細な解説は本文編にゆずるが、記事の内容は神田祭の附祭に関するものが多いことが特徴としてあげられる。ついで、氏子町で出す出し（山車）、祭礼にともなう摺物及びその印刷費、祭礼の運営にともなう寄合、名主・町火消への誉置などである。

したがって、この「御用留」は従来、あまり明らかでなかった摺物の印刷代、祭礼当日の弁当代など、祭礼に関わる諸費用や附祭の唄本など、神田祭の経済や芸能を知る上で、まことに有益な資料といえよう。

天下祭の行列と附祭

天下祭は、例祭当日の神幸行列を中心とする祭礼である。神田祭では江戸時代に氏子町から、三六の出しが行列に参加した。天保改革以降の神幸行列は、神輿行列、氏子町から繰り出される出し行列、三組の氏子町が行う附祭、そして、こま廻し、太神楽などの御雇祭で構成された。附祭とは、踊り子や楽器の弾き手などが付随した行列で、天保改革の奢侈禁令以降、毎回、氏子町から選ばれた三組が練物、地走踊、踊台、それぞれ一種を出したという。附祭を行う町は、附祭年番町といい、鬮引により決定した。さらに、附祭の芸能の主題は、実施される年の江戸の町人世界の流行が色濃く反映されたものであったという。

天下祭の資料と「御用留」

「御用留」は、祭礼取扱掛となった町名主の立場で、嘉永四年の神田祭運営の顛末をほぼ一年間にわたり記録した資料である。従来、天下祭の担い手であった町役人などの町方の動きを窺い知れるような資料は少なく、祭礼と江戸などの地域社会との関わりにはまだ未解明な部分が多い。

これまで近世都市史の分野では、天保改革以前の天下祭を「典型」「原型」と位置づけてその解明につとめてはいるが、改革以降の成果が比較的少ない。この一方で、芸能史などの分野では、天保改革以降の天下祭の芸能者や音楽などの資料を積極的に紹介するなど、天保改革以降の天下祭に関する多くの成果がある。このように芸能史などでは天下祭を実際におこなっていた江戸町人や芸能者の姿に着目している。こうした近世都市史を取り巻く状況を鑑みても、この「御用留」を紹介する意義は大きいと思われる。

天下祭に関する資料は、文書資料、絵画資料、刊行物と、大きく三つに分類される。

文書資料としては、町奉行所作成の「旧幕府引継書」（国立国会図書館所蔵）があり、「御用留」のように町役人が作成した町方資料、氏子町などの町内文書、個人的に作成された日記などの私文書が含まれる。絵画資料としては、祭礼絵巻、祭礼番附、屏風絵・襖絵、錦絵、絵馬などがあげられる。刊行物は、天下祭において印刷された摺物であるが、祭礼の出し（山車）や附祭の行列を描いた「祭礼番附」、附祭の唄本である「浄瑠璃唄本」、天下祭に関わった芸人の名前、年齢、芸名などを列記した「芸人名前帳」、さらに芸人の名前を印刷した「千社札」などがあげられよう。すなわち、刊行物は祭礼芸能と密接な内容の資料といえ、とくに「祭礼番附」、「浄瑠璃唄本」、「芸人名前帳」は天保改革以降の天下祭でさかんに刊行されたという。

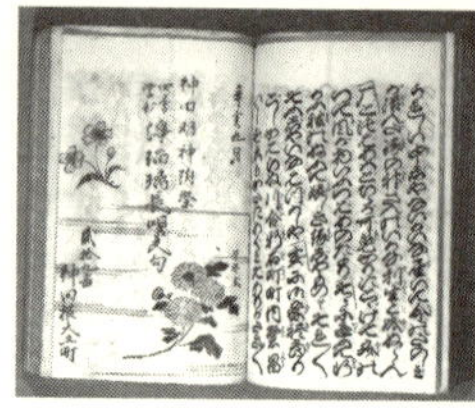
唄本表紙

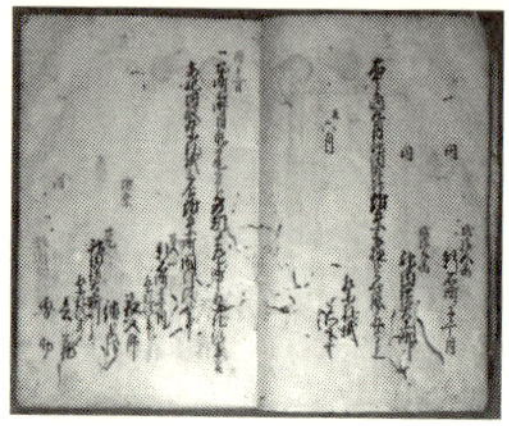
籤引の記事

嘉永四年の神田祭の資料には、町奉行所が作成した「神田祭礼一件」(「旧幕府引継書」)もある。これには、「御用留」にはあまり記録がない、神輿やこま廻しなどの御雇祭に関する記事が数多く登場する。したがって、嘉永四年の神田祭の全体像を解明する上では、この資料の解読も必要であるが、この点は今後の課題とさせていただきたい。

本書の資料編には、「御用留」を理解する上での一助となるよう「神田明神御祭礼附祭番附」(嘉永四年)、上野学園大学蔵「神田明神附祭芸人名前帳」(嘉永四年)、須藤由蔵の日記である「藤岡屋日記」(抜粋)などを収録した。これらの資料と「御用留」を複合的に分析することにより、天下祭に新たな視点を提示できると思われる。

天下祭と鬮引

「御用留」には、二つの鬮引の記事が登場する。一つ目は、嘉永四年六月一二日の夕刻に本町三丁目の料亭亀の尾にて行われている。この鬮引は、附祭年番町を決定するものであった。神田蝋燭町・同関口町、新石町一丁目、神田横大工町、神田松田町の四組が参加した。鬮引の結果、神田松田町は落選し、嘉永四年の附祭年番町から外れた。二つ目は、同年四月二五日、亀の尾を会場に、九月一五日の祭礼当日における衣装改の受け持ち場所を決定するために鬮引が行われている。

鬮引の実態は不明だが、天下祭の実施にあたり、鬮引も重要な行為のひとつであったと思われる。

附祭と請負人

天保改革以降の天下祭では、芸能者の台頭が特徴としてあげられる。特に、附祭の芸能は、芸能のプロデューサーである請負人に依頼し、請負人が町師匠を選び制作した。請負人は、浄瑠璃、長唄、踊の芸人が多かったという。また、嘉永期ともなると女子の就職、結婚には踊や三味線などの稽古事が必須条件であり、稽古事の反映がみられた。この踊などを教える町師匠は、天下祭の芸能を支えていた芸人であった。

また、一八世紀には江戸の芸能者が近郊の都市祭礼に雇われるなど、江戸の芸能の商品化やその活動が広範囲にわたっていた。

では、附祭の請負人は、どのように決定されたのであろうか。「御用留」に祭礼取扱掛として登場する雉子町名主の斎藤月岑の日記で、天保一二年(一八四一)七月一五日の条に「夜、豊前太夫祭礼頼ミに来る、町内はさとミ(里見)太夫受負に極り候ニ付、翌日断る」とある。この記事は、同年の神田祭に関するもので、月岑の町では請負人を里見太夫なる芸能者に依頼していた、それにも関わらず豊前太夫なる芸能者が売り込みに来た。請負人や芸能者にとって天下祭の祭礼を担当することは、彼らにとっていかに重要なことであったかが窺える。また、嘉永三年の山王祭では、山下町名主伊左衛門が請負人に対して多分な金銭を要求し、番所に訴えられた事件が発生している。請負人の決定には金銭的な問題が多分に絡んでいたのである。おそらくこうした状況は、嘉永四年の神田祭でもみられたであろう。

幕末江戸という未知の時代を生きた江戸町人の実態にせまるためにも本資料は重要な手掛かりを提供してくれているにちがいない。そこで本書には、祭礼研究、芸能史研究、江戸町人研究などの分野で現在一線に立っている研究者による「読解帖(よみときのーと)」数篇を掲載した。これは本資料を素材として幕末江戸の社会を読み解くための一視点を提示したものであり、今後こうした視点がさらに深められていくことを期待しての試論の意味も込められている。

おわりにかえて

以上、「御用留」の資料的な価値、天下祭と「御用留」の関係、嘉永期の天下祭の状況などについて簡単にふれてきた。本文編では、各項目の資料の翻刻だけでなく、重要な用語には注を、項目別に解説を付すなど、一般の方にも読みやすい内容となっている。また、注や解説では、歴史的な用語のみならず、天保改革以降の天下祭の特徴でもある芸能に関する部分には配慮している。

ひとりでも多くの方にお読みいただき、幕末の天下祭や神田祭について知っていただければ幸いである。

【例　言】

・本書は、「嘉永四亥年九月神田明神祭礼御用留」（以下、御用留）の資料翻刻本文、読解帖、資料編の三部構成となっている。

・資料翻刻本文は、御用留の翻刻文の他に、欄外に「綱文」「斉藤月岑日記」（『大日本古記録　齋藤月岑日記』5　東京大学史料編纂所、岩波書店、二〇〇五年）、及び「頭注」を付した。また、資料それぞれには末尾に注と解説を付して、資料解読のための参考とした。

・読解帖（よみときノート）は、江戸天下祭研究及び近世都市史研究のなかで、本資料が基本資料としてどのように位置づけられ得るかを問題提起するため、いくつかの試論を示したものである。今後の研究のひとつの出発点になるものと自負している。

・資料編には、御用留が嘉永四年（一八四九）の祭礼資料であることから、その年に該当するかあるいは比較的年代の接近した資料からいくつかを選択し、本資料との比較の便に供することとした。「神田明神御祭礼附祭番附」「嘉永四年芸人名前帳」「藤岡屋日記」はいずれも御用留と同じ嘉永四年のものであり、記事や内容に関連する箇所が多い。「日本橋・神田地域の名主支配町と祭礼町」は、『江戸町鑑』のなかで、本書収録史料の作成年代に最も近い嘉永三年のものを用いた。幕末当時の江戸の町名と現在の住所を併記している。御用留には町名、名主名が頻繁に登場するが、その町・名主がどれに該当するか、この一覧表によって確認できるはずである。「天下祭研究文献一覧」は、平成一九年三月現在で、天下祭について扱ったおもな文献をまとめたものであるが、当該分野に関する学会の関心は高く、重要な文献で見落としているものは少なくないであろう。今後さらに充実させていく必要があるのはいうまでもない。「嘉永四年神田明神祭礼御用留綱文一覧」は、資料翻刻本文に付した綱文をまとめ、資料番号と掲載ページを付した一覧表である。これにより、本御用留の内容が概観できると同時に、資料目次の役割も果たすと考えて一覧とした。最後の「都市と祭礼研究会会員・協力者一覧」は、研究会に参加して資料翻刻に携わった人、研究会に出席して資料の検討に多くの貴重な示唆を与えてくださった方々の名前をまとめたものである。

・なお本資料翻刻にあたり、一部に身分的差別に基づく表現が認められる箇所がある。差別は決して許されるものではなく、また本書はこれを肯定・容認するものでもない。人権を尊重し、差別を解消していくためには、差別の実態に対する事実認識が不可欠であり、本書では当時の差別の実態を正しく理解するための政治・社会状況を反映した資料として、概ね原文のとおり表記した。本書が読者の理解を得て、誤った歴史の理解から生じる不当な差別や偏見が、今後解消されていくことを切に望んでいる。

嘉永四亥年九月 神田明神 祭礼 御用留

《凡例》

・翻刻及び収録にあたり、御用留に収められている資料を、日付や内容に応じて整理した。資料番号はその区分に対応している。
・見出語として欄外に綱文を置き、各資料の内容の要約を示した。
・頭注に「斉藤月岑日記」嘉永四年の関連記事を示した。
・翻刻文の右脇に必要に応じて（　）で、注記または注番号を付した。
・翻刻文の用字、仮名遣いは原文に従っている。ただし、漢字には常用漢字のあるものは常用漢字を用い、無いものについてはとくに正字体にこだわらず、一般に流布している字体を用いた。また助詞などの変体仮名は現行の平仮名に替え、合字は開いて表記した。ただし「江」「而」は原文のままとした。

一　町年寄喜多村彦右衛門（以下、断りのない限り「町年寄」は喜多村彦右衛門のこと）が石塚三九郎外五人に祭礼取扱掛を申し付けた。
『月岑』六・九に「喜多村様へ御呼出、祭礼掛御申渡有之、舘様へも出る」とある。

「（表紙）
嘉永四亥年九月
神田明神
祭　礼
御用留
」

一
「（朱書）亥六月□（九）日、喜多村彦右衛門殿（1）ニ而被申渡」

新材木町名主
石塚三九郎
外五人江

新材木町名主
石　塚　三　九　郎
長谷川町同
鈴　木　市郎右衛門
新革屋町同

市左衛門（斉藤月岑）

山本六右衛門

祭礼取扱掛

附祭

右は、当（嘉永四年）九月十五日神田明神祭礼取扱掛(2)申付候間、諸事去々（嘉永二年）酉年之通相心得附祭(3)差出候町々

平右衛門町同（浅草）　定（木村）治（次）郎

雉子町同　平（村田）右衛門

湯嶋町同　市（斉藤月岑）左衛門

　六（山本）右衛門

可申聞事

（嘉永四年）亥六月

〔注〕(1)喜多村彦右衛門…きたむらひこうえもん。江戸の町々を支配する町年寄のひとり。町年寄は、各町名主への触の伝達、人別の集計などの町政一般の事務、商人・職人の統制、町奉行の諮問への調査、答申、町人間の紛争の調査など、町奉行の指示にもとづき活動していた。

(2)祭礼取扱掛…さいれいとりあつかいかかり。天下祭の実施に先だち、毎年六月に町年寄が町名主の中から選び任命した。天下祭の当日まで、町年寄の下での各氏子町や附祭の取締り、各氏子町への町奉行所からの達しの伝達、祭礼費用等の徴収などを行った。なお、町年寄の下、町政にたずさわる町役人のことを町名主という。

(3)附祭…つけまつり。「付祭」とも出てくるが、本書では「附祭」で統一した。天下祭の神幸行列の中で、踊り子や楽器の弾き手などが付随した行列。附祭は、毎回一新され、氏子町が交替で担当するため、その年の流行などがとり入れられ、年々華美となっていった。このため、江戸町人からは、附祭が祭礼の中心的な出し物、アトラクションのようにうけとられていた。天保改革の奢侈禁令以降、

附祭は毎回、三町（小さい町が複数で出す場合もあった）が、練物（ねりもの）、地走踊（じばしりおどり）、踊台（おどりだい）、それぞれ一種を出した。なお、練物、地走踊、踊台は、内容の区分が困難であるが、踊台は持ち歩き、集客の上演技した踊屋台と思われる。

〔解説〕嘉永四年（一八五一）六月九日、町年寄の喜多村彦右衛門が、新材木町名主の石塚三九郎、長谷川町名主鈴木市郎右衛門、新革屋町名主の木村定治郎（定次郎、資料編名主一覧参照）、浅草平右衛門町名主の村田平右衛門、雉子町名主の斉藤市左衛門（『斉藤月岑日記』で有名な月岑。以下、斉藤月岑とする）、湯島町名主の山本六右衛門に、祭礼取扱掛の職を申し渡した。あわせて、附祭を出す町々（附祭年番町という）に、嘉永二年の神田祭と同様に執り行うよう命じることを伝えた。ここに登場する石塚以下五人の名主は、嘉永二年、同六年の神田祭でも祭礼取扱掛をつとめている。

二　祭礼取扱掛が、町年寄に、附祭年番町を伝えた。

練物
地走
踊台

二

（朱書）「同十三日、喜多村殿江差出ス」

（朱書）「半紙竪帳」
上

弐拾弐番

練物　神田蝋燭町
地走(1)　同所関口町

三　料亭亀の尾で附祭年番町を決める鬮引が行われた。『月岑』六・一二に「夜、本丁三丁メ亀の尾ニ而祭礼鬮引寄合、新石丁一丁メ・蝋・関・横大工丁当」とある。

（料亭）亀の尾

踊台
弐拾五番
同　新石町壱丁目
弐拾九番
同　神田横大工町

右は、当九月神田明神附祭取極候間、此段申上候、已上

祭礼掛名主共

丑六月

〔注〕（1）地走…じばしり。地走踊のこと。

〔解説〕六月一三日、祭礼取扱掛名主が嘉永四年（一八五一）の神田祭の附祭年番町を神田蝋燭町・関口町、新石町壱丁目、神田横大工町の三町に決定したことを、町年寄の喜多村彦右衛門に伝えた。資料中の各町に付された「弐拾弐番」などの番号は、神田神社の氏子町の番号である。神田蝋燭町・関口町は町の規模が小さいため、二町で一組となっている。

三

「同十二日」（朱書）

一、本町三町目亀の尾(1)方江夕刻より左之町々祭礼行事并支配同役祭礼掛立合附祭町鬮引(2)致候事

廿五（番脱）

新石町壱丁目

祭礼行事

（朱書）「附祭」

松五郎

徳兵衛

（朱書）「同」

廿九（番脱）

神田横大工町

祭礼行事

兵蔵

勇助

（朱書）「附祭」

（廿二番脱）

神田蝋燭町

祭礼行事

治右衛門

和助

同所関口町

同

市兵衛

仁兵衛

（神田）松田町

祭礼行事

茂兵衛

平蔵

四　祭礼取扱掛が、同心の三廻方に、附祭年番町と祭礼取扱掛を伝えた。

祭礼取扱掛

〔注〕（1）亀の尾…かめのお。本町三丁目にあった料亭。

（2）鬮引…くじびき。附祭年番町を決定するために行われた。どのような内容であったかは不明。

〔解説〕六月一二日夕刻、本町三丁目の料亭亀の尾で、嘉永四年の附祭の年番町を決める鬮引が行われた。その結果、嘉永四年の附祭年番町は、神田蝋燭町・関口町、新石町壱丁目、神田横大工町の三組に決定した。神田蝋燭町・関口町は、小さい町であったため、合同となった。この鬮には、神田松田町も参加したが、附祭年番町からは落選した。

四

（朱書）「同十三日、御双方三廻り方（1）、御筆頭江御届」

当九月
神田明神附祭世話番
廿二番
（神田蝋燭町
同所関口町
廿五番
新石町壱丁目
廿九番
神田横大工町
同
祭礼取扱掛
新材木町

市左衛門（斉藤月岑）

山本六右衛門
鬮引

五　祭礼取扱掛が、神田祭の出し印の順番の調整を願い出た。

石塚　三九郎
長谷川町
鈴木市郎右衛門
新革屋町
定　治　郎
浅草平右衛門町
平右衛門
雉子町
市左衛門
湯嶋町
六右衛門

右之通、附祭世話番町昨夜鬮引ニ而取極申候、祭礼取扱掛之儀は当月九日喜多村彦右衛門方ニ而申渡候、此段申上候、已上

亥六月十三日

〔注〕（1）三廻り…さんまわり。同心（どうしん）の隠密廻（おんみつまわり）、定廻（じょうまわり）、臨時廻のこと。なお、同心とは、江戸幕府の京都所司代、大番頭以下、諸職・諸奉行などに属し、与力（よりき）の指示をうけた下級武士。

〔解説〕六月一三日に、同一二日の鬮で決定した附祭年番町、同九日に町年寄喜多村から申し渡された祭礼取扱名主などのことを、同心の三廻の筆頭に伝えた。

五

附祭
出し印
祭礼掛名主

六　祭礼取扱掛らが、新石町一丁目と神田横大工町に、附祭の趣向の調整を指示した。
仕様帳
引抜
附祭紅葉狩之学

上

当九月神田明神祭礼之節、新石町壱丁目附祭ニ相当り候処、出し印[1]は廿五番ニ有之、是迄之御振合ニ而は廿六番と廿七番之間江右附祭御繰入可相成候処、町内出し印と引離候而は、自分入用ニも相拘り候間、相成候ハヽ、右町附祭廿五番・廿六番之間江繰入相渡候得は弁利宜敷候間、此段御聞済被成下候様仕度奉願上候、已上

亥六月　　　　祭礼掛名主共

〔注〕（1）出し印…だしじるし。出しは本来、頂部の飾り（依代（よりしろ）から飾りへ展開した）の部分名称で、これを出し印といった。出しも同様の意味を有するが、次第に全体構造の呼称となり、山車の字が充てられるようになった。

〔解説〕六月（一三日～二七日の間）、祭礼取扱掛名主は新石町一丁目の附祭を二五番の同町の出し印と二六番目新革屋町の出し印の間に並びかえることを願い出た。この様に、祭礼の執行までには、祭礼取扱掛名主と附祭年番町との間で番附祭礼の出し印や附祭の順番の微調整が行われていた。

六

「（朱書）同廿七日」

一、夕刻より祭礼掛并附祭町祭礼行事同役共寄合、仕様帳下書[1]持参打合候処、新石町壱丁目附祭踊台引抜[2]と神田横大工町踊台引抜の趣向突合候ニ付、横大工町之方末番ニ付、趣向相直し候積申合、尚又来月四日八ツ時仕様帳持寄喜多村殿江差出候筈申合候事

附祭　紅葉狩之学[3]　　神田蝋燭町

附祭請負人
中村錦枝
神代之学
練物
地走
踊台
松賀於藤
清元福寿太夫
四季之学

同断　神代之学(6)
練物
地走り
踊台
同断　四季之学(10)
練物
地走

同所関口町
附祭請負人(4)
新石町壱丁目
市兵衛店
中村錦枝(金枝)(5)
同町
市兵衛店
中村錦枝
附祭請負人
新石町壱丁目
浅草東仲町
駿州屋
善兵衛(7)
本銀町壱丁目
重蔵店
松賀於藤(8)
坂本町
清元福寿太夫(9)
神田横大工町
附祭請負人

三河町三丁目裏町

勘四郎店

清元里見太夫[11]

神田横大工町

勇助店

藤間たつ[12]

踊台

清元里見太夫

藤間たつ

〔注〕（1）仕様帳…しようちょう。各附祭年番町が作成した附祭のテーマ、構成、芸人の数、衣装等を書き上げたもの。資料九以降に、嘉永四年の附祭仕様書がある。以下、本書では仕様書で統一する。

（2）引抜…ひきぬき。附祭の最中に場面や衣装を変更すること。踊りなどで、衣装に仕掛けた糸を引き抜いて、素早くこれを脱ぎ、下の衣装を現す演出をいう。

（3）紅葉狩之学…もみじがりのまねび。鬼女ものの謡曲「紅葉狩」に範を取った趣向で「まねび」は真似をする、準えるということ。「紅葉狩」は、平惟茂が鹿狩りの途中、紅葉狩りをしている美女たちに引き留められ、舞と酒を振る舞われて眠りに落ちたところで、鬼に変じた女たちが惟茂に襲いかかろうとしたところ、神託で目覚めた惟茂が神剣を振るって鬼を退治する、という話。

（4）請負人…うけおいにん。附祭の芸能を決める芸能のプロデューサー。請負人となる人物は、苗字からしか判断できないが、浄瑠璃、長唄、囃子、踊りの芸人であった。彼らは附祭芸能で重要な役割を持っていたと思われる。

（5）中村金枝…なかむらきんし。資料では「錦枝」とある。踊りの中村流の芸人と思われる。この資料によれば、嘉永四年に新石町一丁目に住していた。山王祭では嘉永元年に瀬戸物町と長谷川町、嘉永五年に常盤町、神田祭では文久元年（一八六一）の神田竪大工町の請負人となっている。

（6）神代之学…かみよのまねび。神話に出る猿田彦の練物。猿田彦は神話上の先導役であるため、行列の先導をつとめる。

（7）駿州屋善兵衛…すんしゅうやぜんべえ。浅草東仲町に住んでいた請負人。
（8）松賀於藤…まつがおふじ。踊りの松賀流の芸人と思われる。本銀町一丁目に住んでいた。嘉永三年、二八歳のとき、山王祭で後見をつとめている。
（9）清元福寿大夫…きよもとふくじゅだゆう。浄瑠璃の清元流の芸人と思われる。坂本町に住んでいた。
（10）四季之学…しきのまねび。資料一一解説参照。
（11）清元里見大夫…きよもとさとみだゆう。浄瑠璃の清元流の芸人と思われる。三河町三丁目に住んでいた。
（12）藤間たつ…ふじまたつ。踊りの藤間流の芸人。神田横大工町に住んでいた。

〔解説〕六月二七日夕刻、祭礼取扱掛名主と附祭年番町の祭礼行事などが附祭仕様書の下書を持ち寄り、内容を突き合わせた。このとき、新石町一丁目と神田横大工町が行う踊台の引抜の趣向が類似していたため、再度、横大工町の趣向を変更することを申し合わせた。さらに、七月四日八ツ時に附祭の仕様書を持参し、町年寄の喜多村へ差し出すことを申し合わせた。この他、各年番町の附祭のテーマ、請負人の名前がわかる。

神田蝋燭町・関口町の附祭のテーマは「紅葉狩の学」で、請負人は新石町一丁目の中村金枝、新石町一丁目の附祭のテーマは「神代の学」で、請負人は中村金枝、浅草東仲町の駿州屋善兵衛、本銀町一丁目の松賀於藤、坂本町の清元福寿太夫、神田横大工町の附祭のテーマは「四季の学」で、請負人は三河町三丁目裏町の清元里美太夫、神田横大工町の藤間たつであった。このように、嘉永四年の場合、六月下旬までには各町の附祭のテーマや請負人が決定していたといえる。

また、中村金枝のように数町の附祭を請負う芸人もいた。中村錦枝は、嘉永四年には新石町一丁目に住していた。

七　祭礼取扱掛が、町年寄に、附祭の仕様について説明の上、仕様書下書を差し出した。『月岑』七・四に「夕方、亀の尾へ祭仕様書持寄付出る」とある。『月岑』七・一一に「祭仕様書持寄ニ付、夕方再ひ出る、暮時かへる」とある。

附祭町
三場所
亀の尾

出し印
亀の尾

（朱書）「同七月四日」
一、夕刻三場所附祭仕様帳喜多村殿江差出候事

（朱書）「同五日」
一、今夕刻石塚氏・木村、外用向ニ而亀の尾ニ居合候処、喜多村殿江可参様申参候ニ付罷出候処、彦右衛門殿御直談ニ而内々被申含候儀有之、今一応附祭町江談判致、此間差出候仕様之通ニ而趣向無之哉、取調申立候様被申聞、三冊御下被成候事

（朱書）「同十一日」
一、三場所附祭書上、下書ニ而喜多村殿江差出候事

〔解説〕七月四日、祭礼取扱掛と附祭年番町の祭礼行事が附祭仕様書を、町年寄の喜多村に差し出した。翌五日、祭礼取扱掛の石塚三九郎と木村定治（次）郎が料亭亀の尾に居合わせたところ、町年寄から呼び出された。そこで、差し出された三冊の附祭仕様書下書が返却され、合わせて各町の附祭の準備が仕様通りに行われているか、調査するよう町年寄から命じられた。同一一日、修正された各附祭の仕様書下書が町年寄に差し出された。

八

一、出シ印書上最寄分ニ而祭礼掛江取集、来ル廿日夕刻亀の尾江持寄、差出候積申合候事

壱番組(1)・弐番組(2)・五番組(3)　木村引受取集

八　祭礼取扱掛が、各氏子町の出し印書上げの取集めの段取りと分担を決めた。『月岑』六・二七に「夕方、亀の尾祭礼仕様書持参寄合、石塚・齋藤・木村・山本・平田出席」とある。

九　神田蝋燭町・関口町の附祭仕様書が完成した。

紅葉狩之学　附祭

拾壱番組(4)

三番組(5)・十二番組(6)・十三番組(7)　斎藤（月岑）同

山本（六右衛門）同

〔注〕（1）壱番組…大伝馬町一・二丁目。

（2）弐番組…南伝馬町一・二・三丁目及び三丁目新道。

（3）五番組…鍋町。

（4）拾壱番組…神田金沢町。

（5）三番組…神田旅篭町一丁目。

（6）十二番組…柳原岩井町。

（7）十三番組…橋本町一丁目。

〔解説〕七月二〇日夕刻、祭礼取扱掛が各氏子町の「出し印」書上げ（出し印の仕様書）を取集め、料亭亀の尾に持ち寄ることを決めた。新革屋町名主の木村定治郎（次）が一・二・五番組、雉子町名主の斉藤月岑が一一番組、湯島町名主の山本六右衛門が三・一二・一三番組を担当した。

九

「（内表紙）神田明神附祭仕様書

廿二番組

神田蝋燭町

同所関口町　」

紅葉狩之学附祭壱組

一、紅葉狩と認メ候幟壱本
但白絹江文字黒認黒繻(1)ニ而縁ヲ取、竪四尺・巾弐尺余、竿之頭江紅葉ヲ取付、持人男手替
共弐人、木綿萌黄染模様衣類ヲ着

一、鉄棒引子供　男　壱人
女　壱人
但衣類縞繻袖江白絹ニ而鬼女之面ヲ縫付、黄繻裁付ヲ着

一、紅葉立木造物、木綿縫くるみヲ冠り、男弐人
但紅葉之枝ヲ付、両手ニ同枝ヲ持
紅葉見之学　練物　男　三人
女子供　五人
内
若殿之形　女子供壱人、紫繻衣類縞絹袴ヲ着、木脇差ヲ帯、扇ヲ持
田舎侍之形、男壱人、茶繻衣類色絹羽織ヲ着、木綿単小紋股引脚半ヲ履、木大小ヲ帯、木
造之刀ヲ持
茶道之形　男壱人、惣髪之鬘ヲ掛、色絹衣類ヲ着、茶絹之羽織ヲ着、木綿単小もん股引脚
半ヲ履、木大小ヲ帯、扇ヲ持
供奴之形、男壱人、萌黄絹半襟、白紫手綱染背中ニ用、字紋縫付候衣類ヲ着、椛色繻帯ヲ
〆、木脇差ヲ帯、紅葉之折枝ニ瓢箪ヲ付候ヲかつぎ
腰元女之形　女子供　四人
但染絹之衣類ヲ着、裾模様紅葉ニ萩、黒繻之帯ヲ〆、紅葉之折枝ヲ持
右何にも日傘差掛、浄瑠璃ニ而踊申候

後見之女

浄瑠璃語女

底抜日覆
警固

一、後見之女　壱人

但染絹衣類色紕之帯ヲ〆

一、浄瑠璃語女　五人

但染絹小袖真岡木綿摺込袴ヲ着

一、三味線弾女　三人

但右同断

一、囃子方男　六人

但右同断

一、長柄日傘持人足　拾四人

内傘八本江紅[2]絹切鈴ヲ下ケ

一、底抜日覆壱荷　持人足　六人

一、警固　六人

但絹小袖袴ヲ着

一、世話役　弐人

但右同断

一、床机持人足　四人

一、茶小屋壱荷　持人足　三人

一、弁当長持弐棹　持人足　六人

仕丁之学

仕丁之学地走踊　　女子供　七人

内

仕丁之形男四人は桃色絖石持紋付衣類ヲ着、椛色絖帯ヲ〆、練白張ヲ着し、烏帽子ヲ冠り、紅葉之折枝ヲ持、同断男形三人は黒絖紋付衣類ヲ着シ、椛色絖帯ヲ〆、練白張ヲ着、烏帽子ヲ背負、折枝ニ酒樽ヲ付、壱人は銚子、壱人は盃ヲ持

右七人共後引抜ニ相成、布晒之学、内六人女形下ケ髪ニ而染絹衣類ヲ着、紅絞り絹帯ヲ〆、布并碪台・碪ヲ持、内壱人は男形衣類右同断黒絖帯ヲ〆、碪ヲ持踊申候

右何れも日傘差掛、浄瑠璃ニ而手踊仕候

手踊

一、後見女　壱人

但染絹小袖色絖之帯ヲ〆

地車

幕串・幕張

一、土手ヲ画キ候台　壱ツ

但長四間・巾壱間・高サ壱尺五寸三ツニ致し、地車ニ而引申候、引抜ニ相成候節、前之方左右江幕串ヲ建、幕張致申候

一、右人足　拾弐人

> 下ケ札

手木舞

木綿看板

下ケ札

> 本文、人足共義は手木舞[3]綱引ニ似寄候
> 衣類着候義ニは無之、木綿看板[4]ヲ着差出申候

一、浄瑠璃語男　四人

一、三味線弾男　三人
但染絹小袖真岡木綿摺込袴ヲ着

一、囃子方男　六人
但右同断

一、長柄日傘持人足　拾三人
但右同断
内七本江紅絹之切鈴ヲ下ケ

一、底抜日覆壱荷　持人足　六人

一、警固　六人
但絹小紋袴ヲ着

一、世話役　弐人
但右同断

一、床机持人足　四人

一、茶小屋壱荷　持人足　三人

一、弁当長持弐棹　持人足　八人

紅葉狩之学踊台　女子供　弐人

内

壱人は惟茂之学、茶絖衣類浅黄絖〆、差貫萌黄絖江真鍮箔摺込狩衣ヲ着シ、白茶絖石之帯

ヲ〆烏帽子ヲ冠り、紅葉之折枝ヲ持、後引抜ニ而田舎男之形ニ相成、木之葉掻之学、萌黄海気石持紋付衣類ヲ着茶絖帯ヲ〆、肌脱襦袢紅絹絞り浅黄絹絞り脚絆ヲ履、竹把（箒カ）并目籠ニ紅葉折枝入有之ヲ持、後ニ(5)あや竹ヲ持踊申候

壱人秋篠之学、下ケ髪之鬘ヲ掛白絹下重同断衣類紫絖(6)大口袴ヲ着、茶絖帯ヲ〆、烏兜ヲ冠り胸ニ(7)羯鞁ヲ付鬼女之面并撥ヲ持、後ニ引抜ニ相成田舎娘之形、絹紅紫萌黄染分ケ雲形模様之振袖衣類ヲ着、黒絖紅絞と抜合帯ヲ〆肌脱前同断ニ而竹箒并あや竹ヲ持

右浄瑠璃ニ而踊申候

一、後見女　弐人

　但染絹衣類黒絖帯ヲ〆

一、浄瑠璃語男　四人

　但染絹小袖袴ヲ着

一、三味線弾男　三人

　但右同断

一、囃子方男　六人

　但右同断

一、踊台壱荷　持人足　弐拾人

一、底抜日覆壱荷　持人足　六人

一、長柄日傘持人足　六人

一、警固　六人

但絹小紋袴ヲ着

一、世話役　弐人

但右同断

一、床机持人足　三人

一、茶小屋壱荷　持人足　三人

右之通御座候、已上

亥七月

神田蝋燭町

月行事

万　助

同所関口町

同

平右衛門

名主

宗　之　助

〔注〕（1）絖…ぬめ。絹織物の一種で多くは五枚繻子の生織物。精練・裏糊をほどこし、袱紗地などに用いられる。ここでは幟の縁取りである。

（2）紅絹…もみ。紅花で紅く染めた絹、また紅の色名の一つ。紅花をもんで色を出す動作から「もみ」と呼ばれる。

（3）手木舞…てこまい。手古舞を宛てる場合が多い。出しや神輿の先駆けをする男装の女性。もとは氏子の女性が扮したが、のちには主に芸伎が演じるようになった。鉄棒（かなぼう）を引き、木遣（きや）り唄を歌って歩いた。金棒引きというところもある。
（4）木綿看板…もめんかんばん。職人や商家の人などが着用する名入りの木綿印半纏。
（5）あや竹…あやたけ。綾竹。綾織（曲芸）に使う道具。
（6）大口…おおぐち。裾の口が広くなっている袴。
（7）羯鼓…かっこ。かんこ。革に彩色をほどこした小鼓。腰につける小型の両面太鼓。二本の撥（ばち）で打つ。
〔解説〕二二番組の神田蝋燭町・同関口町が作成した附祭の仕様書。本文中「土手ヲ画キ候台」の人足のところに「下ケ札（付箋）」が貼られている様子が、御用留に写し取られている。このような付箋は、修正のほか、差し出された文書への返答として貼られることから、資料七で町年寄から申し含められたことへの回答だったと思われる。

一〇

一〇　新石町一丁目の附祭仕様書が完成した。

「（内表紙）
附祭書上
弐拾五番
新石町壱丁目」

附祭
神代之学
造物鉾

一、神代之学と認メ候幟壱本
但白木綿江文字認メ黒紕ニ而縁ヲ取、竿之上江造物鉾ヲ取付、持人壱人木綿之衣類并白張ヲ着、烏帽子ヲ冠り申候

鉄棒引女子供
猿田彦之学
引抜

一、鉄棒引女子供　　弐人

　但絖衣類并絹裁付ヲ着

一、猿田彦（1）仕丁楽人之学練物　　女子供　拾三人

　内

猿田彦之学女子供　　壱人

　但鳥兜ヲ冠り造物釼ヲ持、絹摺込模様之装束ヲ着、絹大口ヲ履、襟江天狗之面ヲ掛ケ、造物太刀ヲ佩、足駄ヲ履、後引抜ニ而茶屋女之姿ニ成、絹小袖絖帯ヲ〆、紅絹前葉ヲ掛、団扇ヲ持、道化面ヲ冠リ

仕丁之学女子供　　壱人

　但男形ニ而絹衣類并白張綛袴ヲ着、烏帽子ヲ襟江掛、四手ヲ切掛候柳之造枝江面ヲ下ケ候ヲ持、後ニ引抜ニ而三度飛脚之姿ニ成、絹小袖絖帯并三尺手拭ヲ〆、脚半ヲ履、襟江油紙ニ而包候造物状箱ヲ掛、木脇差ヲ帯手拭ヲ持、福之面ヲ冠

一、同断　　四人

　但男形ニ而絹衣類并白張綛袴ヲ着、烏帽子ヲ襟江掛、四手ヲ切掛候柳之造枝ヲ持後ニ紅絹襦袢肌脱ニ相成申候

右八人浄瑠璃ニテ所作仕候

児楽人之学女子供　　七人

　但児鬘鳥兜ヲ襟江掛、絹摺込模様装束并差貫ヲ着、木短刀ヲ帯、楽器ヲ持管絃致、練歩行、前書猿田彦并仕丁之学同様手踊仕候

大太皷　壱ツ

　但持人弐人木綿衣類白張ヲ着、烏帽子ヲ冠申候

引台

一、引台三枚(2)
但長壱間巾壱間高サ壱尺五寸之引台壱枚、長九尺、巾壱間、高サ壱尺五寸之引台弐枚地車ヲ付引申候、前書猿田彦之学女子供五人手踊致候節敷置申候
右人足　拾弐人

下ケ札

手木舞

下ケ札
本文人足共之義は手木舞綱引ニ似寄候衣類着候義ニは無之、木綿看板ヲ着シ差出申候

後見女

一、後見女　拾三人
但絹衣類ヲ着

浄瑠璃語

一、浄瑠璃語　四人
但絹衣類袴ヲ着、日傘差掛

一、三味線弾　三人
但右同断日傘ヲ差掛

一、囃子方　六人
但右同断

底抜日覆

一、底抜日覆壱荷　持人　六人

一、長柄日傘持　拾五人

警固

一、警固　五人

鹿島踊之学

からす万度

　但絹衣類袴ヲ着

一、世話役　五人

　但右同断

一、床机持　四人

一、弁当入長持弐棹　持人四人

一、茶小屋壱荷　持人三人

一、鉄棒引　弐人

　但木綿綿入裁付(3)ヲ着

一、鹿嶋踊之学地走　女子供拾人

　　　　　　　　　男　七人

内

神主之学女子供　壱人

但烏帽子ヲ冠リ絹摺込模様直垂ヲ着縊袴ヲ履、木太刀ヲ佩、中啓と鈴ヲ持

仕丁之学　女子供　壱人

但男形烏帽子ヲ冠リ絹衣類同白張ヲ着からす万度(4)持

鹿嶋踊之学女子供　五人

但女形絹衣類同白張ヲ着、襟江烏帽子ヲ掛、太鞁并扇ヲ持

右七人浄瑠璃ニ而所作仕候

鹿嶋詣之学女子供　弐人

但絹振袖ヲ着、絖帯并絹しこき(5)ヲ〆花笠ヲ持
同断　壱人
但着付同断、花笠ヲ持、尤練歩行候節ハ造花付候駕籠江乗申候
供奴之学男　壱人
但大紋付候木綿衣類ヲ着、脚半ヲ履、木脇差ヲ帯、造物両掛ケヲ担キ、手拭ヲ持
右駕籠舁男　弐人
但木綿綿入広袖ヲ着、息杖ヲ持
旅侍之学男　壱人
但木綿綿入同野半天ヲ着、小紋股引脚半ヲ履、木大小ヲ帯、扇笠手拭ヲ持
同女之学男　壱人
但木綿綿入同絞リ絹衣ヲ着、手甲脚半ヲ掛、笠杖手拭ヲ持
飴売之学男　壱人
但男形木綿綿入ヲ着、同頭巾ヲ冠リ、手甲脚半ヲ掛、飴売之荷ヲ担キ、三味線ヲ弾、道化唄ヲうたひ、所作仕候
同断男　壱人
但女形着付同断、手拭ヲ冠リ、四ツ竹(6)ヲ持道化所作仕候
一、後見女　拾人
但絹衣類ヲ着
一、浄瑠璃語　四人
但絹衣類袴ヲ着、日傘差掛
一、三味線弾　三人

長唄　神代岩戸之学

但右同断日傘差掛

一、長唄三味弾女子供　四人

但右同断日傘差掛

一、囃子方　七人

但右同断

持人

一、底抜日覆壱荷　六人

一、長柄日傘持　拾五人

一、警固　五人

但絹衣類袴ヲ着

世話役　五人

但右同断

一、床机持　四人

持人

一、弁当入長持弐棹　四人

持人

一、茶小屋壱荷　三人

一、鉄棒引男子供　弐人

但絹衣類裁付ヲ着

一、神代岩戸之学踊台女子供　弐人

内

戸隠之学　壱人戸隠之学下ケ髪之鬘真鍮鉢巻ヲ掛、絹摺込模様装束同断縊袴ヲ着、木釼ヲ帯、沓ヲ履、造物岩ヲ持

引抜　引抜ニ而田舎男ニ相成、造物臼ヲ置、麦春之学、絹衣類同襦袢ヲ着、脚半ヲ掛、手拭并造り物手杵ヲ持、後ニ肌脱ニ相成申候

壱人は宇須女之学、下ケ髪之鬘花簪ヲ差、白絹振袖衣装緋絹袴ヲ着、鈴并榊之造枝江四手[7]ヲ切掛候ヲ持

引抜ニ而田舎女ニ相成、麦春之学、絹衣類同襦袢ヲ着、脚半ヲ掛、手拭并造り物手杵ヲ持、後ニ肌脱ニ相成申候

右両人長唄ニテ所作仕候

後見女子供　一、後見女子供　弐人

但絹衣類ヲ着

一、長唄　三人

但絹衣類袴ヲ着、日傘差掛

一、三味線弾　三人

但右同断、日傘差掛

一、囃子方　六人

但右同断

踊台　一、踊台壱荷　持人拾六人

底抜日覆　一、底抜日覆壱荷　持人六人

警固

一、長柄日傘持　六人

一、警固　五人

但絹衣類袴ヲ着

一、世話役　五人

但右同断

一、床机持　四人

一、弁当入長持弐棹　持人　四人

一、茶小屋壱荷　同三人

惣人数

〆弐百五拾弐人

右は神田明神祭礼ニ付罷出候人数相違無御座候、尤錦天鵞絨金糸之類は不及申、其外御法度之衣類一切相用不申候、已上

新石町壱丁目

月行事

月行事　松五郎

亥

七月　徳兵衛

名主　定治(次)郎

〔注〕（1）仕丁…しちょう。じちょう、してい、ともいう。祭礼で輿や用具類を持ち運んだり、雑役に従事する人。ここでは猿田彦に従う雑役のことと思われる。

（2）引台…ひきだい。移動式の舞台。この上に女子供五人が乗り、手踊を演じる。

（3）裁付…たっつけ。裁着、立付とも。裾を紐で膝の下に括りつけ、下部が脚半仕立てになっている袴の一種。

（4）からす万度…からすまんど。烏万度。烏万燈とも。四角な木の枠に紙を張って箱形にし、それに三本足の烏などを描き、町名、氏子中、子供中などと書いた万燈。造花を飾り、長い柄の先に取り付けて捧げ持つ。

（5）絹しこき…きぬしごき。手で扱（しご）いて柔らかくした絹を用いた生地のこと。ここではそうした絹を使った帯状の締もののこと。

（6）四ツ竹…よつだけ。扁平な二枚の竹片をそれぞれ両手に握り、曲節に合わせて手の平を開合しながら打ち鳴らす、カスタネットに類する楽器。

（7）四手…しで。「しず—垂」の名詞化。四手は宛て字。注連縄や玉串などに垂らす紙のこと。古くは木綿（ゆう）を用いた。

〔解説〕新石町二丁目の附祭は「神代之学」の練物、「鹿嶋踊之学」の地走踊、「神代岩戸之学」の踊台から構成されている。「神代之学」の練物は、猿田彦と仕丁と楽人の練物。「鹿嶋踊之学」の地走踊は、神主、仕丁、狭義の鹿嶋踊及び鹿嶋詣での路上の風景（供奴、駕籠舁、旅侍、旅女、飴売）から構成されている。鹿島踊は弥勒踊ともいう。江戸時代、神官姿で戸口に立ち「鹿島の事触（ことぶ）れ」と称し、常陸国の鹿島神宮（現茨城県鹿島市）の神のお告げを触れ回ると称して歌ったり、踊ったりして米や銭をもらい歩いた下級神人のこと。後に門付け芸となった。「神代岩戸之学」の踊台は、天照大神（あまてらすおおみかみ）と天宇須女（あめのうずめ）がのった踊台で、引抜で田舎の男女による麦搗（むぎつき）のさまを演じるなど、意表をつく構成になっている。

二

（内表紙）「

一一　神田横大工町の附祭仕様書が完成した。『月岑』七・一二に「夕、横大工町祭模様替申来る」とある。

四季之見立
四季造花
万歳
女才蔵
春駒之学
後見女
浄瑠璃語男

神田明神附祭仕様書

廿九番

神田横大工町」

四季之見立附祭壱組

一、四季之見立与認メ候幟壱本

但白木綿江文字黒く認メ、黒絖ニ而縁ヲ取、竪五尺、巾弐尺余、竿之先江四季造花ヲ取付、
持人男壱人、木綿中形(1)衣類ヲ着、外ニ手替壱人衣類同断

一、鉄棒引女子供　弐人

但黒絖衣類縞絹裁付ヲ着

春之学練物女子供　八人

内

壱人女万歳之形、染絹模様衣類ヲ着し黒絖帯ヲ〆、浅黄絖大紋付候素襖ヲ着し烏帽子ヲ
冠り、中啓之扇ヲ持、壱人は女才蔵之形、縞絹模様衣類ヲ着し黒絖帯ヲ〆、茶絖素襖ヲ
着、侍烏帽子ヲ冠、鞁ヲ持
六人は春駒之学、白紫手綱染絹衣類ヲ着、黒絖帯紅絹腰帯ヲ〆、春駒ヲ持
右何れも日傘差掛、浄瑠璃ニ而踊申候

一、後見女　壱人

但染絹衣類黒絖帯ヲ〆

一、浄瑠璃語男　三人

但染絹小袖真岡木綿(2)染縞袴ヲ着

三味線弾男　三人

底抜日覆
警固
鉄棒引男
地走
曾我十郎之学

但右同断
一、囃子方
但右同断
一、長柄日傘持人足　拾四人
一、底抜日覆壱荷　持人足　六人
一、警固　四人
但絹小袖袴ヲ着
一、世話役　弐人
但右同断
一、床机持人足　五人
一、茶小屋壱荷　持人足　三人
一、弁当長持弐棹　持人足　六人
一、鉄棒引男　弐人
但木綿衣類縞木　裁付ヲ着
夏之学地走踊女子供　六人
内
壱人は曾我十郎之学、巻立鬘[3]、桃色絖熨斗目[4]之縫有之衣類ヲ着、浅黄絖之帯ヲ〆、黒絖
素襖袴共白絖ニ而襴ヲ縫伏、黒糸ニ而編ニ候籠手臑当着込ヲ着、木大小ヲ帯、竹之子笠[5]

并花菖蒲造物ヲ持、後ニ引抜ニ相成、石橋之学、染絹浅黄地牡丹之花摺込、四天ニ而裾之処黄糸下ケ候衣類ヲ着、蒲色絖丸くけ帯ヲ〆、扇獅子麻苧(6)紅染之(7)赤熊ヲ冠リ、牡丹之造華ヲ持踊申候

内

壱人は曾我之五郎之学、若衆鬘、衣類前同断、素襖袴共蝶之縫伏模様、木大小ヲ帯、持物同断、後ニ引抜ニ相成前同断

内

四人は女武者之形唐子わけ(8)鬘、紫絖四天ニ而広袖口紅裏裾之処黄糸下ケ候衣類ヲ着、蒲(9)色絖丸くげ(10)帯ヲ〆、(11)張抜陣笠菖蒲造華ヲ持、籠手臑当前同断、後引抜ニ相成前同断

右何れも日傘差掛、長唄ニ而踊申候

曾我五郎之学

長唄

地車

引抜

幕張

後見女

長唄男

一、岩組石橋造物牡丹造華取付候台壱ツ

　但長四間半巾壱間之台、三ワニ致地車ニ而引申候、引抜ニ相成候節、前之方左右江(12)幕串ヲ建、幕張致、其節岩組石橋取付申候

一、右人足　拾弐人

一、後見女　弐人

　但染絹衣類黒絖帯ヲ〆

一、長唄男　四人

　但染絹衣類真岡木綿摺込縞袴ヲ着

一、三味線弾男　三人

　但右同断

一、囃子方　六人

警固

秋冬之学

俊成卿野路玉川萩遊覧之学

冬之見立里神楽之学　引抜

但右同断

一、長柄日傘　持人足　拾弐人

一、底抜日覆壱荷　同　六人

一、警固　四人

但絹小袖袴ヲ着

一、世話役　弐人

但右同断

一、床机持人足　四人

一、茶小屋壱荷　持人足　三人

一、弁当長持弐棹　持人足　六人

秋冬の学踊台　女子供弐人

内

壱人は俊成卿野路玉川萩遊覧之学、白絖衣類紫絖萩模様摺込狩衣浅黄絖差貫ヲ着、白絹石帯ヲ〆黒塗烏帽子ヲ冠短冊与中啓之扇ヲ持、後ニ引抜ニ相成、山茶花造華ヲ持、中形絹衣類ヲ着、黒絖帯ヲ〆、紅絹襦袢肌脱ニ相成、手太鞁撥ヲ持踊申候、壱人は侍女之形、桃色絖菊縫模様振袖衣類ヲ着、黒絖帯ヲ〆、白絹摺込模様之白張ヲ着、紫福(袱)紗ニ而木太刀ヲ持、後引抜ニ相成、冬の見立里神楽之学、女形ニ相成山茶花之造り花ヲ持、中形

後見女

浄瑠璃語男

踊台

底抜日覆

警固

染絹衣類ヲ着、黒絖帯ヲ〆、紅絹襦袢肌脱ニ相成、手太鞁撥ヲ持踊申候

一、後見女　弐人

但染絹衣類黒絖帯ヲ〆

一、浄瑠璃語男　四人

但染絹小袖袴ヲ着

一、三味線弾男　三人

但右同断

一、囃子方　七人

但右同断

一、踊台壱荷　持人足　拾六人

一、底抜日覆壱荷　持人足　六人

一、長柄日傘　持人足　六人

但小袖袴ヲ着

一、警固　四人

一、世話役　弐人

但絹小袖袴ヲ着

一、床机持人足　四人

持人足

一、茶小屋壱荷　三人

一、弁当長持弐棹　同　六人

右之通御座候、已上

丑七月

神田横大工町
祭礼行事
兵蔵
雄助
名主　宗之助

〔注〕（1）木綿中形…もめんちゅうがた。中くらいの大きさの型紙で型置きし、地染をして模様を白く抜いた木綿地の染物。多く浴衣地に用いられるため、浴衣の別称ともなっている。

（2）真岡木綿…もおかもめん。下野国真岡（現栃木県真岡市）付近で産する丈夫な白木綿の織物。浴衣や白足袋などによく用いられる。

（3）巻立鬘…まきたてかつら。巻立茶筅髷（まきたてちゃせんまげ）の鬘のこと。巻立茶筅髷は男性の髷の一種で、江戸時代初期の本田髷を海老折りにせず、元結で根元を巻きあげて茶筅髷としたもの。

（4）熨斗目…のしめ。絹織物の一種で、武士が小袖の生地として用いた練貫（ねりぬき）のこと。

（5）竹之子笠…たけのこがさ。筍の皮で作ったかぶり笠。

（6）麻苧…あそう。麻やカラムシの茎の皮の繊維から作った糸。

（7）赤熊…しゃぐま。赤く染めた白熊（実はヤク―ウシ科のほ乳類―の尾）で作った被り物。

（8）唐子わけ…からこわけ。唐子髷のこと。髻（もとどり）から上の髪の毛を二つに分け、頭上で二つの輪に作る。もとは元服前の子どもの髪形であったが、江戸時代以後、輪がひとつになって女性の髪形にもなった。

一二　新石町一丁目の祭礼行事らが、出し印仕様書を差し出した。

一二

（9）蒲色…かばいろ。蒲の穂の色で、濃い黄赤色。

（10）丸くげ帯…まるくげおび。縫い目が見えないよう、丸く縫い絎（く）った丸帯。

（11）張抜…はりぬき。張り子とも。木型に紙を糊で重ねて塗り、乾燥後、なかの木型を抜き取って作る作り物。

（12）幕串…まくぐし。幕を張るために立てる細い柱。幕柱、幕杭とも。

〔解説〕神田横大工町は「四季之見立」をテーマとする附祭であった。天保改革後、附祭は一町三種に制限されたため、秋と冬を一つの踊台に仕組んでいる。「春之学」は新年初春の風物詩である万歳と春駒の門付け芸人の練物である。万歳とは、大夫と才蔵の二人の芸人が滑稽な掛け合いをする門付け芸。春駒は、新春の祝いに馬の頭の造り物を手に持ったり、頭に戴いたりして、戸ごとに歌い舞い歩いた門付け芸のこと。またその歌をいう。「夏之学」は曾我物語をテーマとした地走踊である。曾我十郎と五郎の兄弟による敵討ちの事跡をテーマとした戯曲作品は曾我物、曾我狂言と呼ばれ人気があった。「夏之学」も所作事「草摺引」「雨の五郎」などに題材を取ったのであろう。引抜後は「石橋」となるが、これは能「石橋」（後場に、紅白の牡丹の立木のある一畳台を二台または三台出して、咲き乱れる牡丹の花の間を獅子が勇壮に舞う場面がある）の舞踊化した歌舞伎所作事。その後、後ジテの獅子の踊りだけになり、ここでは五郎、十郎による二人獅子の場面となる。「秋冬之学」は「俊成卿野路玉川萩遊覧之学（しゅんぜいきょうのじたまがわはぎゆうらんのまなび）」をテーマとしている。野路玉川は、現滋賀県草津市にある歌枕の地で、源氏に捕えられた平宗盛親子が斬られたところとして有名。俊成卿と侍女は、引抜後、里神楽に変身する。

戸隠人形鉾之出シ
手木舞
牛方
警固
御法度之衣類
祭礼行事

一、戸隠人形鉾之出シ　壱本
　但牛車壱輛ニ而為牽、外ニ替牛壱疋為牽申候
一、囃子方　八人
一、手木舞　三十人
一、牛方　弐人
一、警固　弐人
　但麻上下着
一、同断　四人
　但絹小袖袴ヲ着
一、茶小屋　壱荷
　此人足弐人
一、床机持　弐人
　〆惣人数五拾人

右之通、当九月十五日神田明神祭礼之節差出候処相違無御座候、尤御法度之衣類は不及申金入・天鵝絨之類決而相用不申候、已上

嘉永四亥年七月　新石町壱丁目
祭礼行事　松五郎
名主　定治（次）郎
町年寄衆

御役所

〔解説〕新石町一丁目の出しのテーマは、戸隠人形鉾であった。天下祭の各氏子町の出しは、牛で牽かれた。本資料によれば、、氏子町は実際に出しを牽く牛一頭とともに替わりの牛一頭の計二頭を準備した。これらの牛は近隣の村落から借用してきた。出しを牛で牽くことは京都、駿河（現静岡県）、仙台（現宮城県）などでも行われた。「手木舞　三十人」とあるが、手古舞は八人から一〇人前後がふつう。手古舞人数の多さは天下祭の特徴としてあげられる。最後に新石町一丁目の出し行列参加人数として五〇人が記されているが、役割は重複していたと考えられ、実数とは異なっていた可能性もある。

一三

一、弁財天鉾之出シ　壱本
　但牛車壱輛ニ而為牽、外ニ替牛壱疋為牽申候
一、囃子方　八人
一、警固　弐人
　但麻上下着
一、手木之者　四人

一三　新革屋町の月行事らが、出し印仕様書を差し出した。

弁財天鉾之出シ
　牛車
手木之者

警固

一四　元乗物町の祭礼行事らが、出し印仕様書を差し出した。

一、警固　八人
　　但絹染小袖袴ヲ着
一、茶小屋　壱荷
　　此人足弐人
　　〆惣人数廿六人
右奥文前同断

新革屋町
　月行事　徳右衛門
　名主　定治(次)郎

町年寄衆
　御役所

〔解説〕新革屋町の出しのテーマは、弁財天鉾であった。「手木之者」とあるのは手古舞のこと。同町の出し行列の参加人数は二六人であった。

一四

石台牡丹之出シ
牛車
牛方
警固

祭礼行事

一、石台牡丹之出シ　壱本
但牛車壱輌ニ而為牽、外ニ替牛壱疋為牽申候
一、囃子方　八人
一、牛方　弐人
一、警固　弐人
但麻上下着
一、同　四人
但絹染小袖袴着
一、茶小屋　壱荷
此人足弐人
一、床机持　弐人
〆惣人数廿人
奥文前同断

嘉永四亥年七月

元乗物町
祭礼行事
嘉七
名主　定治（次）郎

町年寄衆
御役所

〔解説〕元乗物町の出し印のテーマは、石台牡丹であった。行列の参加人数は二〇人であった。

一五　神田塗師町月行事らが、出し印仕様書を差し出した。

猩々之出シ
牛方
手木舞
警固
月行事

一五

一、猩々之出シ(1)　壱本
但岩組・松立木・左右ニ梅之折枝・浪之鎊付、牛車壱輛ニ而為牽、替牛壱疋為牽申候
一、囃子方　八人
一、牛方　弐人
一、手木舞　弐人
一、警固　五人
但絹染小袖袴着申候
一、茶小屋　壱荷
但、人足弐人
惣人数拾九人
奥文前同断

神田塗師町
月行事
忠兵衛

一六　南本所元町のこま廻し芸人源弥が、御雇祭の請書を差し出した。

源弥（こま廻し芸人）　御雇

名主　定治（次）郎

町年寄衆
御役所

〔注〕（1）猩々…しょうじょう。中国の想像上の動物。猿に似て身体は朱紅色の長毛でおおわれ、顔は人間、声は小児の泣き声に似ているという。
〔解説〕神田塗師町の出し印のテーマは猩々であった。行列の参加人数は一九人であった。

一六

上

以書付奉申上候

南本所元町市兵衛店源弥奉申上候、当九月十五日神田明神祭礼之節、私義御雇上ニ相成御用被仰付候ニ付、去々酉（嘉永二年）年九月相勤候通相心得芸等可仕旨被仰渡難有奉畏候、当日私并為手替弟子共罷出、無御差支芸等可仕候、依之手業番組書相添、此段奉申上候、以上

嘉永四亥年七月

南本所元町
市兵衛店
こま廻し　源　弥
家主　市兵衛
五人組　藤（高麗）四郎
名主　佐次右衛門

〔解説〕南本所元町のこま廻し芸人の源弥が、九月一五日の神田祭御雇祭に採用されたことについて、その請書を差し出した。『武江年表』によると、天保一二年（一八四一）の神田祭から御雇祭としてこま廻しが始まったという。この時は浅草田原町の松井源水がこま廻しをつとめていたが、弘化四年（一八四七）からは源水の弟子、源弥がつとめるようになった。

一七　源弥がこまの曲・枕の曲番組書を差し出した。

こまの曲
枕之曲

一七

（内表紙）「

こまの曲
枕之曲

番組書

南本所元町
市兵衛店
源弥」

こまの曲

万代うちすえのこま
きぬたしころのこま
山からわぬけのこま
きせるこし車のこま
同ゑもん流しのこま
同らおかへしのこま
同吸くち風車之こま

同そてくるまのこま
同かけはしのこま
五つのこま

三ツまくら
四ツまくら
打ぬきまくら
八つはしまくら
あしろまくら

枕の曲

から子あそひのこま
後ろにてきやく戻こま
二見ケうらのこま
扇子地紙止之こま
立葵のこま
扇子あしらいのこま
糸渡りのこま
帆つなのこま
大こま長右衛門かけ
靍の巣籠りのこま

こまの曲

右番組之通罷出、芸等可仕候、已上

南本所元町
市兵衛店
こま廻し源弥
倅　直吉
弟子　源造
同断　甚之助
同断　力蔵

嘉永四亥年七月

〔解説〕こま廻し芸人の源弥が神田祭の御雇祭で演じる芸の番組を書上げ、差し出した。番組書は祭礼ごとに作成された。これによれば二〇のこまの曲芸、五つの枕の曲芸が演じられた。御雇祭は幕府が興行費用を支出して行われる出し物で、こま廻しの他に太神楽も御雇祭で演じられた。

一八

（内表紙）
「南本所元町市兵衛店源弥御雇上ケニ相成罷出候人数書

南本所元町
名主　佐治右衛門」

一、こま廻し　壱人
絹小袖麻上下着
一、手替り　四人

一八　源弥の居住地の名主が、御雇祭の人数書を差し出した。

源弥

こま廻し

絹小袖袴着
一、世話役并手伝之者　五人
　絹小袖袴着
一、町役人　弐人
　但家主壱人・組合壱人罷出申候
　絹小袖袴着
一、物持人足　拾人
一、荷ひ茶屋壱荷　弐人
　合而人数廿四人
右は当九月十五日神田明神祭礼之節、私支配南本所元町市兵衛店こま廻し源弥御雇上ニ相成罷出候人数相違無御座候、依之此段奉申上候、已上

南本所元町
嘉永四亥年七月　名主　佐治右衛門

〔解説〕南本所元町名主の高橋佐治右衛門が、こま廻し芸人源弥一行の人数、衣装などを書上げ、差し出した。こま廻しは手替り、世話役、手伝、町役人、物持人足からなり、総勢二四人であった。

一九　町々の名主が、祭礼当日の取締りへの出仕を命じられた。

一九

石塚　鈴木　木村　斎藤　村田（佐兵衛）　村松（源六）　渡辺（庄右衛門）　清水（太一郎）　馬込（勘解由）　福島（三郎右衛門）　浜　曽我　西村　多々内
嶋崎　高部（久右衛門）　小藤　佐柄木（忠次郎）　小西　普勝　坂部　高野
〆　廿二人

御制禁之衣類

右は当九月十五日神田明神祭礼之節、御制禁之衣類・番外之品無之様町々心付、尤当朝田安御門外江罷出、心付可申候

〔解説〕新材木町名主の石塚三九郎以下、二三人の町名主が、九月一五日の祭礼当日、江戸城田安御門（現千代田区の牛ケ淵と千鳥ケ淵との境あたり、武道館入口）外へ出役し、御禁制の衣類などを着用するものを取り締まることを命じられた。

二〇　附祭世話番が、店警固の衣装について、町奉行所に請書を差し出した。

二〇

祭礼衣装
山王祭礼
市中取締掛名主
店警固

演舌

附祭町々
月行事
名主
祭礼取扱掛
名主

祭礼衣装之義ニ付毎々申渡も有之処、去戌（嘉永三年）六月山王祭礼之砌、附祭町々より店警固と唱罷出候もの共、格外目立候衣類着し歩行候由相聞、既ニ御奉行所より厳重之御沙汰有之、祭礼前別段改方被仰渡候上、夫々着用差留ニ相成取締候故、御宥恕ヲ以御吟味之御沙汰は無之候得共、就夫右祭礼之後於御奉行所市中取締掛名主共江厳重之被仰渡も有之候間、此上心得違之族有之候ハヽ、当人は勿論町役人とも迄何様可被仰付も難斗、依之当年儀は右店警固と唱候分も、祭礼前改とし而見分致候間其旨相心得、祭礼罷出候者共江不洩様可申聞置候事

亥七月

付祭世話番
月行事
祭礼取扱掛

右之通被仰渡奉畏候、為御請御帳ニ印形仕置候、以上
嘉永四亥年七月廿五日
神田横大工町

附祭世話番
神田蝋燭町
月行事
小兵衛
同所関口町
同
平左衛門
新石町壱丁目
同
松五郎
名主
定次郎
月行事
兵蔵
同町代地
同
藤五郎
名主
宗之助
祭礼取扱掛

新材木町名主
石塚三　九　郎
外五人

〔解説〕前年の嘉永三年、山王祭において、附祭年番町の町人で、店警固に出役したもののなかに禁止された派手な衣類を着用したものがいた。こうした問題が発生しないよう、附祭年番町の月行事、祭礼取扱掛らに捺印させ、町奉行所に請書を差し出させた。この資料は、町奉行所に差し出した請書の写である。

二一　町年寄が、祭礼子供らの衣装について、附祭町々に申し渡した。

踊子・練子
出し印
人形衣類
丑年触置
祭礼町々

二一

申渡

是迄祭礼罷出候踊子・練子其外衣装之儀、絹類ニ書上置、縮面類相用候も有之哉之処、当九月神田明神祭礼之節天鵞絨(1)・繻子(2)・金襴(3)・金糸(4)縫物等は勿論、縮面類決而不相成、絹類相用、書上ニ相違之衣類并都而祭礼ニ罷出候もの、右ニ准し高価之衣類着用致間敷候、且出し印・人形衣類も前々有来り候は格別、新規之方は同様相心得可申、御法度之品急度停止之趣、去ル丑年（天保一二年）触置候上は、新規買求候義は無之筈ニ候得共、縦令古く候共停止之品堅く相用申間敷候、右之趣、町御奉行所依御差図申渡候間、附祭町々は勿論、惣祭礼町々申通、急度相守可申候

亥七月

〔注〕（1）天鵞絨…ビロード。表面を毛羽（けば）・輪奈（わな）で覆った織物の総称。
（2）繻子…しゅす。表面に縦糸のみ、または横糸のみを浮かせた絹織物の一種。天正年間（一五七三

〜九二）に京都の織工が中国の製法にならってはじめたという。
（3）金襴…きんらん。綾・繻子・羅・紗等の横糸に、平金糸で模様を織り出したもの。
（4）金糸…きんし。金糸縫いのこと。金色の糸、あるいは薄紙に金箔を置いて細く切ったものを使って生地に縫い付けた布。
〔解説〕町奉行所は、祭礼当日の踊子・練り子の衣装と出し印・人形の衣装について、附祭年番町と氏子各町に詳細な指示を出した。踊子、練り子の衣装には、絹類以外の縮緬、天鵞絨・繻子・金襴・金糸縫物等、高価な衣装は認められていなかった。また、出し印・人形の衣装は、天保一二年（一八四一）の神田祭で出された触のとおり、新規購入でない限り、絹類以外であれば高価な衣装の使用も認められていた。

二二　祭礼月行事らが、町年寄から出された不要な出費を控えるようにとの申渡しを、祭礼町々に伝えた。

寛政度振合
配り物・積物
附祭町々
若ひもの
鳶人足

二三

当九月十五日神田明神祭礼之処、是迄度々申渡置候通、無謂町入用相掛候義は有之間敷候得共、今般寛政度振合ヲ以附祭為差出、殊ニ惣而町入用減方厳重ニ申付候上は、猶更厚心付、衣類其外都而上品高価之品不相用、万端質素ニ致し寄合所等補理候義は勿論、度々無益之寄合・酒喰入用等相掛ケ候義堅く致間敷候、手拭・股引・半天等附合と号、祭礼不罷出もの江差遣し、且配り物・積物（1）等之贈答一切相止可申候

附、出役之者并供之もの江酒喰等差遣し候儀無之筈ニ候得共、猶又右躰之義決而致間敷候
右之趣、御奉行所依御差図申渡候間、附祭町々は不及申、祭礼町々申通、若ひもの鳶人足共江も不洩様厳敷可申付候

七月

前書之通被仰渡奉畏候、為御請御帳ニ印形仕置候、以上

嘉永四亥年七月廿五日

神田蝋燭町
月行事
小兵衛
同所関口町
同
平左衛門
名主
宗之助
新石町壱丁目
月行事
松五郎
名主
定治（次）郎
神田横大工町
月行事
兵蔵
同町代地
同
藤五郎
名主
宗之助
祭礼取扱掛
石塚三九郎
外五人

「（朱書）右之通、喜多村殿ニ而当九月祭礼衣装改掛名主江申付候上、附祭町月行事・名主・祭礼掛江廉々被申渡候ニ付亀の尾ニ而打合候上、左之通三組ニ祭礼町々引分、衣装改受持場所鬮ニ而取極、翌廿六日夕刻三場所江寄合、祭礼行事并重立候若ひもの共呼、取締方申談候積申合候事

一、祭礼町々仕様書上、下書ニ而差出置候処、御伺相済候ニ付、調印致差出候様被申渡、御下ケ相成候事」

新革屋町　神田鍛冶町壱丁目　同弐丁目　同横大工町　雉子町　三河町壱丁目　同四町目　皆川町弐丁目　三丁目　神田塗師町　同白壁町　湯島四丁目　豊島町三町分

〆拾八ケ町

石塚　馬込　小藤　坂部　村松　浜　斎藤　小西

神田鍋町　通新石町　須田町壱丁目　同弐町目　松田町　元岩井町　柳原岩井町

橋本町壱丁目

同　弐丁目　新石町壱丁目　元乗物町　神田佐久間町壱丁目　同弐丁目　神田佐久間町三丁目

同四丁目　同富松町　同久右衛門弐丁分

〆十八ケ町

鈴木　佐柄木　福島　嶋崎　西村　木村　普勝

神田多町壱丁目　同弐丁目　連雀町　永富町四丁分　同竪大工町　同蝋燭町　同関口町　同新銀町　同旅籠町壱丁目　同弐丁目　金沢町　神田明神下御台所町　同明神西町

〆拾六ケ町

村田　多々内　高部　清水　渡辺　高野　曽我　萩原（高の替り合）　山本　斎藤

〔注〕（1）積物…つみもの。芝居の興行や店の開店などの際に、祝儀として贈られた酒樽・蒸籠などを表の路上に積み上げること、または積み上げた贈物のこと。

〔解説〕七月二五日、町奉行所から附祭年番町の月行事、祭礼取扱掛に対して、祭礼にともなう諸費用を節約し、高価な衣装の着用、無益な寄合、配り物・積物などの贈答を禁止するよう、指示があった。この指示は町年寄喜多村彦右衛門から祭礼衣装改掛に伝えられた後、附祭年番町の月行事、祭礼取扱掛にも伝えられた。料亭亀の尾では、衣装改めの担当場所が鬮引で決定された。翌二六日、祭礼行事や重立った若い者による寄合があり、取締り方法が相談された。

二三　祭礼に高価な衣装を用いないよう町々に守らせることを申し合わせ、請書を差し出した。

附祭町々踊子供親共
店警固
水茶屋
祭礼衣装
呉服屋
縫箔屋
地借・店借

二三

申合

一、附祭町々踊子供親共、右附祭江附添罷出、店警固之者共御制禁之衣類并高価之品等着し不申様、右附祭町々店連判、居付地主・月行事共請印取置可申事

但本文請印取候儀は附祭町御同役御宅ニ而取斗可申哉、又は水茶屋ニ而取斗候而も可然哉、尤連判来月（八月）五日迄可差出事

一、市中重立候都而祭礼衣装等誂受候呉服屋とも又は重立候縫箔屋（1）共方取調之上、当月中一同打寄御同所立合ニ而、御制禁之品誂受不申様請印取置、勿論強而誂等頼候ものは密々名前可申立様可申談候

一、附祭町々之外、祭礼町々若者世話致候者并家主、惣連判取置可申事

但、連判来月五日迄可差出事

右御演舌之趣、私共より地借・店借之者共江不洩様厳敷申通、猶御制禁之衣類等不着様、私共より精々心付可申旨被仰渡奉畏候、為後日御請一札差上申処、仍而如件

〔注〕（1）縫箔屋…ぬいはくや。衣装などの模様の縫い取りに、金糸・銀糸を交えたり、刺繍をして金銀の箔を押すことを縫箔といい、縫箔職人をかかえる店を縫箔屋という。呉服屋と日常的に取引があった。

〔解説〕附祭の踊り子どもとその親、店警固の者が、禁止された衣装を着用しないよう町々に守らせることを申し合わせ、八月五日までに請書を差し出すことを決めた。

二四

二四　町年寄が、祭礼行事若者世話役を料亭・茶屋に呼び出した。

山之亀　居付地主

祭礼行事

川井

山之亀

廿六日夕七時居付地主(1)

祭礼行事若者セ(世)話致候者　新石町壱丁目

一同可罷出事

同

同日祭礼行事若者セ話致候者　元乗物町

一同可罷出事

川井(2)

同断　新革屋町

川井

同断　神田塗師町

〔注〕(1)居付地主…いつきじぬし。所有する家屋敷に居住している者をいい、宗旨人別帳などには「家持」と記される。彼らは町人として江戸の構成単位として把握され、租税のほか祭礼費用などを負担していた。

(2)川井…かわい。神田鍛冶町二丁目にあった貸座敷。店主は川井屋伊三郎。

〔解説〕七月二六日、新石町一丁目・元乗物町・新革屋町・神田塗師町の居付地主・祭礼行事・若者および祭礼の世話役は、夕方七ツ時（午後四時頃）に山之ゑ・川井に集まるよう、町年寄から申し渡された。祭礼の実質的な運営に当っていたのが彼らであったためである。

二五　町年寄が、附祭世話番らに、祭礼衣装の改めを行うことを申し渡した。

祭礼取扱掛名主

祭礼衣装
山王祭礼
店警固

市中取締掛名主

二五

（朱書）「祭町受印雛形」

附祭町々
月行事
名主
祭礼取扱掛
名主

祭礼衣装之儀ニ付再々申渡も有之処、去戌（天保一二年）六月山王祭礼之砌附祭町々より店警固と唱罷出候者共格外目立候衣類着し歩行候由相聞、既ニ　御奉行所より厳重之御沙汰有之、祭礼前別段改方被仰渡候上夫々着用差留相成取締候処、御宥恕ヲ以御吟味之御沙汰は無之候得共、就夫右祭礼後於　御奉行所市中取締掛名主共江厳重被仰渡も有之候間、此上心得違之族有之候ハヽ、当人は勿論、町役人共迄何様可被仰付も難斗、依之当年之儀は右店警固と唱候分も祭礼前改とし而

衣類見分

見分致候間、其旨相心得、祭礼罷出候者共江不洩様可申聞置事

亥七月

附祭世話番

右之通被仰渡奉畏候、為御請御帳ニ印形仕置候、以上

附祭セ話番
神田蝋燭町
外四ヶ町
月　行　事
名　　主

祭礼取扱掛

祭礼取扱掛
名　　主

御制禁之衣類

右被仰渡之趣私共より地借・店借之者共江不洩様厳敷申通、猶御制禁之衣類等不着様私共より精々心付可申旨被仰渡奉畏候、為後日御請一札差上申候処、仍而如件

亥
七月

何町誰店
年若之者共之内
重立候もの　　誰印
――――　　――
――――　　――
右町家主

二六　祭礼衣装改めに対する請書の雛形が作られた。

誰印

〔解説〕前年の嘉永三年六月の山王祭の附祭において店警固の者が一際目立つ衣装であったため、町奉行所から厳重注意を受けたことから、今回の神田祭礼からは店警固の者の衣装も事前に見分することとなった。これについて附祭五ヶ町の名主・月行事、および祭礼取扱掛名主が請印を捺し、店警固を担ったとみられる各町の「年若之者」のなかで主だった者が、家主とともに連印することになった。この資料はその請書の雛形である。

二六

（朱書）
「附祭町受印奥書雛形」

右被仰渡之趣承知奉畏候、万一心得違仕候者御座候ハヽ、何様被仰立候共可申上様無御座候、依之御受書差上候処、仍如件

亥七月

何町誰店　――　誰印

家主　――　誰印

居附地主　――　誰印

前書之趣私共儀も精々心付可申旨被仰渡奉畏候、已上

〔解説〕資料二三の請書の雛形で、店警固にあたる者、および家主・居付地主が請印をする形式になっている。家主・地主には店警固の際に御制禁の衣装を着ることのないよう、当人に説諭・監督することが求められている。

二七　祭礼取扱掛が、町年寄に、附祭三場所の書上などを差し出した。

附祭
出し印
独楽廻し

二七

「（朱書）七月廿七日」
一、附祭三場所書上并出し印書上独楽廻し書上共喜多村殿江差出し候事
　　但村田・木村出勤

〔解説〕七月二七日、附祭三場所の書上・出し印の書上・こま廻しの書上を町年寄へ差し出した。このとき祭礼取扱掛の村田平右衛門・木村定治（次）郎が出勤している。

二八　祭礼取扱掛が、呉服屋等に、亀の尾への出頭を命じた。

越後屋

二八

駿河町七右衛門地借
越後屋八郎右衛門
京都住宅ニ付
店支配人
藤　兵　衛
下谷同朋町

松坂屋

大丸屋

安兵衛地借
松坂屋利兵衛
尾州住宅ニ付
店支配人
専右衛門

湯島壱町目
与兵衛地借
沢の井屋嘉兵衛
京都住宅ニ付
店支配人
九兵衛

通旅籠町茂兵衛地借
大丸屋正右衛門
京都住宅ニ付
店支配人
安五郎

神田富松町家持
吉野屋
平兵衛

三河町壱丁目家持
吉野屋

同　　惣兵衛
横山町壱丁目家持
上総屋
同　　藤　助
浅草茅町弐丁目
久治郎店
同　　秀次郎
駿河町利兵衛地借
松屋
同　　善兵衛
小伝馬町家主不知
京菊屋
同　　吉兵衛
弥兵衛町家主不知
玉屋
同　　平兵衛
長谷川町家主不知
松屋
同　　小兵衛
平松町家主不知
伊賀屋

同　吉兵衛
麹町五町目家主不知
橘屋
同　惣右衛門
下谷長者町
不知名前
同　箔屋
湯嶋沢の井脇
不知名前
同　鍵屋
三河町三丁目裏町
松屋
同　嘉兵衛
亀の尾
縫箔屋
祭礼掛

右申談候儀御座候間、明後二日夕正七時当人斗印形持参、本町三丁目亀の尾方江罷出候様被仰付可被下候、此段御達申候、已上

但縫箔屋之分町銘違等も御座候ハヽ、御申通同日罷出候様御取斗可被下候

亥七月晦日

〔解説〕駿河町の越後屋八郎右衛門・下谷同朋町の松坂屋利兵衛・湯島壱町目の沢の井屋嘉兵衛・通旅籠町の大丸屋正右衛門は、縫箔屋一三人とともに八月二日夕方七ツ時（午後四時頃）印形持参の上、本町三丁目の料亭亀の尾に集まるよう、祭礼取扱掛名主より申し渡された。冒頭の四名は越後屋な

どいずれも上方に本店を持つ大店の呉服問屋である。縫箔屋はこれら大店と何らかの関係をもつ者たちのようで、居住地や名前などが把握されていなかった店も多かったようである。そうした店にも間違いなく出頭を申し付けるよう指示されている。

二九

二九　呉服屋の越後屋が、禁制の衣類を売らないとの請書を差し出した。

御制禁之衣類　店警固　踊子供　越後屋

差上申御請書之事

一、当九月神田祭礼附祭町、神田蝋燭町・同関口町・新石町壱丁目・神田横大工町・同代地、右五ヶ所其外祭礼町々踊子供は勿論、店警固ニ罷出候大人子供天鵞絨・繻子・金鑭・金糸縫其外都而御制禁之衣類并手ヲ込候縫高価之品等着用致間敷旨、今般附祭町々江厳重被仰渡有之、右附祭町々并惣祭礼町々より一同連印御請書差上候儀ニ付、右様之品私共方江誂等可致義は曾而有之間敷候得共、万一心得違之者有之御制禁之衣類誂候もの、又は縫頼候者有之候ハヽ相断候上右名前町銘共蜜々(ママ)申上候様可致旨被仰聞、一同承知奉畏候、勿論右之趣は兼而銘々召仕之者共江精々申含置、聊無違失相守可申候、万一心得違ひニ而御制禁之品誂受、又は売買致候義入御聴候ハヽ、何様ニも可被仰付候、為後日御受書奉差上候、仍而如件

嘉永四亥年八月二日

駿河町七右衛門地借
越後屋八郎右衛門
京都住宅ニ付
店支配人
呉服渡世(1)　藤兵衛

三〇　呉服屋の大丸など各店が、禁制の衣類を売らないとの請書を差し出した。

大丸屋
松坂屋
地借
縫箔渡世

〔注〕（1）呉服渡世…ごふくとせい。呉服屋のこと。
〔解説〕八月二日、越後屋八郎右衛門らは、附祭町である神田蝋燭町・同関口町・新石町一丁目・神田横大工町・同代地の五ヶ町、および祭礼町々の踊子供や店警固の大人や子供が、御制禁の衣類や高価なものを着ることのないよう、これらの衣類の注文や縫物の依頼があった場合には断り、依頼主の名前や居住地を確認することを、料亭亀の尾で祭礼取扱掛から言い渡された。越後屋は支配人の藤兵衛が請書を提出した。

三〇

通旅籠町茂兵衛地借大丸屋正右衛門京都住宅ニ付、安五郎旅行ニ付、代重次郎
湯嶋壱丁目与兵衛地借沢の井屋嘉右衛門京都住宅ニ付、店支配人九兵衛
下谷同朋町安兵衛地借松坂屋利兵衛尾州住宅ニ付、店支配人専右衛門煩ニ付、代千八
神田富松町家持吉野屋平兵衛
三河町壱丁目同吉野屋惣兵衛
横山町壱丁目同上総屋藤助
上野町壱丁目平七店縫箔渡世(1)箔屋長七
小伝馬町弐丁目惣助店京菊屋吉兵衛
駿河町利兵衛店松屋善兵衛
長谷川町多右衛門店松屋鉄五郎
同町　市左衛門店松屋小兵衛
同町　浜野屋吉兵衛
麹町龍眼寺門前六左衛門店靏屋源七

三一　祭礼での大名行列次第が完成した。

御祭礼行列
御榊
御神馬
練物
神輿行列

平松町新八郎店伊賀屋吉兵衛
浅草茅町弐丁目久治郎店稲荷屋秀次郎

〔注〕（1）縫箔渡世…ぬいはくとせい。縫箔屋のこと。

〔解説〕八月二日、資料二九の越後屋に続いて、料亭亀の尾で各店が請書を提出した。その顔ぶれを資料二九と比較してみると、呉服問屋については変わらないが、縫箔屋の人数（一二人）や数名の名前に異同がみられる。

三一

御祭礼行列次第

立花鐘之助殿(1)
　棒突
　御榊
　御神馬
加藤遠江守殿(2)
　長柄　拾筋
　幡　弐行
　練物
　但拾番目より神輿行列
稲葉長門守殿(3)
　長柄　弐拾筋

獅子頭
御鉾

佐竹次郎殿(4)
長柄　十五筋
獅子頭
御鉾
御神馬
酒井左衛門尉殿(5)
長柄　弐拾筋
立花左近将監殿(6)
長柄　弐拾筋
御神輿
御神輿
神之轅
殿
榊原式部太(大)輔殿(7)
長柄　拾筋
伊東播磨守殿(8)
長柄　拾筋
杉浦銃之助殿(9)
突(マ)(マ)棒
練物　但拾壱番より以下三十六番二而畢
以上

亥八月

〔注〕（1）立花鐘之助…たちばなしょうのすけ。種恭（一八三六～一九〇五）。陸奥国下手渡藩主（一万石）。先代藩主種温の叔父・種道の子で、嘉永二年（一八四九）に種温が死去したため、養子として家督相続。

（2）加藤遠江守…かとうとおとうみのかみ。泰幹（一八一三～五三）。伊予国大洲藩主（六万石）。文政九年（一八二六）家督相続。

（3）稲葉長門守…いなばながとのかみ。正邦（一八三四～九八）。山城国淀藩主（一〇万二千石）。嘉永元年（一八四八）家督相続。

（4）佐竹次郎…さたけじろう。義睦（一八三九～五七）。陸奥国久保田藩主（二〇万石）。弘化三年（一八四六）家督相続。

（5）酒井左衛門尉…さかいさえもんのじょう。忠発（一八一二～七六）。出羽国庄内藩主（一四万石）。天保十三年（一八四二）家督相続。

（6）立花左近将監…たちばなさこんしょうげん。鑑寛（一八二九～一九〇九）。筑後国柳川藩主（一〇万石）。弘化三年（一八四六）家督相続。

（7）榊原式部大輔…さかきばらしきぶだゆう。政愛（一八一三～六一）。越後国高田藩主（一五万石）。天保十年（一八三九）家督相続。

（8）伊東播磨守…いとうはりまのかみ。長裕（一八一六～六〇）。備中国岡田藩主（一万石余）。嘉永三年（一八五〇）祖父長寛の死去により、家督相続。なお長裕の官位は若狭守で、播磨守を受領したのは長寛である。

（9）杉浦銃之助…すぎうらじゅうのすけ。諱不詳。旗本（八千石）。嘉永四年の武鑑によれば、父は出雲守といい、下谷わら店に屋敷を構える寄合で、「銃之進」となっている（「大成武鑑」）。

〔解説〕陸奥国下手渡藩主立花種恭以下九大名（杉浦のみ旗本）による祭礼行列が記され、行列のうち棒突（ぼうつき）・榊・神馬・長柄・旗のあとに一〜一〇番の出し、ついで長柄・獅子頭・鉾・神馬・長柄・神輿・神輅・殿・棒突、最後に一一〜三六番の出しが続くことがわかる。神輿の前後を大名が固めている様子が窺える。

三二　町年寄が、祭礼費用を徴収し、亀の尾に持参するよう町々に命じた。
『月岑』八・一七に「祭礼出銀集〆亀の尾ニ付、昼後より出」とある。

町々出銀　小間

三二

当九月神田明神祭礼ニ付、町々出銀之儀去々酉年之通下小間[1]ニ付銀二匁八厘八毛二糸ツヽ之割合ニ而御取集、来ル十七日正昼時本町三丁目亀之尾方江御持寄可被成候、此段御達申候、已上

亥

八月五日

〔注〕（1）小間…こま。表口一間、奥行二〇間の土地（二〇坪）を一小間とする課役負担の単位。

〔解説〕八月五日、神田明神の氏子町は、前回祭礼があった嘉永二年（一八四九）の時と同額の、小間につき銀二匁八厘八毛二糸ずつの割合で祭礼費用を徴収し、各町ごとに一七日正午までに料亭亀之尾まで持参するよう申し渡された。

三三　上覧所繰出についての心得や注意が、町々名主月行事らに申し渡された。

人形　御法度之衣類

三三

神田明神祭礼差出候町々名主月行事江申渡案

申渡

一、当九月十五日神田明神祭礼ニ罷出候者は不及申、人形たり共御法度之衣類決而着用申間敷

屋たい

出し

牛・替牛

上覧所

田安御門

練子

竹橋

候、此儀心得違無之様随分入念可申付候

一、祭礼之節屋たいニ似寄候事は無用ニ候、出しも弐三人以上は乗申間敷候、牛も壱疋ニ牽セ、若途中ニ而牛痛候節之ため、外ニ替牛壱疋為牽候は格別之事ニ候

一、出しの上ニ而太鞁笛其外囃子もの致候儀は勝手次第是迄之通可致候、はたか身ニ襦袢等着し、烏帽子又は頭巾等かふり、作髭等致異風ニ取扱、とうけ曲太鞁打候儀は、上覧所前ニ而は決而不相成候間、田安御門江入竹橋御門引出し候迄之内一向無用ニ仕、町方引通候節は前々之通勝手次第可致候

一、祭礼ニ罷出候練子其外装束江天鵞絨切入蓑亀之尾其外江金糸相用候儀有之、都而花美之儀は致間敷旨前々申渡置候間、組之ものは不及申、町役人共相制候処、内々右類支度等致置候品ヲ下ニ着し、組之者等目ニ掛り候場所ヲ行過候得は相用候趣相聞不埒ニ候、右体之儀有之は名前承り追而急度咎可申付候

一、上覧所前練通候節、子供ニ附添候女子供之内、其外祭礼人数とも不相見、見物体之もの入交り候哉ニ相見候間、罷出候町役人共心付祭礼人数之外見物体之者一切　上覧所前江紛入不申様入念可申候、尤子供ニ附候女子其外目印之為造花様之もの少々宛髪ニさし見物人ニ紛す様可致候

一、上覧所前練通候節、神妙ニ可仕は勿論ニ候得共、上覧所前馬場之内ヲ通、又は馬場之小土手江腰等掛休息致候者等も有之、不埒之事ニ候、已来右体不作法之儀決而無之相慎罷通候様、附添罷出候町役人共心付、若心得違右体之義も有之候ハヽ、早々行列之内江引入不作法無之入念可申旨、祭礼罷出候町々名主共より急度申含候様可致候

一、祭礼竹橋辺通候節、御城内見江候事も可有之候間、出しの上或は練物ニ而も高所ニ居候ものは役向之差図可有之候間、下り候而通候様可申付候

一、祭礼当日　上覧所前ヲ通候節、別而不作法無之様可仕候、縦令雨降出し道悪敷相成候共大勢騒立、上覧所前江草履ぬき捨候様成義は勿論、其外見苦敷体無之様可致候、且又出し并練物等笛太鼓其外音曲もの相止申間敷候

一、祭礼ニ出候町々之者御曲輪外江出候得は、列ヲ乱し出し練物等最寄江勝手ニ任セ〆切ヲ抜ケ帰り候間、〆切之場所ニ而差留候得は及口論候ニ付、其砌外々之ものも込入自ら込合喧嘩口論等有之由相聞不埒ニ候、殊ニ抜帰り候義は有之間敷事ニ候、勿論口論等無之様、急度相慎可申候

但前々より山王祭礼之節御触も有之、参所無之者は通行之道筋江一切出申間敷旨相触候得共、見物ニ出候もの宛所も無之往還江立止り大勢見物致し桟敷前等江立ふ(さ脱カ)かり無礼成義有之、其上時々口論等致候もの有之由相聞候、尤武家方ニ而も立留り候類も可有之哉ニ候得共、町人共は別而相慎、宛所無之ものは前々も相触候通、道筋江一切差出し申間敷候

一、祭礼練物等町々ニ而度々休息いたし滞留仕候義も有之様相聞候間、滞無之様相通り可申事

一、祭礼之節拾番より拾壱番之間江神輿通行有之儀、天明三卯年神主相願(1)、願之通被仰付、以来右之通相成候間、此旨町中相心得可罷出候、尤神輿通行相済候迄は制方〆切矢来等神輿通行以前之形ニ致し置、町役人共附居往来見物人等混雑無之様相別可申候

一、前々祭礼之節其時々御触等有之候処、度々同様之御触故定例之事と心得、御触書委細拝見不仕様ニ成行趣相見候間、孰レニも町役人共篤と相心得末々之者迄も承知致候様申聞、相違之儀無之様急度相守可申旨可申渡候

右之趣相心得其外去々酉年之通可為候、尤宝暦十三未年神田明神祭礼之節(2)、格別目立候衣類等も相見、其外屋たいニ紛敷仕形も有之候間、弥以右体之義無之様可致候

右之通従町御奉行所被仰渡候間、祭礼罷出候町々は不及申、町中一統名主支配限り借屋店借裏

山王祭礼
見物
桟敷
神輿
矢来
宝暦十三未年
神田明神祭礼
借家・店借・裏子

召仕
酉年祭礼
御茶水通
祭礼練物
田安御屋形
清水御屋形
出し番附

子召仕等迄急度相守候様可申付候、尤去々酉年祭礼之儀ニ付御触有之趣相守可申候

亥八月

神田明神祭礼差出候町々名主月行事江申渡案

申渡

当九月神田明神祭礼前々之通田安御門江入御曲輪内罷通候ニ付、刻限早く繰入候間、前夜八時例之通御茶水通迄相詰差図請可申候、勿論前夜当朝雨天ニ而も無遅滞罷出可申候

一、祭礼練物相滞候而は御曲輪内江繰入候儀遅滞致候間、右道筋町々ニ而芸等一切所望致間敷候

一、田安御門より練物等繰入候節、御長家向ニ而は芸不為致、田安御屋形御物見前ニ而芸為致、直ニ上覧所前通り相渡り夫より清水御屋形御物見前江相廻り芸為致、竹橋御門江出可申候

一、一橋御屋形御物見前ニ而芸等致候義、去々酉年之通相心得可申候

一、町々出し番附之通、行儀能相並　上覧所前静ニ引通可申事

右之通祭礼差出候町々名主月行事前書之趣篤と相心得、祭礼ニ罷出候者は勿論、附添罷出候行事共江も急度為申聞、心得違無之様可致候

亥八月

〔注〕（1）天明三卯年神主相願…天明三年（一七八三）以前は練物がすべて終わったあとに神輿の渡御がなされていたため、毎回神輿が夜に渡御する事態になっていた。そこで神主芝崎大隅守が練物の一〇番と一一番の間に神輿を渡すことを出願したのだが、このとき氏子町々の反対もあったものの、願い通りになっている（『江戸町触集成』八九二三号）。

（2）宝暦十三未年神田明神祭礼之節…「祭礼年々御触、宝暦十三未年ニ右之通相改、明細ニ相成候」（『江戸町触集成』七六二九号）とあって、今回の町触は宝暦一三年（一七六三）に改められた町触の内容をそのまま受け継いでいるようだが、祭礼衣装に関する記載は宝暦時点ではみられず、それ以後に追加されたものである。

〔解説〕神田祭礼の参加する町々に関して、各町の名主・月行事への申渡案で、二つの案文からなる。前者は祭礼行列が田安御門を入り、竹橋御門を出るまでのうち、とりわけ上覧所を通過する際の取締に関する内容が中心で、衣装や山車に乗る人数や牛の頭数の規制、上覧所やその前の馬場での作法などが述べられている。この内容が町触として定例化されていたことや、子供の附添人の髪に造花の目印を付けさせていたこと、馬場の小土手に腰掛ける者があとを絶たなかったこと、御曲輪外に出ると行列が乱れることなど、当時の状況を詳細に伝えている。一方後者では御三卿の御物見などについて述べられており、行列は田安御門へ入る前日八ツ時（午前二時頃）に御茶水通に集合して差図を受けることになっていたほか、田安御門を入ってからは、田安御屋形御物見前→将軍上覧所→清水御屋形御物見前の各所で練物の芸を披露し、竹橋御門を出たあとは一橋御屋形御物見前で芸などを披露するのが通例であったようである。なお、この際長屋その他で芸の所望があっても、披露することは禁じられていた。

三四　絵草紙問屋に、浄瑠璃の唄本の印刷代が支払われた。

唄浄瑠璃文句代料

三四

当九月祭礼番附

唄浄瑠璃文句代料之内

一、金六両也

右之通御渡被下慥ニ請取申候、以上

神田鍛冶町弐丁目

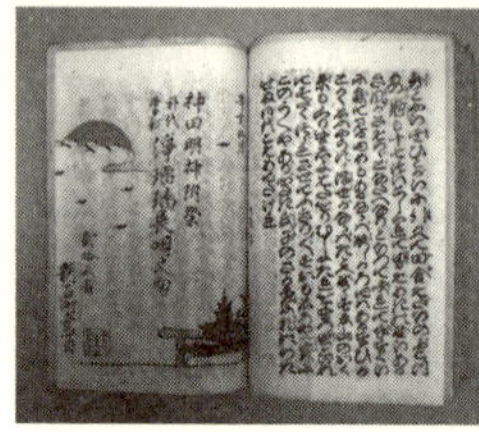

太田屋佐吉

三五　絵草紙問屋太田屋佐吉らが、唄本の印刷代の請取を差し出した。

（太田屋）佐吉

亥八月十三日

太田屋
佐　吉

同人方同居
八　兵　衛

〔注〕（1）太田屋佐吉…おおたやさきち。神田鍛冶町二丁目の絵草子問屋の太田屋佐吉。絵草子以外にも錦絵のほか、森屋治兵衛とともに祭礼番附を刊行している。

〔解説〕八月一三日、絵草子問屋太田屋佐吉とその同居人八兵衛は、祭礼番附・唄浄瑠璃文句の印刷代金のうち六両を受け取った。

三五

前同断

一、金二両　　新石町分

右之通慥ニ受取申候、已上

八月廿九日

右
佐　吉
八　兵　衛

〔解説〕八月二九日、太田屋佐吉は新石町の唄本の印刷代として二両を受け取った。

三六

三六　神輿巡行図

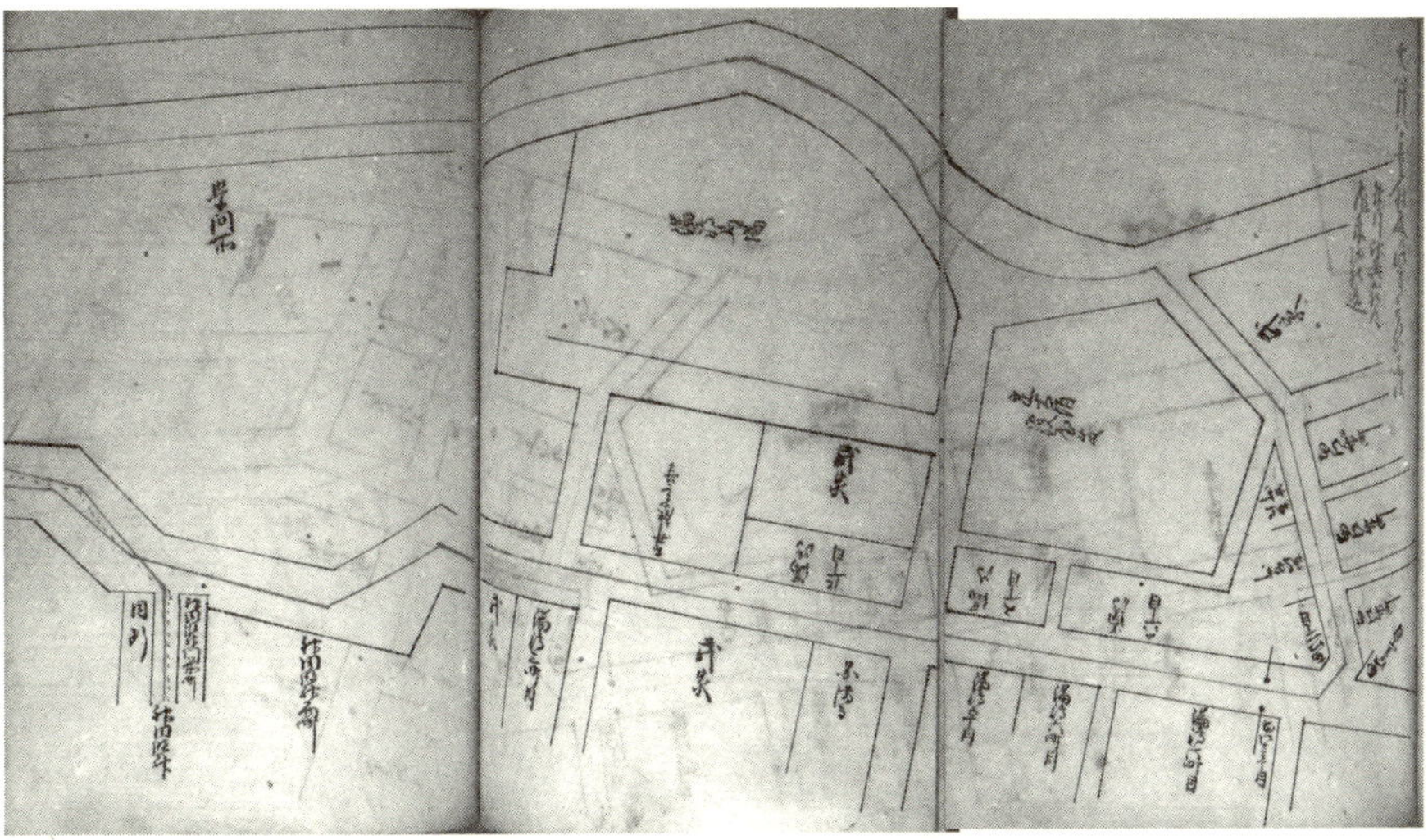

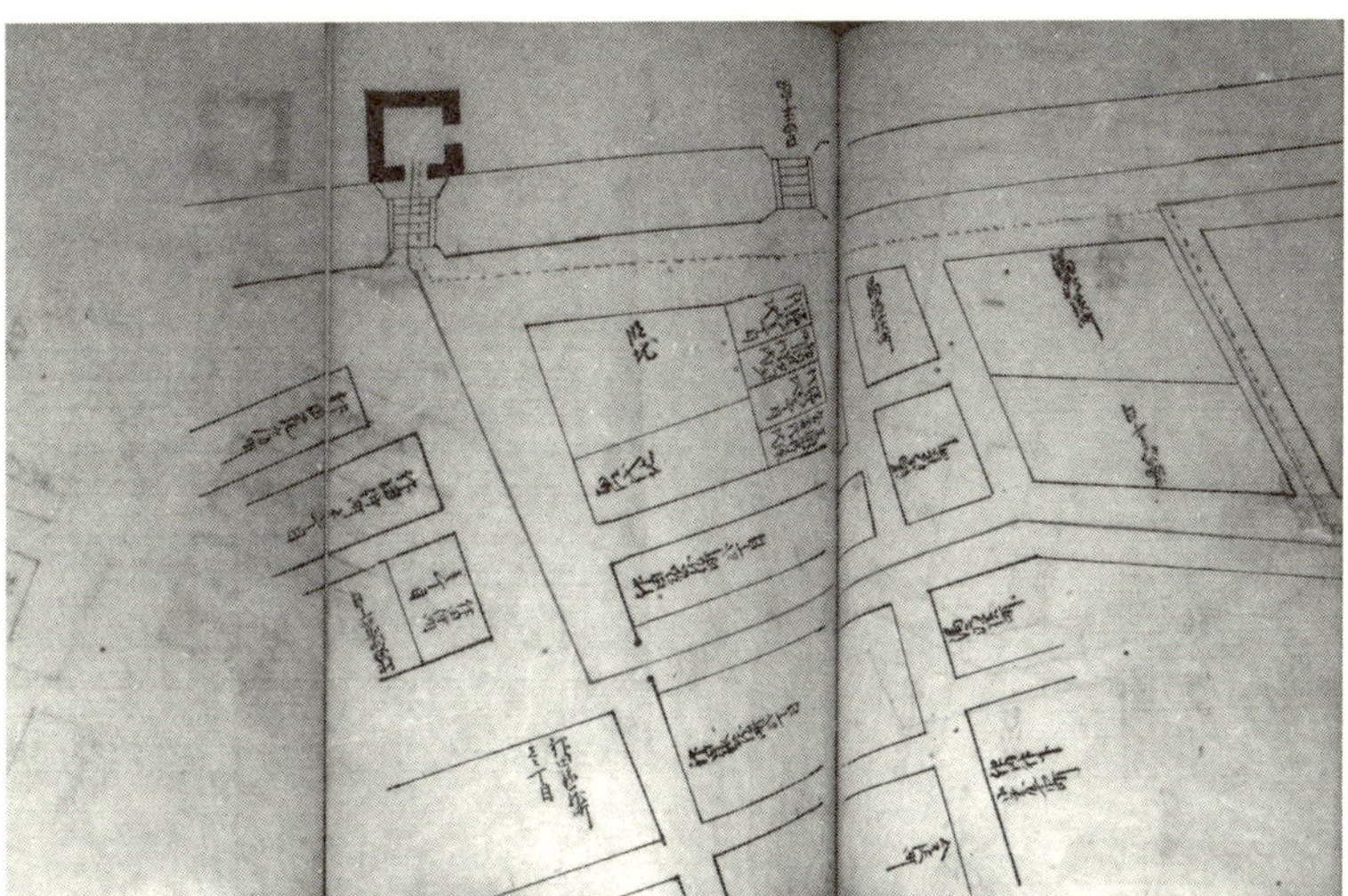

神輿出社道
帰社道

「亥八月八日喜多村殿江此方より差出図絵（朱書）
朱引神輿出社道
飛朱（1）帰社道
」

〔注〕（1）飛朱…とびしゅ。ここでは朱の点線で表記されたものをいう。
〔解説〕神輿の出社・帰社の行程を記載した図面を八月八日、町年寄喜多村彦右衛門に差し出したものの写である。神田明神を出発した神輿は門前町を出ると左折し、湯島一丁目・同横丁と学問所（湯島聖堂）の間の道を通って右折、学問所・湯島馬場と定火消の役屋敷および本郷竹町の前を通って湯島一丁目の角を右折し、神田明神の門前の通りを直進する。そして神田旅籠町二丁目を左折して筋違御門を通過するというのが往路で、復路は筋違御門を入って左折し、湯島横町の角を右折して神田明神に入るというものであった。この巡行ルートは「当年ハ火消御役屋敷表門通湯島五丁目と同所四丁目之間より四丁目通ニ繰出」（『江戸町触集成』七八四八号）とあるように、時期によって若干の異同がみられるようである（『続・江戸型山車のゆくえ―天下祭及び祭礼文化伝播に関する調査・研究報告書―』千代田区教育委員会、一九九九年、一二六・一二七頁）。

三七　町年寄が、条約書を渡すため、祭礼の世話掛名主を呼び出した。

三七

覚

十一番組（1）
十二番組（2）
十三番組（3）

世話掛名主

三八　町々から徴収した祭礼費用が取り集められ、出銀取集帳が作られた。

祭礼町々出銀取集帳

右組々
世話掛
名主

先達而書面印形致候者、右明七日四時条約書可相渡候間、印形用意可罷出候

八月六日　　樽[4]役所

〔注〕（1）十一番組…豊島町一～三丁目・湯島町一～六丁目・金沢町。

（2）十二番組…柳原岩井町。

（3）十三番組…橋本町一丁目。

（4）樽…たる。樽氏は、喜多村氏・館氏らと同じ町年寄のひとりで、もと樽屋と称した。嘉永当時は樽藤左衛門が当主。

〔解説〕御用留の中に挟まれていた文書。名主山本六右衛門の湯島町が属する一一番組のほか、一二・一三番組の世話掛名主のなかで、先般書面に印形した者は、条約書受け取りのため、七日四ツ時（午前一〇時頃）に町年寄樽藤左衛門のもとに出頭するよう求められた。

三八

（表紙）「嘉永四亥年八月
神田明神祭礼町々出銀取集帳　」

神田明神祭礼町々出銀割付

一、金百八拾両也　　取集高

内金六拾両宛　　附祭壱ケ所分

惣祭礼町

小間合五千百七拾弐間ニ割(1)

下小間ニ付銀弐匁八厘八毛弐糸

百八拾六間

一、銀三百八拾八匁四分五毛

此金六両壱分弐朱、銀五匁九分五毛

五拾弐間

一、銀百八匁五分八厘六毛

此金壱両三分、銀三匁五分八厘六毛

一、百弐拾間

一、四拾壱間

一、五拾七間

一、四拾三間

小間合弐百六拾壱間

一、銀五百四拾五匁二厘

此金九両、銀五匁二厘

百弐拾間

惣祭礼町

小間

下小間

三番

神田旅籠町壱丁目

四番

同町弐丁目

五番

神田鍋町

同西横町

同北横町

同東横町

六番

一、銀弐百五拾匁五分八厘四毛
此金四両弐朱、銀三匁八厘四毛
六拾壱間
一、銀百廿七匁三分八厘
此金弐両、銀七匁三分八厘
百九間
一、銀弐百廿七匁六分壱厘四毛
此金三両三分、銀弐匁壱分壱厘四毛
九拾五間
一、銀百九拾八匁三分八厘
此金三両壱分、銀三匁三分八厘
百弐拾八間
一、銀弐百六拾七匁弐分九厘
此金四両壱分弐朱、銀四匁七分九厘
一、百三拾六間
一、百五拾三間
一、百三拾九間
小間合四百廿八間
一、銀八百九拾三匁七分五厘
此金拾四両三分弐朱、銀壱匁弐分五厘

通新石町
七番
須田町壱丁目
八番
同町弐丁目
九番
連雀町
拾番
三河町壱丁目
拾壱番
豊島町壱丁目
同所弐丁目
同所三丁目

拾壱番　湯島横町
一、百拾六間

同所壱丁目
一、百三拾七間

同所五丁目
一、四拾間

同所六丁目
一、百三拾六間

小間合四百弐拾九間

一、銀八百九拾五匁八厘四毛

此金拾四両三分弐朱

銀三匁三分四厘

同　金沢町
百拾八間

一、銀弐百四拾六匁四分壱厘

此金四両、銀六匁四分壱厘

十二番　元岩井町
百十八間

一、銀弐百四十六匁四分壱厘

此金四両、銀六匁四分壱厘

同　柳原岩井町
百廿間

一、銀弐百五拾匁五分八厘四毛

此金四両弐朱、銀三匁八分四毛

同　橋本町壱丁目
百十五間

一、銀弐百四拾匁壱分四厘三毛

此金四両、銀壱分四厘三毛

百五間　同
一、銀弐百拾九匁弐分六厘壱毛　同町弐丁目
此金三両弐分弐朱、銀壱匁七分六厘壱毛
一、百三間　神田佐久間町壱丁目
一、五拾八間　同町　弐丁目
小間合百六拾壱間
一、銀三百三十六匁二分
此金五両弐分、銀六匁弐分

十六番

一、六拾壱間　同町三丁目
一、六拾六間　同町四丁目
一、七拾三間　冨松町
小間合弐百間
一、銀四百拾七匁六分四厘
此金六両三分弐朱
銀五匁壱分四厘

拾七番

一、五拾三間　神田久右衛門町壱丁目
一、六拾壱間　同町　弐町目
小間合百拾四間
一、銀弐百三拾八匁五厘五毛
此金三両三分弐朱

銀五匁五分五厘五毛

百廿間　拾八番
一、銀弐百五十匁五分八厘四毛　神田多町壱丁目
此金四両弐朱、銀三匁八厘四毛

百弐拾間　拾九番
一　銀弐百五拾匁五分八厘四毛　同町弐丁目
此金四両弐朱、銀三匁八厘四毛

弐拾番
一、九拾壱間　永富町壱丁目
一、四拾五間　同　弐丁目
一、拾七間　同町　代地
一、百壱間　同　三丁目
一、弐拾九間　同町　代地
一、四拾六間　同　四町目
小間合三百廿九間
一、銀六百八拾七匁弐厘
此金拾壱両壱分弐朱
銀四匁五分弐厘

百廿間　弐十壱番
一、銀弐百五拾匁五分八厘四毛　神田竪大工町
此金四両弐朱、銀三匁八厘四毛

一、三拾三間
一、四拾間
小間合七拾三間
一、銀百五拾弐匁四分四厘
　此金弐両弐分、銀弐匁四分四厘
三拾三間
一、銀六拾八匁九分壱厘
　此金壱両弐朱、銀壱匁四分壱厘
百九拾間
一、銀三百九拾六匁七分六厘
　此金六両弐分、銀六匁七分六厘
百廿弐間
一、銀弐百五拾四匁七分六厘
　此金四両弐朱、銀七匁弐分六厘
九拾五間
一、銀百九拾八匁三分八厘
　此金三両壱分、銀三匁三分分（ママ）八厘
一、百弐拾弐間
一、百三拾間

廿二番
　神田蝋燭町
　同所関口町
廿三番
　神田明神西町
廿四番
　神田新銀町
廿五番
　新石町壱丁目
廿六番
　新革屋町
廿七番
　神田鍛冶町壱丁目
　同　町　弐丁目

小間合弐百五拾弐間
一、銀五百廿六匁弐分三厘
此金八両三分、銀壱匁弐分三厘
八拾三間
一、銀百七拾三匁三分弐厘
此金弐両三分弐朱、銀八分弐厘
七拾四間
一、銀百五拾四匁五分三厘
此金弐両弐分、銀四匁五分三厘
百弐拾弐間
一、銀弐百五拾四匁七分六厘
此金四両弐朱、銀七匁弐分六厘
八拾三間
一、銀百七拾三匁三分弐厘
此金弐両三分弐朱、銀八分弐厘
七拾九間
一、銀百六拾四匁九分七厘
此金弐両弐分弐朱、銀七匁四分七厘
一、九拾四間
一、三拾七間

廿八番
元乗物町代地共
廿九番
神田横大工町
三拾番
雉子町
三十壱番
三河町四丁目
三十弐番
神田明神下御台所町
三十三番
皆川町弐丁目
同　三丁目

小間合百三拾壱間
一、銀弐百七拾三匁五分五厘
　此金四両弐分、銀三匁五分五厘
　　三十四番
　　神田塗師町代地共

四拾壱間
一、銀八拾五匁六分弐厘
　此金壱両壱分弐朱、銀三匁壱分弐厘

百廿弐間
一、銀弐百五拾四匁七分六厘
　此金四両弐朱、銀七匁弐分六厘
　　三十五番
　　神田白壁町

六拾三間
一、銀百三拾壱匁五分六厘
　此金弐両弐朱、銀四匁六分
　　三十六番
　　神田松田町

惣
〆金百七拾七両弐分
　銀百五拾壱匁三分五厘四毛
為皆金百八拾両ト
　銀壱匁三分五厘四毛

〔注〕（1）小間…江戸市中の町おのおのの通りに面している間数。

〔解説〕氏子町のうち三番町から三六番町までは、町々の小間に応じて附祭の費用を支出する。その小間と小間に応じた支出銀を書上げた帳面が本文書である。一小間に付き銀二匁八厘八毛二糸と決められ、三番町から三六番町までの小間と、小間数に応じた出銀額が書き上げられている。総額は

三九　附祭の当番町に、附祭のための費用が渡された。

附祭番
丑年御取極

祭礼取扱掛御名主衆

一八〇両余。なお一番町は大伝馬町、二番町は南伝馬町で、一番町と二番町に附祭費用の割当はない。両町は神官・神輿警護などの負担があり、また附祭には参加しないためか。

三九

差上申一札之事

一、当九月神田明神祭礼ニ付、私共町々附祭番ニ相当候ニ付、去ル丑（天保一二年）年御取極之通壱ケ所金六拾両ツヽ之当りヲ以、三ケ所分金百八十両祭礼町々惣割、各方御請合之上、御取集メ御渡被成、慥ニ奉受取候、為後日一札差上候処、仍如件

嘉永四亥年八月

新石町壱丁目
月行事　松五郎
神田蝋燭町
同　小兵衛
同所関口町
同　平左衛門
同所横大工町
同　兵蔵

祭礼取扱掛

四〇　附祭年番町・祭礼取扱掛らが、金棒引等の衣装検分を行った。

川井
附祭町
祭礼掛
鉄棒引女子供衣装
踊子供衣装
弁当
繰出し・繰込

御名主衆中

〔解説〕資料三八に書上げられた町々からの附祭費用は、祭礼取扱掛名主衆中が取りまとめた後、この年の附祭当番町である新石町一丁目松五郎以下四人の月行事に渡される。この一札は、月行事が附祭費用を受け取った証しとして取扱名主衆中宛てに提出したもの。なお、「丑年御取極」とは、天保一二年（一八四一）の祭礼に関する取決めのこと。

四〇

一、神田鍛冶町弐丁目川井方江夕八ツ時、附祭町同役祭礼掛寄合、鉄棒引女子供男子共衣装并踊子供衣装見分致候事
　　但右之内新石町壱丁目鉄棒引男子供衣装決兼候ニ付、明日喜多村殿江伺候積
　　　　　　新石町壱丁目
　　　　　　　　作兵衛店嘉兵衛倅
　　　　　　　　　　長　太　郎
　　　　　　　　　　　十壱才
　　　　　　　　　　外壱人
　一、上着紗厚板
　　　下着緞子
一、右寄合之節、左之廉附祭町江達置候事
一、附祭下見之節、同役弁当百人前可申付事
　　但笹折ニ而壱人前上下共壱匁宛
一、十四日練候節、南北市中御掛方并三御廻方、繰出し繰込御役人方御見廻可有之ニ付右御見分所、左之場所兼而用意可致置事

しからき
市中御掛方御見分所
川井
三御廻方
繰出し繰込御役人方

通新石町しからき(1)
一、市中御掛方御見分所
鍛冶町弐丁目川井
一、三御廻方同断
同町家主三右衛門宅
一、繰出し繰込御役人方同断
右場所々江附祭町一ヶ所より用弁相成候もの両人宛相頼、十四日早朝より可差出事
右頼候者名前、両三日之内被申聞候様いたし度、祭礼前引合置、取計方篤と談合可申事
亥八月廿五日　　祭礼掛

〔注〕（1）しからき…通新石町にあった料亭。

〔解説〕神田鍛冶町二丁目にあった料亭川井で、八月二五日の夕八ツ時、附祭年番町の代表と祭礼掛が寄合を持ち、附祭の内容に関して話し合ったことの書留。金棒引の女子供・男子共の衣装について、金棒引衣装についてはこれまで新石町一丁目の長太郎の場合のみ決まらなかったが、「上着紗厚板下着緞子」とすることに決まり、明日町年寄喜多村にお伺いをたてることに決定した。またこうした衣装が決まったとおりに実行されているかどうかの附祭下見検分のために、百人分の弁当を用意すること。南北市中御掛方・三御廻方・繰出し繰込御役人方の検分場所がそれぞれ確認された。

四一

四一　番附帳、芸人名前帳、浄瑠璃唄本の仕訳を行った。

番付帳
芸人名前

一、同断寄合之節、番付[1]、芸人名前[2]、唄浄瑠璃文句[3]仕訳致候事

一、番付帳弐千四百冊
一、芸人名前弐千四百冊
内
番付五拾冊　　南北三御廻方
芸人名前五十冊
番付三百冊　　掛り同役
芸人名前三百冊
番付拾冊　　湯島繰出し所
芸人名前拾冊　　十五日朝手当
番付弐拾冊　　三町目様
芸人名前廿冊
番付三拾冊　　壱丁目様
芸人名前三拾冊　　弐丁目様
番付弐百冊　　南北御番所

繰出し・繰込御出役
南北人足御改
町年寄衆
三井伴次郎
芝崎氏
町会所

芸人名前弐百冊

番付四拾五冊
芸人名前四十五冊
御目付方用意

番付弐拾冊
芸人名前廿冊
十四日繰出し繰込御出役方手当

番付弐拾冊
芸人名前弐拾冊
南北人足御改

番付弐拾冊
芸人名前弐拾冊
町年寄衆手代用意

番付拾五冊
芸人名前拾五冊
三井伴次郎[4]殿頼

番付五冊
芸人名前五冊
芝崎[5]氏并用人

番付八十冊
町会所用意

田安御門内
衣装改掛出役
繰出し繰込
こま廻し出役

芸人名前八十冊
番付五十冊　　田安御門内斗(掛)出役、衣装改斗り出役同役并繰出し繰込
芸人名前五十冊　　こま廻し出役同役
〆番付八百六拾五冊
芸人名前同断
一　番付弐千四百冊
内
八百六拾五冊
差引
千五百三拾五冊
三場所ニ割
附祭壱ヶ所ニ付
五百拾壱冊つ、
一　芸人名前帳弐千四百冊
内
前同断

〔注〕（1）番附…ばんづけ。番附帳とも。天下祭祭礼に参加するすべての町々の出し物、出し、附

四二　神田蝋燭町・関口町の附祭「楓狩学び」の浄瑠璃文句が完成した。

祭の順番を書き上げたもの。
（2）芸人名前…げいにんなまえ。附祭に出演する芸人の名前を書き上げたもの。
（3）唄浄瑠璃文句…うたじょうるりもんく。附祭で唄われる浄瑠璃の詞章を書き記した本。次の資料四二〜四六がこれにあたる。
（4）三井伴次郎…みついばんじろう。駿河町の呉服商、越後屋の店主。
（5）芝崎…しばさき。神田明神の宮司家。
〔解説〕本資料は、嘉永四年の神田祭で作られた摺り物の番附帳・芸人名前帳・唄浄瑠璃文句の配布先とそれぞれの部数が列記されている。この三つの摺り物は、天保改革後の天下祭で数多く作成され、天保改革後の天下祭の特徴のひとつ。番附帳などの摺り物には非売品と販売用のものがあったが、この資料に書かれたものは非売品と考えられる。番附帳・芸人名前帳の配布先は、大名・旗本のほか、江戸の有力商人三井家、神田明神の宮司家であった芝崎家等の名が見える。なお大名・旗本等には役人を通じて配付されたらしい。三井家などには個人的な希望に応じて冊数が揃えられた。この御用留で宮司家芝崎氏の名前が登場するのは、この箇所のみ。なお唄浄瑠璃文句についての配布先、部数等の詳細はわからない。

四二

〔唄本の全体解説〕ここに三組の町内の附祭に登場する演目の唄浄瑠璃文句を刷った唄本が綴じ込まれている。神田蝋燭町・同関口町合同の組が「楓狩学び」、新石町一丁目「神代学び」、横大工町「四季学び」の三組で、組ごとにそれぞれテーマにちなんだ色刷り挿絵（「楓狩学び」は紅葉、「神代学び」は鳥居と日の出、「四季学び」は桜と菊）入りの表紙を持つ。印刷はいずれも鍛治町二丁目太田屋佐吉で、関係する町方の役人や三井など有力商人に配られた。各組は統一テーマのもと、それぞれ練物、地走踊、躍台の三種類を出すが、文句（歌詞）の前に演奏流派と請負人の名前が添えてある。当時江戸で主流をなしていたのは、歌いものでは長唄、語りもの（浄瑠璃）では豊後三流、すなわち常磐津節、

附祭
楓狩学ひ
邌物
常磐津連中
請負人
中村金枝（錦枝）

は演奏者に任せられたのであろうが、作詞は斎藤月岑の可能性が大である。

富本節、清元節で、ともに歌舞伎の舞台を盛り上げるとともに、習い事として稽古する庶民も多かった。請負人とは附祭に出演する町娘の躍りの演出や専業芸人の編成などを一括して請負う責任者で、例えばここに出てくる中村金枝は山王祭・神田祭両方に毎年のように名を連ねている。なお節付けは演奏者に任せられたのであろうが、作詞は斎藤月岑の可能性が大である。

（表紙）
「　辛亥九月　　　　　　　　月岑寿

「（朱印）鍛冶町二
丁目太田
屋佐吉板」

神田明神附祭
楓狩
学ひ
浄瑠璃文句
弐十二番
神田蝋燭町
同所関口町　」

邌物　色見草手毎土産（いろみぐさてごとのいゑつと）
常磐津連中（1）
請負人　中村金枝

地走踊

清元連中

「扨も見事や初紅葉、(2)今を盛の彩色ハ、画にも及バぬ風情かや。うかれ出たる遠足も、あかぬ詠や見はらしへ、直す床几も殿様の、御きげんとりゞ、興じける。侍「ナントこふ見はらしたる野山の紅葉よいけしきでハござらぬか。ときに尊公ハおたしなミの御しう吟(秀吟)のできたでござらふ。医者「イヤぐらう(愚老)義ハかくうつくしい女子共が罷おつてハそく吟(即吟)所でハござらぬてや。ハヽ、ハヽ。こしもと「モシみなさん御前のきよゐ(御意)にかなふやうにちとめづらしいおはなしを。「ヲヽがつてん(合点)〳〵せり板(3)「罷出たる僕ハ、朝の六ツからわらぢかけ(草鞋掛け)、おくり迎ひのお供さへ、わけ生酔(4)のとなり酒を、ぐつと熱がん引かけて、のんだせうがにや行なりに、引にひかれぬいたはりで、呼とほしたか悪縁(5)と、奴あたま(6)にほふかむり。「夫にまじめな御奉公。花ハ桜木人ハそも、二本さし(7)たる魂ハ、釼術やハら弓鉄砲、子のたまハく(8)の学問を、せつさたくま(切磋琢磨)の本道ハ、ほんに煎薬練やくも、及ハぬ物ハ世のなかに、恋の病ひのさじかげん。ちよつとおみやく(脈)と寄そへハ、アレおかしやんせなんじやいな。「過し弥生のさくら時、めミへ(目見得)はじめの其おりに、じつと見あけしおすがたの、もつたいながら心でハ、こんな殿御が世かいにハ、存まい物と思ふても、真間(9)の紅葉の侭ならぬ、ことつげ橋の黄楊の櫛、さし合ならぬ仇言ハ(10)、恥かしいでハないかいな。はや黄昏のゆふ紅葉、ねぐらへかへるむつ鴉、殿のお立とさざめきて、気も関口(11)でおむかひに、来る提灯をまたずして、蝋燭灯さぬ其うちに、足にまかして道芝(12)の、露ふミわけて急ぎゆく。「実にも(衍カ)目出度祭礼の、つきせぬ御代の限りなき。かさぬる世〳〵こそたのしけれ。

色見草(13)　　佐々木市造述

地走踊　初紅葉長生酒盛　　清元連中

請負人　中村金枝

「林間に酒あたゝめて紅葉を焚(14)とかや、実おもしろの秋の詠めや。野さへ山さへ心まで、うつらふ四方の彩見ぐさ(15)。「けふの御遊に我々もお供かふむる果報者。詩歌管弦ハしらねども、酒より外に内証の(16)、恋といふ字がつい口へ、出すきもの(17)じやとおなぶり(18)も、かふした訳じやと手を取て、クトキ(19)「いつぞやぬしを垣間見に、すいたおかたと心から、「思ひそめたる恥かしさ、顔にもミぢもいつの間に、「仇なうき名の龍田川(20)、夫に今さらすねことば、情しらずと引よせて、「すがるを邪見につきはなし、又やぼらしい口舌事(21)、酒がとりもつ中直り、「逢ハしらけてはなしも出きぬ、かげじや噂さ(衍カ)や人だのミ、廻らぬ舌に盃を、しいつけ(22)られて南無三ばう(23)、「そうにたちまち泣上戸、此盃の割たのを、見るに付ても娘が事、今年十二ではしかも軽く、流行風さへ引もせず、つい十三で此やうにと、しやくり上たるためなみだ。「傍にハむつと、ナ、〳〵何のことだ。此盃が割たといつて、おむす(24)の事で泣ならバ、水がめが割たなら婆さまのことで泣きかよエイ。あた外聞のと腹立上戸。「笑上戸ハふき出しフ、、。こいつハい、せへハ、ハ、。腹を立たり泣たりして、どふもこふもいへねエホ、ハ、ハ、。何でも物のふ(増)へるのハ、めでたい事でハごんせぬか、夫に泪をこぼしたり筋を出したりハ、ハ、。おいた、タ「わけ生酔のしどもなく「まく引ちぎれハこハいかに、かぜをたよりに風情なり。引抜(25)「打や砧の音もすミわたり、狭布の細布ほそき音に、うき世を渡る玉川の、里をてらせる秋の夜の、月をあかりに小夜砧、花の都の召ものに、織て晒て打出す、砧の拍子おもしろや。「むら雲のにくや手もとをちら〳〵と、月の笑がほをかくしてハ、「又晴わたる初かり(26)の、いつか便りを菊月(27)や、まけぬ桔梗(28)ハ江戸 紫(29)の、染て仕立て藤ばかま。「アレ女郎花あさがほの、いろを十寸穂のはなすき、招かれて咲萩の花。「露をふくめる狭むしろや、咄し相手の相槌に、うかれて時をうつしけり。 調 布(30)やさらす、晒の玉川に、さらしてふりを見せまいらせふ。「見わたせバ〳〵、西も東もはなの顔、何れ賑ハふ人の山。「打よせる〳〵、女なミ男なミの手にくる〳〵と、はれて嬉しきたのしミに、いつしか君がのきのつま。それもちかひし神さんの、結ぶえにしじやないかいな、おもしろや。「千しふばんせいかぎりなくたのしミつきぬ大御代の、実に祭礼ぞありがたき。

富本連中(31)
請負人　中村金枝

躍台　紅葉狩曠勇栄

「見渡せば、四方の梢もいろ〳〵に、千種もともに下紅葉(32)、夜の間のつゆや染つらん。時雨を急ぐもミぢ狩、ふかき山路の谷川に、流れもあへぬ紅葉ばを、渡らば錦中たえん。わけつゝ、行やますら男の、猛き心のあづさ弓(33)、げにおもしろきけしきかな。　鬼女出　「忍ぶもじ摺(34)誰ぞとも、しらせ給ハぬ道のべの、こなたへいらせ給へかし。　惟茂(35)　「思ひよらすの御事や、何しにわれを留給ふ。」「あゝ情なの御事や、一樹のかげに立よつて、一河の流れをくむ酒を、いかでか見すて給ふぞと、たもとにすがりとゞむれバ、流石岩木(36)にあらざれば、心よハくも引留られて、汲や山路の菊の酒、ほんにほとけの

夕栄(37)　一

いましめも、道ハさま〴〵多けれど、こんなとのごハ又と世に、たぐひあらしの山ざくら、よその恋路のねたましや。そもやまことが露ほどあらバ、二世も三世も神かけて、忘るゝ、ひまハないハいな。ふしぎや今までありつるに、忽化生(38)のすがたをあらハし、梢いハほも火ゑんを放ち、あるひハこくうにほのふをふらし、古木このはもさら〳〵〳〵、忽ち鬼神をしたがへ給ふ、ゐせひの程こそいさましけれ。　引抜　初しぐれ、はれて夜明て又あすの、朝な夕なも山々の、人のながめの跡先を、掃集たるかごの中。　賤男　「ほんに都の人さんハ、こんな深山へたづね来て、花やもみぢに哥とやら、其ひとがらに引かへて、田舎そだちのぶこつもの。　賤女　「鬼も十七つ

いとしくれて、男ぞめき(39)の野らあるき、風がさそハゞどなたへなりと、ちつて吹れて手まくらに、寝て見るゆめもあるならバ、嬉しかろでハあるまひか。とかく思ふやうにナ浮世がならバ、たとへ野ゝすゑ山のおく、糸もくりましよはたをりむしよ(40)、たれをまつ虫(41)こがれてすだく(42)、つゞれ(43)させてふきりぐす(44)、おもしろや。「実にこのうへやありがたき、氏子のさかゑ祭礼の、つきせぬ御代こそめでたけれ。

夕栄　二丁

〔注〕（1）常磐津連中…ときわずれんちゅう。常磐津は、初代常磐津文字太夫（一七〇九～一七八一）が延享四年（一七四七）に創設した浄瑠璃の一種で、江戸歌舞伎の主要な音曲の一つ。

（2）初紅葉…はつもみじ。秋になり初めて色づいた紅葉をいう。

（3）せり板…せりいた。迫のことか。迫とは、舞台の床の一部を切り抜いて、人物や大道具を奈落からせり上げ、またはせり下げる装置。

（4）生酔…なまえい。少し酔うこと。転じて、相当によっていることもいう。

（5）悪縁…あくえん。離れたくとも離れにくい間柄となった男女。

（6）奴あたま…やっこあたま。奴頭。月代を左右後方まで広くそり、両鬢と後ろの項に残した毛とで髷を短く結う男子の髪形。

（7）二本さし…にほんさし。武士のこと。

（8）子のたまハく…しのたまわく。論語が「子曰く」に始まることから、論語、儒学などを意味する。一般に漢籍をいう。

（9）真間…まま。現千葉県市川市の真間。江戸川東岸に当る台地上にあり紅葉（楓）の名所だった。歌川広重の名所江戸百景（「真間の紅葉手古那の社継はし」）にも描かれている。

（10）仇事…あだごと。徒事のこと。色ごと。情事。

（11）関口…せきぐち。神田関口町（現千代田区）。気が急くを掛けた言い回し。

(12) 道芝…みちしば。道端に生えている雑草。

(13) 唄本の喉の部分に「色見草　佐々木市造述」と記されている。色見草は、楓の異称。唄本の題「色見草手毎土産」を略したものと思われる。また、「佐々木市造述」は佐々木市造の作詞の意か。

(14) 白居易の「送王十八帰山寄題仙遊寺詩」の一節、林間に酒を煖めて紅葉を焼く。林の中で紅葉を燃やし、酒をあたためて酌み、秋の風情を賞すること。

(15) 彩見ぐさ…いろみぐさ。楓の異称、色見草のこと。

(16) 内証…ないしょう。「内証」と「無い」を掛けた言い回し。

(17) 出すき…ですき。「出過ぎ」と「出好き」を掛けた言い回し。

(18) おなぶり。お嬲り。からかい、ひやかすこと。

(19) クトキ…くどき。口説。浄瑠璃、歌舞伎の曲の中での聞きどころ。テンポが遅く旋律が美しい。悲嘆・恋慕などを内容とする。

(20) 龍田川…たつたがわ。大阪府東部と奈良県北部の境を流れ、生駒山地と矢田丘陵に挟まれた生駒谷、平群谷の峡谷を流れる川。上流を生駒川、下流を竜田川と呼び、斑鳩町で大和川に注ぐ。古来より紅葉の名所として有名。

(21) 口舌事…くぜつごと。痴話げんか。

(22) 強い付ける。無理にすすめる。

(23) 南無三宝。仏に救いを求める言葉。または、しまったと思った時に発する言葉。

(24) 御娘。他人の娘の愛称。

(25) 引抜…ひきぬき。歌舞伎、踊りなどで、仕掛けた糸を引き抜いて素早く下の衣装をあらわすこと。

(26) 初かり…はつかり。初雁。その年に、初めてわたってくる雁。秋の季語。

(27) 菊月…きくづき。九月の異称。「菊」と「聞く」とを掛けている。

(28) 桔梗…ききょう。秋の七草の一つ。他に、「藤ばかま」「女郎花」「はなすゝき（=尾花）」を読み込んでいる。

(29) 江戸紫…えどむらさき。江戸で染めた紫の染め色。江戸を象徴する色。

(30) 調布…たつくり。万葉集の武蔵国歌「多摩川に曝(さら)す手作りさらさらに何そこの児のここだ愛(かな)しき」に範をとった文句。古代において朝廷に納める布を調布といい、玉川は布晒しが行われた川として知られる。布を作り上げる様に秋の風情を絡ませた構成になっている。

(31) 富本…とみもと。浄瑠璃の一種。常磐津文字太夫の門弟、富本豊前掾がはじめた。その二代目富本豊前太夫の門下から清元延寿太夫による清元節が生れ、常磐津・富本・清元は豊後三流と呼ばれた。いずれも歌舞伎の音楽であるが、習い事やお座敷芸としても流行した。

(32) 下紅葉…したもみじ。紅葉した樹木の下の方にある葉。

(33) あづさ弓…あずさゆみ。梓の木で作った弓。古来より神を降ろす時の巫儀に用いた。この場合も武将である平惟茂が所持する武具としての弓であると同時に、神霊を呼び寄せる梓弓として唄い込まれている。

(34) 忍ぶもじ摺…しのぶもじずり。忍捩摺。忍草の葉を布に摺りつけて染めたもの。『古今集』の源融の歌に「みちのくのしのぶもぢずりたれゆゑにみだれんと思ふ我ならなくに」とある。

(35) 惟茂…これもち。平安時代の武将平惟茂のこと。能『紅葉狩』や歌舞伎の題材として広く用いられた。惟茂は戸隠山に鹿狩りに行き、鬼女である紅葉の誘いにのって酔いつぶれたが、やがて鬼女を退治したという伝説にもとづく。

(36) 岩木…いわき。岩石と木。しばしば非情なもの、人情や感情を解さないものにたとえられる。

(37) 唄本の喉の部分に「夕栄　一」と記されている。唄本の題「紅葉狩曠勇栄」を略したものと思われる。

(38) 化生…けしょう。ばけもの。ここでは、鬼女。

(39) ぞめき。騒。うかれること。

(40) はたをりむし…機織虫。キリギリスの古名。機織に掛けている。

(41) まつ虫…まつむし。「松」と「待つ」を掛けている。

（42）すだく。集く。多くのものが集まる様。たくさんの虫が集まって鳴くこと。
（43）つづれ。綴れ。破れた部分をつぎ合わせた衣服。つぎあわせたもの。
（44）きりぎりす。虫の名前と「切れ切れ」を掛けている。

〔解説〕二二番神田蝋燭町・同関口町の組は「楓狩」すなわち「紅葉狩」が統一テーマで、練物「紅葉見之学」の曲は常磐津連中による「色見草手毎土産」、地走踊「仕丁之学」は清元連中による「初紅葉長生酒盛」、躍台「惟茂秋篠之学」は富本連中による「紅葉狩曠勇栄」。請負人はすべて中村金枝である。

　練物「色見草手毎土産」は若殿、侍、茶屋姿の医者が紅葉見物の吟行に繰出しているところへ、奴が登場。求めに応じて自らの奉公の様子や若殿の凛々しさを褒め上げる。最後は自町名を読み込んで祝言の言葉につなげている。奴は唄や舞踊にもしばしば登場する人気のキャラクターであった。曲名は長唄「色見草月盃」からであろう。白楽天による有名な「林間に酒あたためて・・」の文句で始まる地走踊「初紅葉長生酒盛」は、平安貴族の管弦の遊びにお供する七人の仕丁という設定から、すぐに清元らしい恋心を連綿と歌うクドキに変わる。七人は泣き上戸、腹立上戸、笑い上戸と演じ分けたのだろうか。引抜で六人の女と一人の男に変身した後半は、長唄「越後獅子」でもおなじみの「打つや太鼓（ここでは秋の季語きぬたに変える）の音もすみわたり・・」「見わたせば西も東も・・」などの文句を利用し、布ざらしの見せ場につなげている。

　躍台「惟茂秋篠之学」は、能「紅葉狩」長唄「色見草月盃（紅葉狩）」の趣向や文句を大幅に取り込んでいる。紅葉真っ盛りの山中で、腰に鞨鼓を付けたやんごとなき上臈（秋篠は長唄「紅葉狩」のヒロイン名前）が鹿狩に来た惟茂を引き止め酒盛となるが、やがて鬼の面を取り出し鬼女の本性を現す。後半は一転して、二人は熊手を持つ田舎男と箒を持つ田舎女に変わって仲良く野良歩き。能「高砂」のもじりか。秋の虫づくし「たれをまつ虫こがれてすだく、つづれさせてふきりぎりす」は、富本節「草枕露（くさまくらつゆ）の玉歌和（たまがわ）（六玉川（むたまがわ））」（弘化三年頃作曲）にも登場する文句。

四三　新石町一丁目の附祭「神代の学び」の浄瑠璃長唄文句が完成した。

附祭
神代学び
浄瑠璃長唄文句
太田屋佐吉
邌物
常磐津連中
中村金枝

四三

（表紙）「
辛亥九月
神田明神附祭
神代
学び　浄瑠璃長唄文句

貳拾五番
（朱印）「鍛冶町二
丁目太田
屋佐吉板」
新石町壱丁目
」

常磐津連中
請負人　中村金枝

邌物　神勇千代幣

千早ふる、神を勇めの庭神楽、ときめく花の装ハ、姿競ふてすゞしむる、猿田彦手の尊とて、先にすゝんで鉾立て行列揃へてしとやかに榊かたげて児ぶりもよく、拝殿宮の鳥居先、合点じや神の御まへに酒きけん、機嫌上戸も酒のくせ、太鼓にうかれて汲やくめ〳〵、さんさ能酒くミ入て宝来船の帆を並べ、目出度ためし有かたや、宿の出茶やも入日さす、赤まへだれの情し

地走踊
清元連中
駿州屋善左衛門

り、縁でこそあれ状箱の(1)、封じめかたき、かたおのこ「伊勢へも丁度七たびと熊野は三度飛脚やの、泊りを急ぐたび烏、道を早めて夕まくれ、「泊らんせ〳〵、お泊ならバ泊らんせ、露の袂の袖引とめて、「たゝく背戸(2)やにもたれてける「心もちりな振はらふ、野暮なせかいにいとしごの、いとし殿御も夜ごとにかハる、替る枕のミちかへて、まだ見ぬ花のいろ〳〵を、尋〳〵て留りける、「伶人が舞楽もけふの神事迚、かつこ銅拍子(3)鈴の音も、神の恵ぞ有難や、「世の中を照す鏡にかげ留て、おまへが神で有ならバ私もほんに神のすゑ、おかめ〳〵と皆さんが、いふておくれ毛そゝげ髪、「直してあぎよう、ひよつとこの、顔も形もなりふりも見へぬミへばら、そゝりぶし(4)、吹や神風吹ならバ、おやしきさんのお窓下、せりふ　ヲヤ　だれだと思つたら可愛新石町の神主さん、きついおミかぎりだね、わつちも此頃じやァね、高間がはらに帯しめて、おまへにあふて見せたいが積り〳〵て、しやくのどく、聞て初てついしつた、外のき菊の露しらず、好たどふしの一ト踊。桟敷のや祭見よ迚、揃に揃ふて、さつても〳〵見ごとにへ、そんれハ〳〵さうかいな、よふ出来た所望じやい、合点かうきに浮立手拍子も、盛賑ふ面白や、緑色ます常磐津もかハらぬ河合新石町、なを万代に残しける。

神勇　二丁

清元連中
請負人　駿州屋善左衛門

地走踊　鹿島踊姿出来秋

当り年、けふぞ賑ハふ御祭礼、日の烏月の兎(5)もくもりなく、心もはるゝ、友どちが、酒と肴にはらつゞミ、飛はねるやら面白い、姿も対の白張ハ烏ぼしの紐も解かゝる、色の事触(6)御存の、その託宣の豊年に、是もあたらし鹿嶋の人　神「サア〳〵寄つたり〳〵、今年ハ豊年当りと

大津絵

踊台

長唄連中

しの御祭礼、町内はんじやう氏子中、かしまの神の御たくせん　万「御代のさかゑの　神いさめ　二人「鹿嶋をどりか所望じや〳〵　「御代ハ目出たのさんさ若松さまよ、ナン〳〵エ　コレハイサ鹿嶋うらにハ宝(7)つんだる〳〵船かつんついたへ　ヲヤモサモサ　ちゑぼ　サエヘ　ちよんねがなア、こがねびさくで水さ汲ましよ、ナン〳〵エ　ヲヤモサモサ　「ことしや、ます〳〵神のお告に色の出来秋(8)、有がたや「ほんに息栖(9)の男じやと思ふてくらす其日からすいたいたこ(10)の文句にも、十二の橋(11)も鹿嶋なる、神の利生のひたち帯(12)嬉しいなかじやないかいな、約束かたき要石(13)「色のなぐさのなん〳〵中にかたき桔梗も紫苑のほかに、萩の下つゆぬれよと侭に、かわゆらしさの女郎花、ぬれて色ます菊のはな、朝な夕なに顔見てくらす、嬉しかるかや有まいかエ、しほらしや　三人長唄「見渡せハ、まだうら若き紅葉ばを手折て見たき花娘、恋に心ハ通天の、はしたないとて笑ハれて、そでにかくすや顔もミぢ、露もつ菊のうつくしや「谷に咲、きくも真垣の白菊も、かハらぬ色の手まりぎく、一夜寝ごして植そめて、庭に育て三ツや四ツ、いつもあいらし、小菊とハ、ほんに嬉しき宿のきく、むりにさかせたませ菊ならハ、なんのやくそくとふてミや、詠めにや　飴売「そも〳〵飴のはじまりハ、南天竺のうてん王、あめた如来の告により、飴を造りて売せしより、我朝にても一天下、飴を賞美の余りにや、雨がしたとも読とかや、あめのふる夜もいとはずに、酒の機嫌にぶら〳〵とうかれてあゆミ来る飴の、中からおふくさんがにこ〳〵笑ふてひよいと出る、瓜やなすびハくねにもなろが、おらがわかい時きやナア、せどやはたけで袖つま引れ、ひかれあふてのたびすがた、おかしい中じやないかいな　せりふ、大津えのふり(14)「めぐミかしこき御代なれや、町内氏子まもり神、かん田のやしろありがたや〳〵

躍台　其往昔神代睦言　長唄連中

松賀於藤
清元福寿太夫

柴崎の神

「往古の神代の昔江戸の風祭りにぎわふ俳優に、天照す神を岩戸の御(15)まへにて始めてかぐらを奏しける「されバとやけふ召れし戸がくしの姿うつらふうすめの命、巫女が始しすず振袖のてりそふ日影紅葉時、ほんのり顔に神酒びらきそのさ、ごとの嬉しさに、早くも明の鶏がなく、東にたてし柴崎(16)の 神をいさめ(17)の神楽うた「いさましかりける 三重 「次第(18)なり 両人引抜(19)「おんらが在所ハなア、麦つく時にや村の若衆とじよなめき(20)達が、よんべ(21)もよつたり袖つま引きやる ヱ 「そんれハ夫ハほんかいな、杵(22)ハ御ていしゆ、かかしゆハ臼よ、中のよいのがだんごになつて ウヤヤレ〱 女夫杵 同 「そふだぞ〱 「やらしやんせ 「これも世わたるうさはらし クトキ 「ほんに思へハきのふけふわたしが色のはじめから、云て聞せてしんじつが、日まちのばんのゆふぐれに、手をひきあふて女夫事、うれしい中じやないかいな、届いて今のたのしミが、結んだ縁の神さんの、いかな利生(23)と成ぬらん「雁とつばめハどちらが可愛、かり(25)にとゞけて文のつて、風が物いふつばめのたより 「そらに通ふて行かふ袖の、ぬふて嬉しき縁じやもの、ヲヽ、それ〱そうじやいな、はづかしや 「実に御祭礼当りどし、かはらぬ川合新石町、町内繁昌いしずゑも、かたきめぐミそありがたき〱

睦言 二丁

請負人 松賀於藤
清元福寿太夫

〔注〕（1）状箱…じょうばこ。書状を入れ、使者に持たせてやる小箱。

（2）せど…背戸。裏門、裏口、勝手口。背戸口ともいう。

（3）銅拍子…どびょうし。銅拍子は、小型の銅鈸、どうばち。おもに古代芸能・民俗芸能で用いられる。「鹿島の事触れ」で用いられた楽器。

（4）そゝりぶし…遊郭をひやかしながら客がくちずさむ歌。
（5）日の烏…ひのからす。太陽に住むという三本足の烏のこと、転じて、太陽をいう。月の兎は、月に住むという兎のこと、転じて、月をいう。
（6）色の事触…いろのことふれ。「鹿島の事触れ」をもじったもの。鹿島の事触れは、茨城県鹿島神宮の神官が、風折り烏帽子に狩衣という出立ちで、鹿島明神の御告げと称して正月の三が日、その年の吉凶を諸国に触れ歩く。江戸には、同様の姿で鹿島明神の神託を触れ歩く門付け芸人も出現した。吉原を舞台にして、「鹿島の事触れ」の踊りに、白酒売りや粟餅売りなど江戸の物売り風俗を絡ませた長唄「俄（にわか）鹿島踊」をモチーフに盛り込んでいるか。息栖（いきす）神社や潮来（いたこ）、常陸帯（ひたちおび）など鹿島神宮に関連する言葉を掛詞として多用している。
（7）こがねびさく…黄金柄杓。鹿島踊りに用いられる道具。
（8）出来秋…できあき。みのりの秋。
（9）息栖…いきす。茨城県鹿島郡神栖町にある息栖神社。「粋」に息栖を掛けている。創立は鹿島、香取の二神宮と同じと伝え、東国三社といわれた神社。古くから鹿島神宮の摂社。
（10）すいたいたこ…「好いた娘」に潮来を掛けている。茨城県南東部の地名。香取、息栖、鹿島の三社もうでの船客の中継地として栄えた。
（11）十二の橋…潮来十二橋。
（12）ひたち帯…常陸帯。正月一四日の鹿島神宮の祭に、自分が思いを寄せている相手の名を帯に書いて神前に供え、神主がそれを結び合わせて結婚の可否を占った。
（13）要石…かなめいし。鹿島神宮にある石。地震をしずめるといわれている。
（14）大津え…大津絵。近江国大津の追分、三井寺辺で売り出した戯画。この絵に描かれた人物を舞踊にしたものも大津絵という。
（15）岩戸…いわと。高天原にあったとされる天の岩屋の堅固な戸。天照大神が弟の素戔嗚尊（すさのおのみこと）の蛮行を怒り、天の岩戸に隠れたのを、神々がその出御を祈り、大神が岩戸を出て再び天地が明るくなったという神話天照大神が、そこに隠れた時、天細女命がその前で踊りをおどった神話で有名。
(16) 柴崎の神…しばさきのかみ。神田明神のこと。柴崎村（現大手町・平将門さまの首塚の地）は、神田明神の旧地。
(17) いさめの…神威を高めるの意。
(18) 三重…さんじゅう。三味線楽の旋律型の一つ。浄瑠璃や長唄などで、一曲の最初や最後、または場面の変わり目などに用いる。演奏上のクライマックス。
(19) 引抜…ひきぬき。衣装に仕掛けた糸を引き抜いて、瞬間的に着替えること。
(20) じょなめき…なまめかしいこと。
(21) よんべ…ゆうべ。
(22) 杵…きね。「杵はご亭主、かかじゆは臼よ」。杵は男根、臼は女陰の喩え。夫婦の営の営みをいう。
(23) 利生…りしょう。神の霊験のことで、ここでは子宝に恵まれること。
(24) 雁とつばめ…かりとつばめ。秋の雁に対して春の燕。
(25) かりにとゞけて文のつて…「雁の便り」のこと。手紙。

〔解説〕二五番新石町一丁目の統一テーマは鹿島踊を含む神代の神楽で、練物「猿田彦仕丁楽人之学」の曲は「神勇千代幣」演奏は常磐津連中、請負人は中村金枝、地走踊「鹿島踊之学」の曲は「鹿島踊姿出来秋」演奏は清元連中、請負人は駿州屋善左衛門、躍台「神代岩戸之学」の曲は「其往昔神代睦言」演奏は長唄連中、請負人は松賀於藤と清元福寿大夫。文化一〇年（一八一三）には鹿島踊に白酒売りや粟餅売りなど江戸の物売り風俗を絡ませた長唄「俄鹿島踊」が初演され、また直前の弘化三年（一八四六）には鹿島踊を太神楽に取り込んだ常磐津「どんつく」が初演されている。「どんつく」の冒頭は鹿島踊の文句「鹿島浦にはコレワイナ・・・」で始まり、白酒売りの趣向も盛り込まれている。この二曲が全体に関わっていそうである。

練物「神勇千代幣」は鞨鼓に笙・篳篥・太鼓の楽人を伴う猿田彦と五人の仕丁という神楽の風で始まるが、その文句「神勇千代幣」の出だし「千早振る神を勇めの・」は「俄鹿島踊」「どんつく」

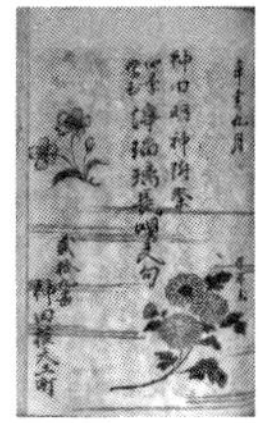

四四　神田横大工町の「四季の学び」の浄瑠璃長唄文句が完成した。

月岑
附祭
四季学び
浄瑠璃長唄文句
太田屋佐吉
清元連中
邌物

とも共通する神楽の常套句、「宝来船の帆を並べ」はまさしく鹿島踊のイメージであろう。猿田彦は茶屋女へ、仕丁の一人が町飛脚へと意外な変身をとげた後の「おかめおかめ‥直してあぎよう‥」「誰だと思ったら○○町の神主さん、きついお見限りだね・」などの文句は、「どんつく」にすでに登場している。

地走踊「鹿島踊姿出来秋」はまず鹿島の事触れの姿様子を歌いこみ、事触れが所望に応じて「鹿島うらには宝つんだる船がついた・・」と鹿島踊を踊る趣向。後半飴売りの男が登場、三味線を弾きながら売り口上を面白おかしく歌うのも「俄鹿島踊」の筋書を踏襲している。

躍台「其往昔神代睦言」では、神楽を演じる戸隠明神と宇須女が田舎男と田舎女に姿を変え、臼を前に置き二人で手杵を持って麦搗きをする。「俄鹿島踊」の文句に「私はこの臼お前は手杵・」「臼と杵との拍子よくこれも俄の里神楽・」とあり、この連想からの変身であろう。

四四

(表紙)「辛亥九月　月岑寿
神田明神附祭
四季　(朱印)「鍛冶町二
学び　浄瑠璃長唄文句　貳拾九番　丁目太田
神田横大工町　屋佐吉板」
邌物(もの)　手綱染寄人萬歳(たづなぞめよせてまんざい)　清元連中
」

請負人
中村金枝
清元佐登美太夫

万歳

地走踊
長唄連中

請負人　中村金枝
同　清元佐登美太夫

「君が代の、よハひ寿くしるしとて、色そふ門の若ミどり、春よりさきにはるの来て、扇(1)〱や宝ぶね、「目出たや〱(2)、春のはじめの春駒なんぞハ夢に見てさへに、いとや申、とりなりも、若紫のかくしもミまだとけなれぬ帯なれバ、男にわけを立結び、しやんときり、と今やうに、姿もついの女子連、めてたふ祝ふ万歳が、とくわかに御万ざい(3)とハきミんもさかへてましんます、あいけう有ける祭礼に、一本の柱のいしずゑハ、色のはじまり二世かけて、三ッにさゝごとさゝめごとまことに嬉しふ侍ひける、かやう申す才蔵(4)なんぞハ、まんじやらこや〱まんじやらこ、じやありやせぬハ、百万ねんのことぶきを「ヤレ しめろやれのかけごゑに、むれつゝきやりのいさぎよく〱、目出た〱の若松さま、ヨナヨイナ 枝もさかへて葉もしげるよ「そのせわしないまつりなか、たばこのひまについちよつと、こゝろのうちのすめやらで「女子心のひとすぢに、いふてみやうといくたびか、水にかずかく思ひ(5)をバ、うきにつれ立さうおどり、「こゝらあたりハナ、よいこのよめな田ぜりつむ辿、あぜ道つたひ、流れとびこへ、ちよつと小づま(6)をぬらした、よんがいな、おもしろや、げにもめて度さいれいに、せんしうばんぜいかぎりなく、つきせぬ御代こそ、目出たけれ〱

万歳　二丁

地走踊　皐月花會我写絵
長唄連中
請負人　清元佐登美太夫
同　中村金枝

踊台
常磐津連中
藤間多津

本てうし
「夫風雨止て青空に、江戸紫の引まくも、けハしき勢ひハなる滝を、昇る鯉龍のごとくにて、曾我の十郎祐成(7)、跡にすすんで時致が、今此時と寄かけて打白波の音高く、ときをつくつてゐたりけり、 両人出 「いで此時ハ元久四年(8)しかも五月の末なりしに、右幕下大将ふじの御狩の御催し、此折からをうどんげ(9)の花待得たる若みどり、多くの勢ハ騒ぎ合、こゝをせんど(10)ゝ見へければ「しバし心の忘れぐさ、留て見よとて品(11)やる目もと、 三下リ(12) 「宵にやひぞりて夜中(13)のくぜつ(14)、互ひにすねるりんき酒、まださめやらぬねやたばこ、空ふくかほのにくらしさ「登つめてハいとしさの、あまりていとゞせきられバ(15)、これむなづくし(16)と手をかハる、猶もいかつてかけ出す、小ごしにとり付て留たそへ「とめて嬉しき朝のあめ、ふれバ夫なり居つゞけハ、すいたひよくの花扇、蝶ハなたねに留心、それとまれサ、かざすたもとに恋ぐさの、おき所なき文のつて、留てほしさよ袖の内賑ハしや「互ひに争ふ其ふぜい、御所の五郎もあらもの〳〵しく、何れをとらぬ勢ひハ、獅子ふんじんの如くにて、めざましかりける 引抜石橋、二上リ 「花とびちらす獅子のありさま、あなたへひらりこなたへひらり〳〵、峯にかけつてくるり、時しるや、牡丹花の今を盛の花にきて、おのがまゝなる蝶々の、狂ひ乱るゝ其ふぜい、岩のお草にせをすり寄て「いさましや「頭をふりてうつるゝや、とび上りてハひらり岩ぜきにかけり、けハしさよ、何れおとらぬしゝのせい、しゝとらでんの勢も、かくやと斗いさぎよく「獅子(17)の座にこそつきにけり

躍台　月の縁神楽幣帛
常磐津連中
請負人　藤間多津

「あすもこむ、野路の玉川萩こへて、色ある浪とうたかたの、姿やつして狩衣を、花の露そふ振袖のこゝにもやどり住月の「桂男と恋すてふ、雲のうはきじやなけれど、実君が色香のいとしさに、手にてを鳥のをしへから、嬉しかあいのミことのり、たのしい縁じやないかいな、露をく、けはひなまめかし、「千草にすだく(18)虫の音に、うかれて思ひ月かげに、誰を松むしこがれて、いとゞ爰にはたおりきりはつたりてうく(19)、風に乱れてしほらしや「イサ、恋人の住家へと、花野をわけて入月の、いつか雲ゐにかけまくも、風情なりける詠かな、引抜「神楽月とて、山家も里もさそひ連たるぬれたなか、結ぶの神の鎮守様、うぢこはんしやう沢山に、田ばたの出来も豊ねんの村の祭ぞにぎわしき「あれを見さいな向ふの山に、すいと立た杉の木すぎの木〳〵、おらハそまに気ももミの木て「女松男まつ女夫ごとして、よい子だからがそりやできた品者めとせなをたゝけバ、そりやおまへ「在所者ゆゑ、あじやう(20)にも恋とやらいふ楽しミハ、ほんに夢にも胡麻畑、しごとの鍬のえんでかな惚たどうしのころびね(21)に云かハしたる其日から、対にかむつた手拭のもんもひよくのお江戸染はなれぬ中じやないかいな、是も祭りの踊哥「こんな寒いのに袖がさめして忍ぶハやぼよ、つらにくや更て待夜のかねの音よりも、あかぬ別れのとりの音が、ましか何れ恨で有ぞいな、しなもよや「実豊年の宮かぐら、横にかたげし大幣も工の業や神の田の、栄ふる祭りぞめでたけれ。

〔注〕(1)とりなり…取成。物事の様子。特に、人のなりふり。人の動作や身なり、風貌など。

(2)若紫のかくしもミ…若紫の格子紅絹。模様の名。紫の地に、格子の形を染めたり織り出したりした紅絹。

(3)とくわか…徳若。「とこわか(常若)」の変化。永遠に若々しいさま。万歳(まんざい)を演じる者も指す。「とこわかに御万歳」とは万歳がいう、いつも若々しく長寿を保つようにの意の祝詞。

(4)才蔵…さいぞう。正月の三河万歳の太夫の相手をする滑稽な役の者。調子がよく相槌をうつ人をあざけって言う語でもある。
（5）水にかずかく…水に数書く。数取りのために線を引く。「水にかず書く」の形で、はかない、つまらない、むだであるなどのたとえにいう。
（6）小づま…小褄。着物の褄。着物の襟から裾にいたるへりの下の方。
（7）曾我の十郎祐成…そがのじゅうろうすけなり。弟は五郎時致。『曾我物語』の十郎・五郎兄弟。建久四年（一一九三）に催された富士の巻狩りで仇敵工藤祐経を討ったことで名高い。この唄本はこの物語をモチーフにしている。
（8）元久四年…建久四年（一一九三）の誤り。
（9）うどんげの花…優曇華の花。「優曇華の花。待ち得たる心地」は優曇華の花の咲くときに会った喜び。珍しいことに遭遇することのたとえにいう。
（10）こゝをせんどゝ…ここを先途と。勝敗、成否あるいは存亡の決する大事の場合。一旦緩急ある場合、分け目、瀬戸際。
（11）品やる…品遣る。なまめかしくつくろう。はでにする。
（12）三下り…さんさがり。三の弦が下がった調弦の意。三味線の調弦法の一つ。本調子の第三弦を一全音下げたもの。二上りの第一弦を一全音上げて作ることもある。優美で沈んだ気分を表し、長唄、小唄に多く用いられる。
（13）ひぞりて…乾反りて。干反りて。かわいて水分がなくなり、そりかえること。すねる、ひねくれる、ひがんで意地悪をするの意。
（14）くぜつ…口舌。口説。「くぜち（口舌）」の動詞化。連用形「くぜち」だけが用いられたらしい。言い争いをする。苦情をいうの意。
（15）せきられバ…塞きられば。堰きられば。水の流れをせきとめて、他へ導き入れる。
（16）むなづくし…胸尽。むなぐら。胸、むなずから、むねづくし。
（17）獅子の座…ししのざ。能や歌舞伎などで獅子に扮したものがつく座席。

(18) すだく…集く。多くのものが群がり集まる。多数が群がる。多くの虫や鳥などが集まって鳴く。
(19) きりはたりちょう…機(はた)を織る音を表わす語。また、機織虫などの声を表わす語。
(20) あじょう…どのように、いかように。
(21) ころびね…転寝。ごろね。男女がひそかに肉体関係を結ぶこと。野合すること。私通。

〔解説〕神田横大工町の浄瑠璃長唄文句「四季の学び」の唄本。構成は、「邌物　手綱染寄人萬歳」（請負人、中村金枝・洞元佐登美太夫「地走踊　皐月花曾我写絵」（請負人、清元佐登美太夫・中村金枝）「躍台　月の縁神楽幣帛」（請負人、藤間多津）からなる。表紙に「月岑□」とあり、春の桜と秋の菊を施した表紙のデザインは斎藤月岑によるものカ。印刷は「鍛冶町二丁目太田屋佐吉」が請け負った。

〔解説〕二九番神田横大工町は「四季学び」のテーマで、練物「春之学」の曲「手綱染寄人万歳」は演奏清元連中、請負人中村金枝と洞元左登美大夫、地走踊「夏之学」の曲「皐月花曽我写絵」は演奏長唄連中、請負人清元左登美大夫、躍台「秋冬之学」の曲「月の縁神楽幣帛」は演奏常磐津連中、請負人藤間多津。請負人洞元左登美太夫と清元左登美太夫は同一人物の可能性がある。

　練物「手綱染寄人万歳」は、正月の祝儀物である万歳と春駒をいずれも華やかな娘姿で演じる。万歳は素襖に烏帽子姿で、太夫は扇を持ち、才蔵は鼓を打つ。春駒は六人が駒頭の作り物を持つ。「春のはじめの春駒なんぞは夢に見てさえ・・」は門付芸春駒の決り文句、中程には木遣り唄としてご存知「めでためでたの若松さま・」の文句がうたわれる。

　地走踊「皐月花曽我写絵」は能の「夜討曽我」と「石橋」をつなげたもので、同じ嘉永四年初演の常磐津「勢獅子劇場花籠」の影響が見られる。曾我の十郎、五郎と女武者四人が、後半は全員、牡丹の花模様の衣装に扇獅子紅のふさふさ髪（シャグマ）で手に牡丹の造花を持って、長さ四間半巾一間もの大型岩組の石の橋の上で総踊をする。歌舞伎の通称石橋物に共通する文句からは、荒々しく踊り狂う獅子を連想させるが、番附からはシャグマ頭とはいえ娘たちの可愛らしさが見てとれる。曲の冒頭に「本てうし」、ついで「三下リ」引抜石橋「二上リ」と三味線の調弦の指示がある。

三味線の調弦は本調子（シ‐ミ‐シ）を基本に、二の糸を♯ファにあげる二上り、三の糸をラに下げる三下りがある。浄瑠璃系では大部分本調子なので特に指示がないが、長唄では曲中の雰囲気でしばしば調弦を変える。この曲では初めは能がかりなので本調子で男性的勇壮に、ついで三下りで情緒的優美に、最後は二上りで華やかな獅子の狂いとなる。この場合、まず本調子の三の糸をラに下げて三下りに、次には三下りの一の糸をシからラに下げて二上りの音程間隔にする。

躍台「月の縁神楽幣帛」は、侍女を伴って若い公達（藤原俊成）が野路の玉川（前出富本節「草枕露の玉歌和（六玉川）」では近江の月の名所）の萩を見物、虫の音を楽しみながら短冊を手に和歌を詠んでいる。後半は里神楽豊年踊の踊姿となるが、この変化は文政一〇年（一八二七）初演の長唄「月の巻」とよく似ている。また桶胴と篠笛からなる通り神楽の囃子は、歌舞伎下座音楽でも冬から立春まで季節を表す。ここでも冬の趣向として里神楽が使われている。

四五

（朱書）「亥八月廿六日　喜多村彦右衛門殿被申渡」

鈴木　村田　村松　渡辺　千柄（清右衛門）　馬込　米良（太一郎）　高部　福島

右は当九月十五日神田明神祭礼之節、田安御門内江罷出、諸事心付　上覧所夕七ツ時頃迄ニ相済候様、取斗可申候

　亥八月

〔解説〕八月二六日、町年寄は長谷川町名主の鈴木市郎右衛門らに対して、九月一五日祭礼当日は田安御門内に出役し、神幸行列が夕七ツ時（午後四時）ごろまでに上覧所を通過するように取り計らうよう申し渡している。**以下、資料五〇まで御雇祭のこま廻し、附祭などに対する町年寄からの申し渡しがある。**

四五　町年寄が、長谷川町名主鈴木市郎右衛門らに、祭礼日の田安御門での諸事心付きを申し渡した。

『月岑』八・二六に「祭礼喜多村様御呼出、時々雨降、夜、雉子町・四丁目家主扱之義申談候」とある。

田安御門
上覧所

四六　町年寄が、浅草平右衛門町名主平右衛門らに、祭礼当日の御雇こま廻しの心付きを申し渡した。

御雇こま廻し

四七　町年寄が、浅草平右衛門町名主平右衛門らに、祭礼当日の附祭年番町への心付けを申し渡した。

四六

（朱書）「前同断」

浅草村田　高麗　亀戸勝田　稲垣　関口　柳川

右は当九月十五日神田明神祭礼之節、御雇こま廻し江付添心付可申候

亥八月

〔解説〕八月二六日、町年寄は浅草平右衛門町名主村田平右衛門らに、九月一五日祭礼当日に御雇祭のこま廻しへの心付きを申し渡している。

四七

（朱書）「前同断」

蝋燭町

関口町　附祭江

平田（附祭万端心付べく）　清水　佐柄木　竹内　岡村　沢田　小西　吉村　望月　三戸見

新石町壱丁目附祭江

（附祭万端可心付）木村　同倅　小藤　益田　山本　明田　大坪　小沢　竹口　加藤

横大工町代地共附祭江

（附祭万端可心付）斎藤　飯塚　久保　同倅　深川明田　柿沢　山家　橋本　高砂町渡辺　村松倅

右は当九月十五日神田明神祭礼之節附祭江付添、喧嘩口論都而猥成儀無之、別而刻限遅滞不致

四八　町年寄が、湯島町名主山本六右衛門らに、祭礼当日の繰出、繰込場所に出向き差配するよう申し渡した。

田安御門繰込場所

様心付可申候

亥八月

〔解説〕八月二六日、町年寄は、浅草平右衛門町名主村田平右衛門らに神田蝋燭町・関口町の附祭、湯島町名主山本六右衛門らに新石町一丁目の附祭、雉子町名主斉藤月岑らに神田横大工町と同代地の附祭で、祭礼当日、喧嘩口論などが起きないよう心付けることを、申し渡している。

四八

（朱書）「前同断」

繰出し

湯しま山本　中村　片岡　深川田中　市川　星野　中野　小林　加賀町田中　小野寺　深川熊井

小石川沢田　小石川鈴木　山下　下谷清水　外ニ繰出場江当朝罷出万端心付可申候　石塚

田安御門外繰込場所江

山中　市谷島田　江塚　矢部　高島　秋元　青山山崎　小宮　伊藤　宇田川町益田　志村　西田

浦口　牛込石塚　海辺

右は当九月神田明神祭礼之節、繰出し繰込場所江罷出、出役中差図受取斗可申候

亥八月

〔解説〕八月二六日、町年寄は、湯島町名主山本六右衛門、新材木町名主石塚三九郎らに、田安御門内外での繰出し、繰込み場所へ、祭礼当日出役して差配するよう申し渡している。

四九

「前同断」(朱書)

祭礼掛并
田安御門内江罷出候
名主江

当九月十五日神田明神祭礼繰込刻限遅滞無之様番順小口拾弐番[1]迄之分、当年別段支配名主組合名主江申渡候、拾三番[2]より未平出し町々之方は同断相心得、遅刻無之様、祭礼掛名主、田安御門内江罷出候、名主より其町々支配名主江可申達事

亥八月

田安御門
支配名主
組合名主
平出し町々

〔注〕(1)拾弐番…柳原岩井町の出しのこと。なおこの番号は、神田祭における氏子町の番号であり、同じ町でも山王祭の時は別の番号となる。資料編「日本橋・神田地域の名主支配町と祭礼町」参照。
(2)拾三番…橋本町一丁目の出しのこと。

〔解説〕八月二六日、町年寄は、新材木町名主石塚三九郎以下、祭礼取扱掛および、田安御門内に出役する名主に対し、出しの繰出し、繰込みが遅滞しないよう心付けることを申し渡している。

四九　町年寄が、祭礼取扱掛らに、祭礼当日の繰出、繰込刻限に遅滞がないよう申し渡した。

五〇

「前同断」(朱書)

五〇　町年寄が、三番から一二番の町名主らに、出し印の遅滞がないよう申し渡した。

支配名主
組合名主

口達

神田明神祭礼
三番より十二番迄
町々　名主

当九月十五日神田明神祭礼繰込刻限遅刻無之様兼而申渡之趣相心得、別而番順小口之内、遅滞有之候而は、差支候ニ付、左之町々支配名主并組合名主当年別段心付、払暁練込候様可致候

一、三番　神田旅籠町壱丁目
一、四番　同町弐丁目
一、五番　同所鍋町
一、六番　通新石町
一、七番　須田町壱丁目
一、八番　同町弐丁目
九番　連雀町
十番　三河町壱丁目
十一番　豊島町
湯島町分
金沢町
十二番　岩井町

右祭礼罷出候者江前廉より申渡遅滞無之様可取斗候

亥八月

五一　町年寄が、祭礼道筋横町の締め切り方について、道筋の名主らに申し渡した。

南伝馬町仮屋

神輿通行
町火消

五一

〔解説〕八月二六日、町年寄は、三番神田旅籠町一丁目以下一〇番の組に対し出し繰込み刻限に遅滞のないよう申し渡している。

（朱書）「前同断」

申渡

南伝馬町仮屋(1)より
帰社道町々
名主
月行事
右組々世話掛
名主

神田明神祭礼道筋横町〆切之義、去々酉年(2)之通可致候、馬駕籠自由ニ通候様御用并御番ニ而通行、其外病用等ニ而通候類は無滞相通、始終〆切置候義ニ而は無之、畢竟神輿通行之節、往来混雑不致、不浄もの入込不申ため之事ニ候間、木戸ヲ打候而宜敷所は木戸ヲ打、町火消(3)八番組之分共、右同様可取斗事
右之趣御奉行所御差図ヲ以申渡
亥八月廿六日

〔注〕（1）仮屋…かりや。神田明神の神輿の仮屋は南伝馬町に設けられていた。

五二　町年寄が、神輿帰社道の町名主らに、神輿巡行上での諸注意を申し渡した。

南伝馬町仮屋
帰社道
祭礼掛名主

（2）去々酉年…嘉永二年（一八四九）。

（3）町火消…まちびけし。江戸の火消は幕府の定火消、大名火消の外に、町人が自治的に組織する町火消があって四七組（幕末には四八組）に分れていた。ちなみに八番組は、ほ組・わ組・加組・た組の四組であった。

〔解説〕町年寄が、南伝馬町の神輿御仮屋から神田明神本社への帰社道筋の町々名主らに対し、祭礼当日、神輿通行の際のみ、道筋や横町に締め切りを行い、それ以外は馬・駕籠等自由に往来できるよう指示している。また木戸を打つことができる場所は打つよう申し渡している。町火消八番組が往来の整理に当たることになっている。

五二

（朱書）
「前同断」　申渡

南伝馬町仮屋より
帰社道町々
名主
右組之世話掛
名主
祭礼掛
名主

来ル十五日神田明神祭礼帰社道町々取締之義、厳敷御沙汰有之、別紙申渡候、就而は右町々年若重立候者別段其所名主同組世話掛并祭礼掛名主より厚申含、請印取之其外右道筋壱弐番組町

壱弐番組町火消頭取
縄張
竹矢来

火消頭取共江も子方之者かさつ無之様世話可致旨申遣精々可取斗候、勿論明神社近辺、縄張ニ而宜敷所は縄張可致、竹矢来等不致候而難成場所は竹矢来可致旨、兼而申渡候処、去ル巳年(1)九月祭礼之節、神輿舁南伝馬町定人足之外、帰社道町々より人数多分罷出、神輿舁騒動致候旨、右は京橋、炭町辺より本材木町、四日市、日本橋通、今川橋辺、追々多勢ニ相成、別而湯島壱丁目辺より人数相増、不作法之事とも有之神輿破損等致し候趣相聞、甚以不届候、当九月十五日祭礼之節、別段組之者相廻り神輿舁ニ入交、通行妨候者於有之は、為召捕急度咎可申条、町々裏々之者迄厳敷申渡、帰社相済候迄、決而〆切不取払、前書申渡之趣相心得、其所町役人共附居、神輿通行之節〆切往来混雑無之様可致

右之通従町御奉行所被仰渡候間、町役人共入念可取斗事

〔注〕(1) 去ル巳年…弘化二年(一八四五)。

〔解説〕町年寄が、祭礼当日の運営について各町名主、祭礼掛名主、支配名主、組合名主、町名主等に、神輿帰社道で混乱が起こらないよう厳重に取り締まるよう命じた。刻限を遵守し、整然とした祭礼の運営を求めている。殊に、神輿の帰社については、必要に応じて縄張り・竹矢来等で往来の制限を行なうよう命令。巳年(弘化二年)の神輿の破損騒動を例にあげ、神田明神に近づくにつれ、群衆が押し寄せることを想定し、神輿巡行を妨害する者があれば、召し捕って取り締まるので、このことを町々の裏店の住人に至るまで予め徹底させておくように指示。神輿が帰社するまで、帰社道の閉鎖は取り払わず、町役人を張り付かせ、往来を制御することを命じた。

五三　祭礼取扱掛が、町奉行所に、衣装検分の日取りを願い出た。『月令』九・三に「早朝より両国向中むらやへ出、祭礼三組下見あり、夕方かへる、川井へよる」とある。

附祭
御見分所
貸座敷料理茶屋
警固
川井屋

五四　神田九軒町の月行事らが、町年寄からの牢屋敷修復についての問い合せに支障なしと返答した。

上

附祭三ケ所共
御見分所
本所尾上町家主
貸座鋪料理茶屋
中村屋平吉宅
来月三日

祭礼町々警固罷出候者
衣類御見分所
神田鍛冶町弐丁目
権六店
川井屋伊三郎宅
同十二日

右之通御見分奉願上候、以上

亥八月　祭礼掛
名主共

〔解説〕祭礼取扱掛が、町奉行所に附祭三ケ所と、祭礼町々警固のものたちの衣装検分日程を願い出る。

五四

以書付奉願上候
牢屋敷内(1)東西牢・揚屋・揚座敷并表門役所向其外御修復御用、同所土手下拵小屋場地所手狭

牢屋敷
竹矢来
月行事
五人組
町年寄御役所

五五　大伝馬塩町の月行事らが、牢屋敷修復にかかる出し通行につき、返答書を町年寄に差し出した。

二而差支候ニ付、別紙絵図面朱引之通仮番所竹矢来取建候而も於町内差支無之哉、御尋ニ御座候、右之通竹矢来其外御取建相成候而も於町内聊差支候義無御座候、依之此段申上候、已上
　但町内并紺屋町共小橋往来差支無御座候

嘉永四亥年八月廿六日　　神田九軒町上納地
　　　　月行事　藤右衛門
　　　　五人組　源　助
　　　　名　主　市之丞

町年寄衆
　御役所

〔注〕（1）牢屋敷…ろうやしき。小伝馬町にあった牢屋敷。現在の中央区日本橋小伝馬町で十思公園のあたり。
〔解説〕八月二六日、小伝馬町（現日本橋小伝馬町）にあった牢屋敷の修復工事による周辺の往来についての、町年寄衆からの問い合わせに対する神田九軒町の返答書。

五五

一、牢御屋敷内御修復御用ニ付、別紙絵図面之場所朱引之通竹矢来御取建相成候而も差支無之哉、御尋ニ御座候、取調候処、於町内差障候義は無御座候得共、当九月神田明神御祭礼神輿通行場所ニ而、南伝馬町より差出候出し印・牛車通行仕候ニ付、凡車之丈尺弐間并年来祭礼罷出候抱人足等相調候処ニ而は、御矢来外全道巾三間半有之候得共、絵図面飛墨[1]之通町内

牢屋敷
牛車
矢来

より引出替り合等差支無之旨人足共申之候
乍去、牛車之儀ニ付人力とは違ひ、場合之はつみ九尺壱間位は進退於町役人は何共御請
合仕兼、万一御矢来ニ相障候而は恐入、此段申上置候、以上

大伝馬塩町
月行事　平七
名主　勘解由（馬込）

嘉永四亥年八月廿六日

館（市右衛門）
御役所

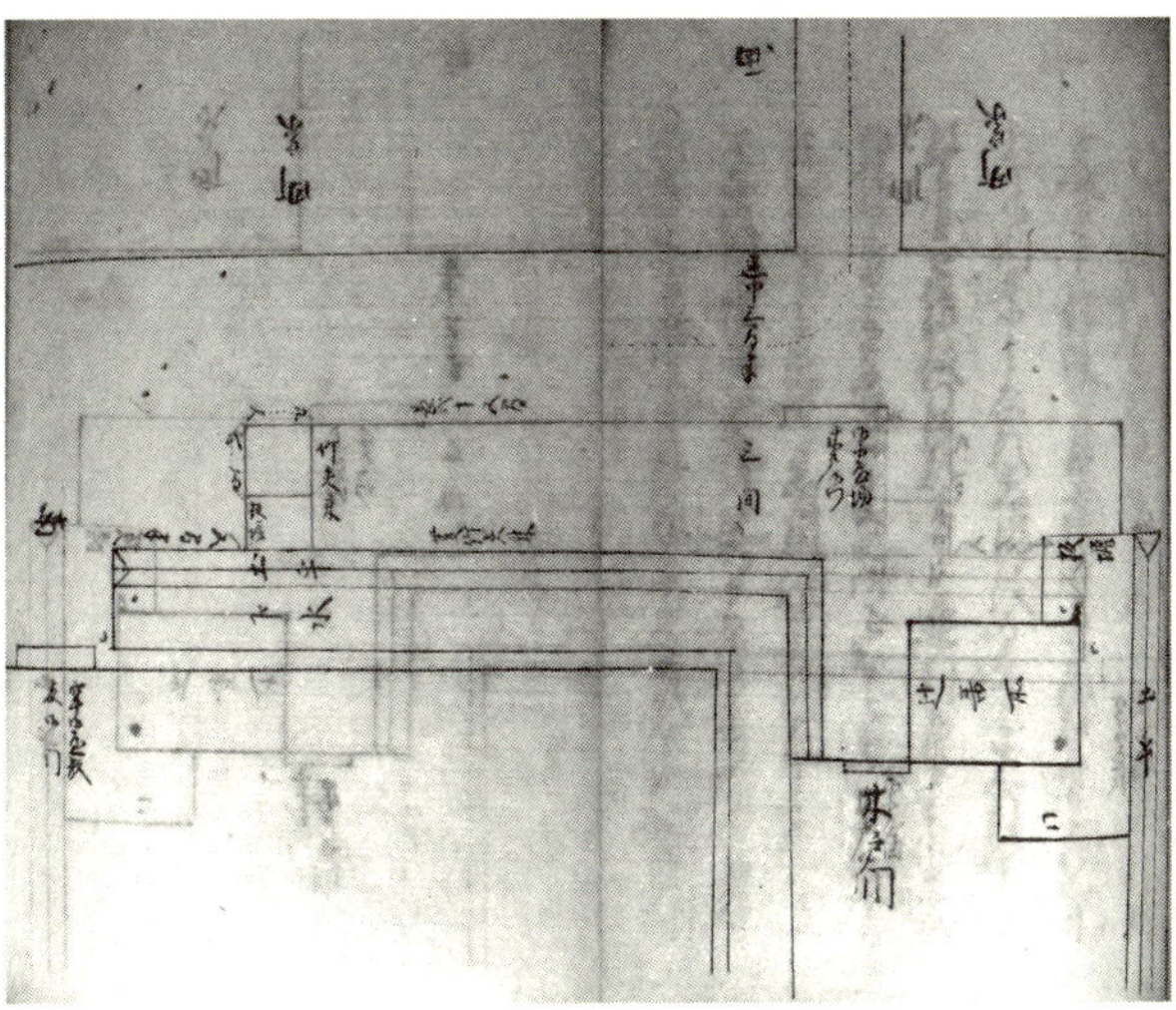

〔注〕（1）飛墨…とびすみ。絵図面に見える点線のことと思われる。
〔解説〕八月二六日、大伝馬塩町月行事と名主から町年寄舘市右衛門に宛てた牢屋敷修復に関わる竹矢来による通行の支障についての返答である。神田明神祭礼の出し通行によって支障が起きる可能性も伝えている。

五六

五六　町年寄が、店警固の者の衣装帳面の差出しを命じた。

祭礼衣装
店警固
出し印
水茶屋升屋

神田明神祭礼衣装之儀ニ付、当年は別段厳重被仰渡候間、祭礼町々より店警固ニ罷出候者共御制禁之衣類着用致間敷旨、先月中店警固世話役・月行事より連判取置申候、其節御談申置候通、各様御支配町々出シ印ニ附添出候店警固之者共着用致候衣類、左之振合ニ半紙竪帳ニ御認、九月九日昼四半時町々月行事并店子世話致候ものニ御持セ、神田明神境内升屋と申候水茶屋江無間違御差出し可被成候、尤其節罷出候者江追而右衣類見分致候日限御達可申候

半紙竪帳

何々之出シ印江附添罷出候
店警固之者
何町誰店
誰
何才

一、上着地何々
但、背中ニ何糸ニ而何々縫
何々又は樽（摺カ）込模様
下帯　何々
帯　何々

五七　大伝馬塩町月行事らが、牢屋敷修復竹矢来について、往古の事例を町年寄に返答した。

牢屋敷
竹矢来

何町誰店
誰娘倅
誰
何才

一、上着地何々
但、何々
下帯　何々
帯　何々

右店警固之者、衣類其外取調之上、尤右之外店警固罷出候者壱人も無御坐候、以上

亥九月
何町
名主誰

但、店警固之者罷出候儀無之町々も御座候ハヽ、其段御返答可被遣候

〔解説〕祭礼において、各町の出しに付き添う店警固の者の衣装について、半紙竪帳の帳面を作成して九月九日までに提出するよう通達した文書。後半部に帳面の記載方法を記した雛形が付されている。これによると、警固の者の素性をはじめ、衣装の上着から下帯に至るまで細かい規制がかけられているのが窺える。

五七

一、牢屋敷御修復御用ニ付、御同所表御門前より北之方待合橋(1)通道巾六間半之処江出巾三間通御小屋場竹矢来御出来可相成哉ニ付御尋御座候、此段一昨年中御同所上水樋筋御普請ニ而右御門前小伝馬町寄角江出巾九尺、長三、四間之竹矢来出来候儀有之候得共、右之外御同所御修復之節并御類焼後御普請之節ニ而も、右場所江竹矢来御出来相成候儀是迄承及不申候、

御尋ニ付此段奉申上候、已上

大伝馬塩町
月行事
平七
名主
勘解由（馬込）

嘉永四亥年八月廿九日

（市右衛門）
舘
御役所

〔注〕（1）待合橋…まちあいばし。牢屋敷の西側の堀に架かる橋。

〔解説〕八月二九日、町年寄から問い合わせのあった、待合橋に立てられる牢屋敷修復の竹矢来による障害についての大伝馬塩町月行事および名主の返答書。以前にも上水樋の工事や牢屋敷の修復のために竹矢来が設置されたことがあり、支障はないと返答している。

五八

五八　祭礼掛名主らが、牢屋敷竹矢来での出し印通行および牛車通行につき返答した。

（朱書）
「未八月廿九日舘市右衛門殿江差出候書状」

（朱書）
「日向半切」
上

祭礼掛
名主共

祭礼掛名主

牢屋敷
竹矢来
壱弐番出し　牛車

神田祭礼道筋之内大伝馬塩町横町通牢御屋敷御修復御用ニ付、御同所表御構外打廻し出巾三間通竹矢来出来候而も、当九月祭礼之節南伝馬町より差出し候壱弐番出し印通行差支有無右町内江御尋有之、書面ヲ以月行事平七より御答申上候、右ニ付猶私共談判仕申上候処、御沙汰ニ付町内道巾取調候処、御矢来出来候而も全三間半道巾残有之、壱弐番出し印通行仕候而も差支候義は有之間敷奉存候得共、平七より別紙御答書之通申上候ニ付而は牛車牽廻し候節差支有無、私共治定仕候而は申上兼候、此段御尋ニ付申上候、已上

丑
八月　　　　祭礼掛
　　　　　　名主共

〔解説〕八月二九日、牢屋敷修復の竹矢来が、神田明神祭礼の一・二番出しの通行に支障があるか否かの問い合わせに返答した差出書。祭礼掛名主達によって実際の道巾を調べたようである。出しの通行には支障がないが、牛車の通行については返答しかねるとしている。

五九　祭礼掛名主らが、附祭の衣装検分の日取りを町年寄に伝えた。『月岑』九・三に「早朝より両国向中むらやへ出、祭礼三組下見あり、夕方かへる、川井へよる」とある。

附祭
御見分
踊子供・芸人

五九

「来九月朔日（朱書）　舘（市右衛門）殿江差出」

上
「日向半切」（朱書）

附祭三場所共来ル三日、本所尾上町中村屋平吉宅ニ而御見分奉願候処、右踊子供・芸人其外揃刻限之儀、同日朝正五半時一同相揃候積申合候ニ付、此段申上候、已上

亥
九月朔日

祭礼掛
名主共

〔解説〕九月一日、町年寄の舘市右衛門に宛てた差出書。同月三日、附祭三場所の踊子・芸人の検分を本所尾上町中村屋にて行うこと、当日は五半時（午前八時頃）に集めること、としている。

六〇　神田蝋燭町・関口町に、附祭衣装検分の実施が伝えられた。

附祭町内下見

六〇

（朱書）「八月廿七日」
一、蝋燭町・関口町附祭町内限下見、本所尾上町家主中村屋平吉宅ニ而致候事

〔解説〕八月二七日、神田蝋燭町・関口町の附祭の下見が中村屋で行われた。

六一　新石町一丁目に、附祭衣装検分の実施が伝えられた。

六一

（朱書）「同日」
一、新石町壱丁目附祭、北鞘町伊勢屋佐七方ニ而町内限下見致候事

〔解説〕八月二七日、新石町一丁目の附祭の下見が北鞘町の伊勢屋で行われた。

六二

六二　神田横大工町に、附祭衣装検分の実施が伝えられた。

六三　附祭三場所の衣装検分が行われた。

六四　町年寄が、附祭衣装および店警固の衣類検分の日取りを、町奉行所に伝えた。『月岑』九・一二に「雨、鍛冶町川井ニ而、南北市中掛与力衆・同心衆衣装改付、早朝より出る、夕七つ時過かへる、朝、三丁目家主大ぜい来る、茂兵衛参候」とある。

「同廿九日」（朱書）
一、横大工町代地共附祭、本所尾上町家主中村屋平吉宅ニ而町内限下見致候事

〔解説〕八月二九日、神田横大工町代地の附祭の下見が中村屋で行われた。

六三

「九月三日」（朱書）
一、三場所共附祭本所尾上町家主中村屋平吉宅ニ而町年寄衆御見分相済候事

〔解説〕九月三日、資料五九で願い出たとおり、中村屋で三場所の附祭検分が行われた。それに先立って八月二七日に神田蝋燭町・関口町、二九日に神田横大工町の下見が行われた。『斎藤月岑日記』の同日条に「早朝より両国向中むらやへ出、祭礼三組下見あり、夕方かへる」とあり、見分が丸一日近くかかっていることが分かる。

六四

祭礼附祭其外見分日割之義ニ付申上候書付
喜多村彦右衛門

附祭三ヶ所共

御見分所
貸座敷
祭礼町々警固
川井屋
祭礼掛

来月三日

御見分所
本所尾上町家主
貸座敷料理茶屋
中村屋平吉宅

祭礼町々警固ニ罷出候者
衣類御見分所
神田鍛冶町弐丁目
権六店
川井屋伊三郎宅

同十二日

右之通御見分奉願候、以上

亥
八月

祭礼掛
名主共

右之通祭礼掛名主共申出候間、兼而申上置候通同日見分之義、市中取締掛江被仰渡御座候様仕度、当日出刻等之義は前々日より私より直ニ取締掛江打合候様可仕候、依之申上候、以上

丑
八月

喜多村彦右衛門

〔解説〕町年寄の喜多村彦右衛門から町奉行に宛てた祭礼検分の日程を願い出た書付。九月三日の附祭、同月一二日に祭礼町々警固の検分を行うとある。

六五　南・北町奉行所が、衣類検分の日割について相談した。

市中取締掛
警固
踊練物

六五

（朱引）対馬守殿　遠山左衛門尉(1)

左衛門尉殿　井戸対馬守(2)

神田明神祭礼ニ付、市中取締掛衣類見分日割之儀、喜多村彦右衛門申立候処、町々警固ニ出候者共衣類改之義、来月十二日ニ而可然、踊練物等も祭礼間際之方心馳無之取締ニ可相成候間、昨年之振合ヲ以、前日町内練歩行候節場所ニおゐ而見分為致候積、尤出役人数之儀は御組之者申合、差支無之様見分可致旨市中取締掛与力江可申渡哉と存候、依之別紙相添及御相談候

亥八月

御附札

（朱引）御書面之趣承知致拙者儀存寄無御座別紙返却此段及御挨拶候

亥九月　遠山左衛門尉

〔注〕（1）遠山左衛門尉…とおやまさえもんのじょう。遠山景元（一七九三〜一八五五）。北町奉行・大目付・南町奉行を歴任した。通称「遠山の金さん」で知られる。

（2）井戸対馬守…いどつしまのかみ。井戸覚弘。嘉永四年当時は北町奉行を務める。後のペリー来航の際には幕府側の一人としてアメリカとの交渉に臨んでいる。

〔解説〕北町奉行の井戸覚弘から南町奉行の遠山景元に宛てた書状で、祭礼検分の日取りを南・北町奉行所間で連絡している。

六六　町年寄が、祭礼掛らに、祭礼帰社の際の制し方について、町火消一番組頭取らに申し伝えるよう命じた。『月岑』九・四に「夕方亀の尾寄合、神輿前出し町々談并頭取へ談」とある。

町火消頭取

六七　神田明神の氏子町から、祭礼繰込み刻限の遵守につき、請書が差し出された。『月岑』九・一五に「神田御祭礼無滞相済、夜五半過かへる、横大工町付添也」「当年白雉子出し再修、（絵あり）」とある。

附祭
平出し
支配名主

六六

（朱書）「九月四日」
一、暮時より亀之尾（本町）方江壱番組・弐番組・八番組頭取共之内呼寄、祭礼掛立合当祭礼帰社之節制方之儀一昨之通相心得取締方可致旨申談候事

〔解説〕九月四日、料亭亀の尾へ町火消一・二・八番組の頭取を呼び寄せ、嘉永二年（一八四九）の祭礼同様、祭礼当日の帰社の際の取締まりについて打合せた。

六七

当九月十五日神田明神祭礼繰込刻限遅滞無之様兼而申渡候趣相心得、別而番順小口之内遅滞有之候而は差支候ニ付、附祭は不及申平出し左之町々支配名主并組合名主当年別段心付払暁繰込候様可致候

三番より十二番迄右祭礼ニ罷出候者江前廉より申渡遅滞無之様可致候

右之通被仰渡奉畏候、以上

三番
神田旅籠町壱丁目
月行事
伝兵衛

四番

同町弐町目　弥次兵衛
同

五番
神田鍋町　甚左衛門
同　甚助

六番
通新石町　平八
同　林蔵

七番
須田町壱丁目　桂次郎
同　政右衛門

八番
同町弐丁目
同

藤兵衛
清助

九番
連雀町
同
兼太郎
藤兵衛

拾番
三河町壱丁目
同
平助

十一番
豊嶋町三丁分惣代
同町壱丁目
同
善六
湯嶋町四丁分
惣代
同町壱丁目
同
源兵衛

六八　祭礼取扱掛らが、祭礼神輿の帰社の道筋を取り締まるよう、町火消頭取方に申し渡した。

祭礼掛名主
町火消

金沢町
同　清五郎

十二番
柳原岩井町
同　庄七

元岩井町
同　伝蔵

〔解説〕九月一五日、祭礼当日の繰込み時刻について、三番から一二番までの祭礼町月行事が提出した請書。繰込みは明け方から始まり、順番通りに進むべきとされている。

六八

上

祭礼掛
名主共

町火消壱番組之内
い組頭取

神輿帰社道
（町火消）頭取

伊兵衛
よ組同
栄助
は組同
新兵衛
に組同
八右衛門
同弐番組之内
ろ組頭取
新太郎
せ組同
金蔵
も組同
源太郎
同八番組之内
か組頭取
音右衛門

右は当十五日神田明神祭礼神輿帰社道町々制方之儀御沙汰之趣ヲ以、前書名前之者共江得と申遣、此者共より外頭取共江申合罷成出精仕候積、帰社相済候趣は頭取共より直々御役所江御届申上候様申談置候、此段申上置候、以上

丑
九月　　　　　　　　祭礼掛
　　　　　　　　　　　名主共

〔解説〕祭礼における神輿帰社の道筋の整理は、町火消の組々が担当している。当日の報告も町火消から直接役所へ行うことを確認している。火消は祭礼町に該当する地域を管轄している組である。

六九　祭礼取扱掛が、各組合や町々へ祭礼の道筋の取り締まりについて指示した。『月岑』八・二六に「祭礼喜多村様御呼出、時々雨降、夜、雉子町・四丁目家主扱之義申談候」とある。

神輿
南伝馬町壱丁目仮屋
横町〆切
神輿迎

六九

「九月七日帰社町々同役江達」（朱書）
先月廿六日喜多村彦右衛門殿ニ而当九月神田明神祭礼神輿御社道筋南伝馬町壱町目仮屋より湯嶋壱丁目迄町々月行事江被申渡候神輿舁取締方之儀、御組合限年若重立候もの并月行事被召呼、厳敷御申渡、去々酉年(1)之振合ニ而請印御取置可被成候、且又同日喜多村彦右衛門殿ニ而被申渡帰社之節、横町〆切之義同様行届候様町々江御申渡置可被成候、尤取締方之義頭取共江も御沙汰之趣ヲ以申含候間、年若之者共呉々心得違不致様御申付置可被成候、此段御達申候、以上
但神輿迎と号し帰社之節長竿江挑灯（提灯）ヲ付持出し乱妨およひ候者兎角有之候ニ付、右体之義無之様御支配限御心付可被成候、已上
亥
九月五日　　　　　　　　祭礼掛

〔注〕（1）去々酉年…嘉永二年（一八四九）。

〔解説〕九月五日、町年寄喜多村彦右衛門より申し渡された祭礼神輿帰社における神輿舁らの取締りや巡行路にかかる横町の〆切りなどの指示を、同月七日に町々の祭礼取扱掛に申し送ったもの。この資料から、帰社の時に長竿に提灯を付けて乱暴におよぶ者たちがいたことが想像される。

七〇

「(朱書)九月六日喜多村殿ニ而被申渡」

覚

西河岸町名主
清左衛門跡
南伝馬町名主
新右衛門跡
岩附町名主
文左衛門跡

田安御門内江
南伝馬町
名主　新右衛門

衣装改
本郷菊坂町
同　金蔵

新石町附祭附添
神田松永町
名主　仁左衛門

七〇　町年寄が、祭礼諸役の交替を申し渡した。

田安御門内

衣装改

附祭附添

湯嶋繰出し場所
小石川白山前町
同　房治郎
谷中天王寺門前
新茶屋町
同　清十郎
銀座町
同　佐兵衛倅
福次郎

深川材木町名主
市郎治松永町
同仁左衛門下谷
茅町同左平次
右三人跡

右之通申付候間、先達而申渡置候通相心得諸事可申合候
亥九月

〔解説〕九月六日、祭礼当日における諸役について、町名主たちの配役の交替が行われた。

七一

「同日喜多村殿江差出」(朱書)

日向半切(朱書)
上

七一　祭礼取扱掛が、店警護の衣類検分の日取りを、町年寄に伝えた。

水茶屋
店警固
衣類御見分

通新石町
信楽屋
水茶屋　藤吉

右之者方ニ而来十二日四つ時祭礼町々店警固之者衣類御見分被成下候様奉願上候、已上

祭礼掛
名主共

亥九月

〔解説〕九月一二日四ツ時（午前一〇時）ごろ、通新石町の水茶屋信楽屋において、店警固の衣類見分を行う旨、町年寄に伝えた。

七二　町年寄が、祭礼取扱掛に田安御門内に出仕する者について、異同のないよう申し渡した。

山王神田両祭
田安御門
御目付

七二

「同（朱書）八日喜多村殿被申渡」

祭礼取扱掛
名主江

申渡

山王神田両祭礼之節、名主共之内夫々掛り申渡置中ニも、田安御門内江罷出候もの共名前は兼而御目付江申達候儀ニ有之、掛り申付置名前之外罷出候筈は有之間敷候得共、万一心得違之者入交罷出候様ニ而は、如何ニ付、此段重立候名主共江可申聞置候

右之通御奉行所御沙汰有之候間其段心得違無之様可申合候

亥九月

〔解説〕九月八日、町年寄が、田安門内に入る町名主は、あらかじめ目付に名前を報告するように指示した。江戸城内に入る町名主は山王祭・神田祭ともに厳しく規制されていた。

七三

「（朱書）同八日川井ニ而斎藤・木村・平田寄合申合」

　　繰出繰込御出役方鍛冶町弐丁目家主荒物屋太市宅
十四日
　　御支度廿五人前膳向付椀盛
　　肴　色　菓子唐まんちう（饅頭）
　　供之衆笹折弁当拾人分
　　同断繰出繰込名主四拾人、供之者四拾人弁当笹折
　　南北之三廻り方御休息
　　神田鍛冶町弐丁目川井
十四日
　　御支度膳三拾人前向付椀盛
　　手先并供之もの弁当七十人前
　　菓子唐まんちう
　　市中御掛り方御休息所
十四日
　　鍛冶町弐丁目赤塚屋喜兵衛
　　　煎茶半斤八匁位
　　支度菓子一切無之

七三　町名主たちが、祭礼当日の弁当・菓子について取り決めた。『月岑』九・一四に「御祭礼ねり無滞相済、鍛冶町赤塚や喜兵衛ニ而市中方見分、川井ニ而廻方、荒物や○玉庄権平・庄吉参る」とある。

川井
繰出繰込御出役方
菓子唐まんちう
南北三廻り方
市中御掛り方

三組附祭附同心衆

料理茶屋

同日　町年寄衆并手代御休息所
鍛冶町弐丁目鍛冶屋喜右衛門
茶同断
支度菓子一切無之

三組附祭附同心衆蝋燭町横大工町之分は横大工町角ひら分平次郎

同日　新石町壱丁目分同町和泉屋佐兵衛
昼分　供之衆弐朱ツヽ
夜分
両度

附祭付名主蝋燭町大工町分

同日　角ひら揃
昼喰夜分共同所
同新石町は同所和泉屋佐兵衛

十五日暁　三御廻り方之内蝋燭町大工町分平田宅新石町木村宅

附祭付同心衆

同日昼　蝋燭町・大工町は角ひら
新石町は和泉屋佐兵衛

同日昼（夜カ）　同断飯田町中坂常盤（ママ）木と申料理茶屋ニ而御支度雇行事引受

同　附祭付名主上下弁当其町引請

〔解説〕九月八日、斎藤・木村・平田ら町名主が料亭川井で寄合を行い、祭礼当日の弁当、休息所の割り振りなどを決めた。

七四

「同十一日」（朱書）

一、明十二日鍛冶町弐丁目川井方ニ而御双方市中御掛り方・町年寄衆、店警固之者衣類・踊衣装見分有之候ニ付、今日衣装改掛・祭礼掛・附祭町同役同所江立合、右衣類不残取寄候上附祭町行事預ケ置候事

〔解説〕九月一一日、翌一二日に行われる店警固の衣類検分のため、前もって衣類を料亭川井方に持ち寄り預けた。検分には北町・南町奉行所の役人と町年寄が立ち合った。

七五

「同日」（朱書）

一、石塚氏鈴木氏之内申合壱両人可罷出旨喜多村殿より申来、鈴木氏出勤有之候処、北市中方より明日見分刻限之義達有之候間、明朝遅滞無之様、手繰宜打合置へく旨被申聞候

一、明十二日四時場所参着祭礼警固之者とも衣類見分ニ罷越候間、右刻限以前遅刻不致相揃居候様御達申候、為念此段申上候、已上

九月十一日

中嶋嘉右衛門

高橋吉右衛門

北市中方

祭礼警固

七四　九月一二日の店警固の衣類等の検分について、予め衣類の差し出しが命じられた。

川井

市中御掛方

町年寄衆

店警固

踊衣装

七五　北町奉行所より、明日の衣類検分の刻限が伝えられた。

喜多村彦右衛門殿

〔解説〕九月一一日、翌一二日の衣類検分の刻限について、中嶋・高橋ら北市中方より連絡があったのをうけて、喜多村より当日遅滞が無いように町名主の石塚・鈴木へ申し送った。

七六

「同十二日」(朱書)

一、今日四時より川井方江御双方市中御掛り方町年寄衆御申合、警固之者衣類・踊子供衣装共無滞御見分相済候事

市中御掛
中島嘉右衛門殿
高橋吉右衛門殿
中村治郎八殿
東條八太郎殿
御下役四人

町年寄衆
喜多村彦右衛門殿
同　彦之丞殿
樽　三蔵殿

手代
小松順治

七六　料亭川井で衣類等の検分が行われた。『月岑』九・一二に「雨、鍛冶町川井ニ而、南北市中掛与力衆・同心衆衣装改付、早朝より出る、夕七つ時過かへる、朝、三丁目家主大ぜい来る、茂兵衛参候」とある。

川井
市中御掛
町年寄衆

衣類改掛
祭礼掛

七七　九月一四日の検分の刻限につき、蝋燭町らが、町年寄に請書を出した。『月岑』九・一四に「御祭礼ねり無滞相済、鍛冶町赤塚や喜兵衛ニ而市中方見分、川井ニ而廻方、荒物や〇玉庄権平・庄吉参る」とある。

御見分所
附祭
練子
芸人
附祭町々祭礼行事
町内警固

関　平蔵
太田条助

衣類改掛・祭礼掛とも一同罷出候事

〔解説〕九月一二日、市中方・町年寄らの立合いのもと衣類の検分が無事に済んだ。

七七

神田鍛冶町弐丁目
吉左衛門店
赤塚屋
小道具屋　喜兵衛

右は明後十四日正四時練通候節御見分所ニ手当仕置候、此段申上候、已上

祭礼掛
名主共

亥九月十二日

（朱書）「右は御見分所ニ而差出候事」

一、右之通御見分所之儀申上候ニ付而は、三場所共附祭前日揃、刻限之義、明六ツ時迄ニ練子芸人とも相揃、五時鍛冶町弐丁目江相揃候様附祭町々祭礼行事江申談、喜多村殿宛ニ而左之通書面取置候事

差上申御請書之事

一、神田明神附祭私共町内江相当候処、明後十四日市中御掛御役人中様御見分有之候ニ付、同

日朝正六時迄ニ芸人・練子共一同相揃、五時鍛冶町弐丁目江相揃可申旨被仰渡奉畏候、依之其段請負人より夫々申方之者江申付并町内警固ニ罷出候者共一人別ニ申付、聊遅滞不仕様取斗可申候、依之御請書差上申処、仍如件

嘉永四亥年九月

蝋燭町
月行事
小兵衛
万　助

関口町
同
平左衛門
伊兵衛

新石町壱丁目
同
松五郎
徳兵衛

神田横大工町
雄　助
兵　蔵

喜多村
御役所

〔解説〕九月一四日、祭礼前日に市中方によって附祭三場所の検分が行われた。検分には、芸人・練子・警固人から全員が朝正六時に集合し、五時に鍛冶町二丁目に揃うよう、請負人から伝えるよう指示された。

七八　湯島繰出場所出役の衣類改掛が交替した。

湯島繰出し場所出役

七九　湯島繰出場所・繰込み場出役の交替と増員が行われ、こま廻し付添人が選任された。

湯島繰出し場所出役

繰込場所出役

七八

「同十二日」(朱書)

湯島繰出し場所(1)出役
被申付、当衣類改掛
曽我小左衛門(3)御免相願、
右跡掛被申付候

衣笠房次郎(2)

〔注〕（1）湯島繰出場所…ゆしまくりだしばしょ。桜馬場。
（2）衣笠房次郎…きぬがさぼうじろう。小石川白山前町名主。
（3）曽我小左衛門…そがしょうざえもん。青物町名主。

〔解説〕九月一二日、湯島繰出し場所出役衣類改掛曽我小左衛門の後役として、衣笠房次郎が命じられた。

七九

「同十三日」(朱書)

衣笠房治郎跡湯嶋
繰出し場出役被申付

中村善左衛門(1)悴
同善治郎

繰込場所増出役
被申付候

高松喜兵衛(2)

繰出し場増出役　　原田半三郎(3)
被申付候
小宮善右衛門(4)御免願跡、　　荒川文治郎(5)
繰込場出役被申付候
こま廻し附添加人　　勝田権左衛門(6)
被申付候　　荒川吉兵衛(7)

〔注〕（1）中村善左衛門…なかむらぜんざえもん。旅籠町一丁目名主。
（2）高松喜兵衛…たかまつきへえ。浅草阿部川町名主。
（3）原田半三郎…はらだはんざぶろう。浅草誓願寺門前名主。
（4）小宮善右衛門…こみやぜんえもん。南伝馬町三丁目名主。
（5）荒川文治郎…あらかわぶんじろう。浅草福富町一丁目名主。
（6）勝田権左衛門…かつたごんざえもん。浅草材木町名主。
（7）荒川吉兵衛…あらかわきちべえ。不詳。弘化二年（一八四五）の「江戸町鑑」によれば、浅草田原町二丁目名主、荒川六右衛門の悴に彦太郎がいる。

〔解説〕九月一三日、湯島繰出場出役、繰込場所出役、こま廻し付添人がそれぞれ命じられる。繰出場、繰込場には、出役が増員されている。

八〇　湯島繰出場所出役が交替した。

繰出し場出役

八一　祭礼取扱掛が繰出繰込場所出役の増員を願い出た。

繰出・繰込

「同十四日」（朱書）

市川五兵衛(1)御免願跡、　岡本吉左衛門(2)

繰出し場出役

〔注〕（1）市川五兵衛…いちかわごへえ。不詳。ただし、箔屋町名主に「市川又兵衛」がいる。

（2）岡本吉左衛門…おかもときちざえもん。馬喰町二丁目名主。

〔解説〕九月一四日、繰出し場出役の市川五兵衛の跡役として、岡本吉左衛門が命じられた。

八一

浅草阿部川町
名主　喜兵衛
同所誓願寺門前
同　半三郎

右は来ル十五日、神田明神祭礼、追々賑く相成候ニ付、手繰(1)之為、繰出・繰込之内江、両人増掛被仰付被下候様仕度、尤已後之例ニは不仕、此段御聞済奉願上候、已上

亥
九月　祭礼掛
名主共

〔注〕（1）手繰…てぐり。仕事・用事など、差し支えなくやりくりすること。

〔解説〕祭礼取扱掛より、浅草阿部川町名主・喜兵衛、同誓願寺門前名主・半三郎に対して、繰出し・繰込み場所への増掛に出役するよう申し付けられたことが伝えられた。

八二　町年寄が、祭礼町々惣代取扱掛に対して、上覧所御透し見のための祭礼練物の集合時間を早めるようにとの町奉行所の命令を伝えた。

吹上上覧所
線姫若様
御透見
附祭町々
惣祭礼町々
御雇太神楽
こま廻し

八二

「（朱書）同十三日喜多村殿被申渡」
明後十五日、神田明神祭礼、吹上於　上覧所、線姫若様(1)被為遊　御透見候ニ付、祭礼練物明ケ六時、田安御門外江被相結（詰）候様可致、毎々遅刻之儀も有之、繰入番順前後ニも相成差支候間、当年之儀は際立刻限早メ、町内繰込差支之義無之様可致
右之通従町御奉行所被仰渡候間、附祭町々勿論、惣祭礼町々、御雇太神楽、こま廻し場所共、不洩様申継名主共別而可心付候
　亥九月
右之通被仰渡奉畏候、為御請印形仕候、已上

嘉永四亥年九月十三日

祭礼町々惣代取扱掛
新材木町名主
石塚　三　九　郎
新革屋町
名主　定　治（次）郎
浅草平右衛門町
同　　平右衛門

〔注〕（1）線姫…せんひめ。水戸徳川家第一〇代藩主徳川慶篤の室。一二代将軍徳川家慶の養女。有栖川宮熾仁親王の女。家慶は、嘉永四年時、当代の将軍。
〔解説〕城内吹上上覧所において、透し見があるので、祭礼練物は明ケ六時までに田安御門に集合するように、また当年は刻限を早めるよう、町奉行所から仰せがあった旨、町年寄より祭礼町々惣

代取扱掛名主に申し渡される。これを受けて、祭礼町々惣代取扱掛より町年寄へ請状が出される。

八三

八三　町年寄が、上覧所御透し見のために祭礼練物を披露する場所について指示を下し、それに対して附祭町々、祭礼町々惣代取扱掛らが、町年寄に請書を出した。

誠順院
松栄院
清光院
御透見
印杭場所
練物
御雇太神楽付添

申渡

（朱書）「同同断」

明後十五日、
誠順院様(1)
松栄院様(2)
清光院様(3)　御住居御物見江被為　入、神田明神祭礼　御透見被遊候旨被仰出候、依之　御覧所前、印杭場所江練物等不残引寄相通芸等可仕候
右之通被仰渡奉畏候為御請印形仕候、以上

嘉永四亥年九月十三日

附祭町々
蝋燭町
関口町
横大工町
名主　宗之助
新石町壱丁目
同　定治（次）郎
御雇太神楽附添
本材木町

こま廻し惣代

祭礼町々惣代取扱掛

同新助後見
　新右衛門
同こま廻し惣代
浅草平右衛門町
同　平右衛門
祭礼町々惣代
　取扱掛
新材木町名主
　石塚三九郎
新革屋町
名主　定治（次）郎

〔注〕（1）誠順院…せいじゅんいん。一橋斉位（なりくら）の室。一一代将軍家斉の女。永姫。
（2）松栄院…しょうえいいん。越前国福井藩一二代藩主松平斉承（なりつぐ）の室。一一代将軍家斉の女。浅姫。
（3）清光院…せいこういん。姫路藩五代藩主酒井忠学（ただのり）の室。一一代将軍家斉の女。喜代姫。

〔解説〕　誠順院・松栄院・清光院が透し見をするので、御覧所前に立てられた印杭場所へ、練物を寄せるように仰せ渡される。これを受けて、附祭担当町の各名主、御雇祭太神楽付き添いの名主、こま廻し惣代の名主、祭礼町々惣代取扱掛名主から請状が出される。

八四

八四　祭礼取扱掛が、神輿帰社道筋の警固にあたった町火消頭取らへの誉置を、町年寄に願い出た。『月岑』九・二七に「北へ祭礼御誉御呼出し・三丁目栄蔵出ニ付出る」とある。

神田明神祭礼神輿
帰社道町々
町火消頭取
御誉
祭礼掛名主

上

当十五日、神田明神祭礼神輿帰社道町々江、町火消壱番組・弐番組・八番組頭取共之内罷出、神輿舁入交り候者制方仕候様御沙汰之趣ヲ以、私共より申諭、右組々頭取共罷出出精仕、帰社無滞相済申候、右は去ル未年、祭礼之節初而御沙汰有之、頭取罷出制方仕、其後去々酉年并当祭礼之節も私共より申聞、頭取共罷出骨折候段、御誉(1)有之候趣私共より申聞候様被仰渡候、当祭礼之節も同様骨折出精制方仕候ニ付、可相成は右場所江罷出候頭取共当御役所江御呼出之上、御誉之趣被仰渡被成下置候様仕度、此後隔年祭礼之度々御沙汰御座候得は、制方為仕候義ニ而、別而励ニも相成候義ニ付、此段奉伺候、以上

亥
九月

祭礼掛
名主共

〔注〕（1）御誉…おほめ。「ほめおき」ともいう。誉置については、牧野勲「江戸の神輿と領主法規制　―神輿舁をめぐる法と無法―」（『京都民俗』第九号、一九九一年）を参照。同論文によれば、弘化四年（一八四七）に、神輿舁への乱入行為を新たに規制するため、乱入の主体であった鳶に影響力のある頭取へ、町奉行所から「申諭」が行われ、乱入行為は影を潜めたという。これを受けて、祭礼終了後、町奉行所より祭礼掛名主に対して、「骨折候者」を同名主より誉めてやるようにとの申渡がおこなわれ、実行された。次いで、嘉永二年（一八四九）の神田祭礼では、祭礼掛名主から、町年寄役所において、町奉行からの褒詞を与えてはどうかとの伺いが出されたが、実行されなかったという。

〔解説〕　九月一五日、神輿帰社の道へ町火消一・二・八番組の頭取を出張らせ、神輿舁への乱入行為を制御するよう沙汰があり、祭礼掛名主から頭取へ申諭をし、滞りなく神輿が帰社した。これを受

八五　附祭入用留書を作成した。『月岑』一〇・一五に「祭入用書上集メ、小藤氏へ行」とある。

番附帳

太田屋佐吉

唄浄瑠璃文句

芸人名前帳

森屋治兵衛

弁当

亀の尾

けて、町年寄役所へ呼び寄せて、誉めてやってほしいと伺いが出され、また、同時に、特別励みにもなるので、祭礼の折りは同様の形で誉めてやってはどうかと伺いをたてている。先例となった弘化四年の新規規制及び「誉置」をめぐるやりとりの史料は、『大日本近世史料　市中取締類集』第一七巻（東京大学史料編纂所編、東京大学出版会）に所収されている。

八五

一、銀七百八匁弐分四厘　　番附帳弐千九百五拾冊
　此金拾壱両三分三匁弐分四厘　　鍛冶町弐丁目太田屋佐吉払
一、銀百六拾七匁弐分八厘　　唄浄瑠璃文句三場所合帳百八十五冊
　此金弐両三分銀弐匁弐分八厘　　同断
　　内金拾弐両　祭礼前内後
一、銀七百九拾六匁弐分　　芸人名前帳弐千八百六十冊
　此金拾三両壱分壱匁弐分　　馬喰町弐丁目森屋治兵衛払
九月三日
一、銀百五拾匁　　中村屋平吉方下見之節同役弁当笹折上下ニ而五拾人前
　此金弐両弐分　　角ひら払
同
一、金六両三分　　同所座敷代
一、金弐両壱分　　亀の尾度々寄合座料
　　銭弐貫文
内金壱両弐分弐貫文内渡済

山之ゑしからき席料
川井
明神境内水茶屋
明神境内升屋
繰出し・繰込
三廻り方
万久

一、金弐分　山之ゑしからき席料
此分渡済
一、金三両　川井度々寄合座料并十四日南北御廻方見分所々借受候
内金壱分内済　節座料共
同九日
一、金弐分　明神境内水茶屋弐軒茶代
此分渡済
同九月十一日十二日
一、銀百六拾匁　同役上下弁当笹折百四十人前、并十一日夕刻支度代共、
内四拾匁九分渡済　但明神境内升屋・川井
同十四日
一、金四両弐朱　繰出し繰込御役人方其外支度代、并三御廻り方其外支
銀三匁　度代共、角平払
同
一、金三両　繰出繰込方御供之分弁当其外同断出役被仰付同役上下
弁当笹折百八十人前
万久払
一、金五両弐朱　御役人方御見分所三ヶ所手摺補理候入用、毛せん其外
七十弐文　損料、菓子其外一式
鍛冶町弐丁目家主太一（市カ）江遣ス
同

頼行事
市中方御見分所
附祭同心衆
九段坂上的場

一金壱両　頼行事六人手当

同
一金壱両　鍛冶町弐丁目家主太市宅繰出し繰込御見分所ニ借受候挨拶

同
一金三分　市中方御見分所借受候ニ付、赤塚喜兵衛江挨拶

十五日
一金三両壱分弐朱　附祭附同心衆、飯田町紫蘇飯支度代
　銭九百六拾八文

同
一金壱両　同所坐料

同
一金三両　同九段坂上的場守、坐料

同
一金壱両　附祭付同心衆六人挨拶
　壱人分壱両弐分宛
　　内　壱両定例
　　　弐分増

一金三分　同　供

一金五百疋　喜多村手代[1]池上録蔵江挨拶

一金弐百疋　同小松順治江挨拶

一金五百疋　　　　　　　　　　　　　　広間江同断
　　金七拾八両弐分
〆　銀百六拾九匁七分弐厘
　　銭三貫四十四文
金ニ直し
　　金八拾壱両三分
　　　　　　　銀三匁九分六厘
　内
　　金拾五両三分　　　　　　　　　　　内渡之分
　　　　　　　銀六匁七分
差引
　　金六拾五両三分弐朱
　　　　　　　銀四匁七分六厘
三場所ニ割
　　金廿壱両三分弐朱
　　　　　　　銀六匁五分八厘六毛

〔注〕（1）手代…てだい。手代は町年寄腹心の部下として、実務に手腕をふるう存在であった、とされている（吉原健一郎「町年寄」〈西山松之助編『江戸町人の研究』四、吉川弘文館、一九七五年〉）。

〔解説〕番付、唄浄瑠璃文句、芸人名前帳及び九月三日から一五日までの附祭に要した費用と、その使途の内訳。但し、附祭執行に伴う請負人への支払いや、衣類、屋台等の修理に関する入用はここから除かれているので、より詳しくは、附祭統制に関する入用といえる。皆川義孝「嘉永四年「神田明神祭礼御用留」にみる神田祭」(『社寺史料研究』七、二〇〇五年)において、「表2　附祭年番町の支出一覧」としてまとめられている。なお、神田明神祭礼についての祭礼経費が知られる史料は、従来「神田明神祭礼留書」(東京都立中央図書館所蔵。牧田勲「神田明神祭礼留書」(『摂南法学』第一五号、一九九六年)に翻刻されている)のみしか知られていなかった。その意味で貴重な記録といえる。

太神楽・こま廻しに関する入用については、嘉永四年「神田明神祭礼一件」(国立国会図書館所蔵旧幕府引継書)を関連資料として掲げる。

亥九月廿六日差出承附致し差出候様申達之

神田明神祭礼之節差出候太神楽こま廻し江被下金相渡可申儀奉伺候書面伺之通取斗可申旨被仰渡奉承知候

亥九月廿七日　　喜多村彦右衛門

当九月十五日神田明神祭礼之節差出候太神楽并こま廻し江被下候御入用金左之通

一、金九両　　太神楽一組江

一、金弐両三分　　当日持出し候損料物并持人借人足弁当小買惣代

銀六匁四分弐厘

〆金拾壱両三分銀六匁四分弐厘

去戌六月山王御祭礼之節

一、金拾壱両三分銀六匁五分六厘

右見合

銀壱匁分四厘　減

右御入用前々金拾両宛被下候処文政元寅年御入用壱割減被仰渡候ニ付去々酉年之通金九両可被下奉存候并附添

罷出候もの共諸失脚町法御改正以来別段被下候ニ付此度も同様被下候積書面之通御座候

一　金六両　　こま廻し

源弥

右は去々酉年之通差出候様被仰付候ニ付御雇代書面之通可被下奉存候右被下金先格之通私共取扱候町方御入用金之内を以相渡可申哉此段奉伺候、以上

亥九月

喜多村彦右衛門

八六　連雀町月行事が、町年寄に、出し印の遅延について申し開きを行い、寛恕を願い出た。

神輿　出印

五人組

八六

以書付奉申上候

一、昨十五日神田明神祭礼ニ御座候処、神輿前出印之儀、遅刻無之様繰出し可申旨、前以被仰渡有之候ニ付、町役人共は勿論、出方之者一同申付、厚申合仕置候処、昨暁俄ニ雨降出候ニ付、人足揃方延引仕候ニ付、奉請御沙汰候而は、奉恐入候ニ付、此段申上候、以来之義は厚申合仕、右体遅滞無之様可仕候間、今般之義は相聞済被成下置候様、偏ニ奉願上候、以上

嘉永四亥年九月十六日

連雀町

月行事　藤兵衛

五人組兼　太郎

名主　膳三郎

煩ニ付

代　政　二

喜多村
御役所

〔解説〕連雀町月行事・名主から町年寄に出された願書。神輿前の出しは遅刻の無いようにとの仰せがあり、出方の者に申し合わせていたが、人足が揃わず遅れてしまった。しかし前もって請書を出していたので、雨が降ってきたことを理由に、今回の件について許しを願い出ている。

八七

八七　連雀町の出し印遅延が許された。

神輿
出し印

差上申御請書之事

一、当十五日神田明神祭礼ニ付、神輿前出し印之義は遅刻無之様繰出可申旨、并前夜又当朝雨天ニ候共無遅滞罷出可申段、兼而被仰渡御座候処、当暁俄ニ雨降出し候ニ付人足揃方延引仕、前書之通被仰渡御座候処可申上様無之、奉恐入候、依之其段同十六日書面ヲ以奉申上候、然ル処、此度之義は格別之　御宥免ヲ以御沙汰ニ不被及、以来之義は急度心付可申段、被仰渡、承知奉畏候、依之御請書差上申処、仍如件

嘉永四亥年九月廿七日

連雀町
祭礼行事
藤　兵　衛

五人組

五人組

名主　膳　三　郎
右組セ話掛
雉子町
名主　市左衛門

喜多村
　御役所

〔解説〕　連雀町祭礼行事・名主から町年寄に出された請書。今回、雨天のため人足が揃わず繰り出しに遅刻してしまったことについて、一六日の願書の通り容免の仰せ渡しがあった。これを受けて出された請書である。

八八　町年寄が、新革屋町名主らに、北町奉行所へ集合するよう伝えた。

八八

覚

右は明廿七日於北　御番所被仰渡候儀有之候間、正五半時刻限無遅滞可罷出候

新革屋町
名主　定　治(次)郎
伜　平　蔵

九月廿六日

喜多村
役　所

八九　祭礼取扱掛が、北町奉行所へ集合するよう、町名主らに伝えた。

祭礼掛

九〇　町年寄が、町奉行からの名主らへの誉置を伝えた。

誉置

〔解説〕町年寄から新革屋町名主らに出された申渡書。九月二七日五半時に北町奉行所へ集合するよう、命ぜられている。ここでは新革屋町名主宛の文面のみ所収されている。

八九

各様明廿七日五半時、北　御番所江御呼出しニ付、刻限無遅之御出勤御座候様御達可申旨、喜多村彦右衛門殿被申渡候、尤御配府は御差出し有之候得共、別段御達可申旨、被申渡候ニ付、此段御達申候、已上

亥九月廿六日　　祭礼掛

〔解説〕祭礼掛名主から町名主らに出された申し渡し。九月二七日五半時に北町奉行所へ集まるよう、呼び出されている。資料八八が町方組織ルートで申し渡されたのに対し、こちらでは祭礼組織のルートから改めて申し渡されている。

九〇

其方共儀、当年神田明神祭礼ニ付、最初より取扱申付置候処、申渡之趣相守附祭其外惣体取締も宜敷趣相聞、全取扱方行届候故之儀、一段之事ニ候、依之誉置

新材木町名主
石塚三九郎
外　五人[1]

田安御門内
上覧所
繰出し

其方共儀当年神田明神祭礼ニ付、申渡之趣相守、当日田安御門内江出居、出物順手繰能上覧所前繰出し方都合も宜敷、銘々出精之趣、一段之事ニ候、依之誉置

長谷川町名主
鈴木市郎右衛門
外　八人(2)

附祭付添

其方共儀、当年神田明神祭礼ニ付、申渡之趣相守、附祭附添、惣体猥成義も不相聞、出刻手繰も宜敷、且市左衛門・定次郎・太一郎儀は別段附祭心付、一同出精之趣一段之事ニ候、依之誉置

新革屋町
名主　定治郎(次)
外廿九人(3)

御法度之衣類改方

其方共儀、当年神田明神祭礼ニ付、申渡之趣相守、御法度之衣類改方之儀当年は別段申渡置候処、取扱方行届、聊美花之儀も不相聞、并番外之品等無之様心付、当日は勿論、前以町々見廻り候故猥成義も不相聞、且三九郎・弥兵衛・石之助・新右衛門・清右衛門・伊十郎・西紺屋町六右衛門・房治郎・金蔵は、当日田安御門外江罷出、尚又心付、一同出精取斗一段之事ニ候、依之誉置

新材木町名主
石塚三九郎
外廿弐人(4)

湯嶋町
名主　六右衛門
外三拾壱人[5]

外
新材木町名主
石塚三九郎

繰出繰込

其方共儀、当年神田明神祭礼ニ付、申渡之趣相守、繰出繰込共手繰宜敷、且三九郎儀は繰出し場江罷出別段心付、其外出精致一段之事ニ候、依之誉置

浅草平右衛門町
名主　平右衛門
外七人[6]

こま廻し附添

其方共儀、当年神田明神祭礼ニ付、こま廻し江附添、喧嘩都而猥成義も無之、出刻手繰も宜敷、一同出精之趣一段事ニ付誉置

亥九月

〔注〕（1）新材木町名主石塚三九郎外五人…町名主・鈴木市郎右衛門、新革屋町名主・定治郎、浅草平右衛門町名主・平右衛門煩につき代・彦三郎、雉子町名主・市左衛門、湯島町名主・六右衛門。なお、石塚三九郎は、「煩ニ付代　亀吉」とある（嘉永四年「神田祭礼一件」（国立国会図書館所蔵「旧幕府引継書」、以下同））。

（2）長谷川町名主・鈴木市郎右衛門・外八人…浅草平右衛門町名主平右衛門煩につき代・彦三郎、

村松町名主・源六煩につき忰・源蔵、弓町名主・源太郎煩につき代・治平、大伝馬町名主・勘解由煩につき代・利助、麻布谷町名主・太一郎、深川中島町名主久右衛門煩につき代・藤助、新乗物町名主・三郎右衛門煩につき代・善兵衛、南伝馬町名主・新右衛門。

（3）新革屋町名主・定治郎（次）・外廿九人…神田蝋燭町名主・宗之助・煩につき代・利兵衛、雉子町名主・市左衛門、霊岸嶋浜町名主・太一郎・煩につき代・惣次郎、神田多町壱丁目名主・権左衛門・煩につき代・桝蔵、同所佐柄木町名主・忠次郎・煩につき代・八右衛門、通新石町名主・善右衛門・煩につき代・新八、神田小柳町名主・庄兵衛、神田多町弐丁目名主・膳三郎、米澤町名主・喜左衛門・煩につき代・文蔵、神田佐久間町三丁目名主・源太郎・煩につき代・久助、橋町名主・平助、横山町三丁目名主・勝次郎、神田佐久間町壱丁目名主・仁左衛門、本石町名主・孫兵衛、本銀町名主・順之丞・煩につき代・徳兵衛、本両替町名主・捨五郎、本船町名主・友次郎・煩につき代・利兵衛、品川町名主・庄左衛門、宝町名主・進左衛門、冨山町名主・市蔵、神田平永町名主・啓蔵・忰 慶次郎、永富町名主・清之助後見・藤右衛門、鎌倉町名主・平次郎、煩につき代・五兵衛、神田紺屋町壱丁目名主・喜四郎・煩につき代・定七、神田紺屋町三丁目名主・市之丞、高砂町名主・庄右衛門・煩につき代・与八、村松町名主・源六忰・源蔵。なお、定治郎（次）は、「忰 半蔵」とある。

（4）新材木町名主・石塚三九郎・外廿弐人…長谷川町名主・鈴木市郎右衛門、新革屋町名主・定治郎（次）、雉子町名主・市左衛門、浅草平右衛門町名主・平右衛門・煩につき代・彦三郎、村松町名主・源六煩につき忰・源蔵、弓町名主・源太郎煩につき代・治平、霊岸嶋浜町名主・太一郎・煩につき代・惣次郎、大伝馬町名主・勘解由煩につき代・利助、新乗物町名主・三郎右衛門・煩につき代・善兵衛、浅草茅町名主・弥兵衛・煩につき代・喜兵衛、本材木町名主・石之助・代・吉兵衛、坂本町名主・新助後見・新右衛門・煩につき代・鉄蔵、南八丁堀名主・清左衛門・煩につき代、新七、深川中嶋町名主・久右衛門・煩につき代・藤助、神田多町壱丁目名主・権左衛門・煩につき代・桝蔵、同所佐柄木町名主・忠次郎・煩につき代・八右衛門、湯島町名主・六右衛門、米澤町名主・喜左衛門・煩につき代・文蔵、小網町名主・伊十郎・煩につき代・文七、二氏紺屋町名主・六右衛門・煩につき

代・宗三郎、小石川白山前町名主・房次郎・煩につき代・栄助、本郷菊坂町名主・金蔵。
（5）湯嶋町名主・六右衛門・外三拾壱人…神田旅籠町名主・善左衛門・煩につき代・忰善次郎、槍物町名主・又右衛門・煩につき代・源蔵、五郎兵衛町名主・五郎兵衛・煩につき代・東助、大鋸町名主・亀太郎、加賀町名主・平四郎・煩につき代・文吉、本郷壱丁目名主・源兵衛、深川熊井町名主・理平次・煩につき代・弥八、小石川伝通院前町名主・平八・煩につき代・重右衛門、小石川金杉水道町名主・半平・煩につき代・文平、駒込片町名主・八左衛門、谷中天王寺表門前新茶町名主・清十郎、銀座町・佐兵衛忰・福次郎・煩につき代・弥兵衛、馬喰町名主・吉左衛門、元鮫河橋町名主・又太郎、市谷田町名主・左内、元飯田町名主・五郎兵衛・煩につき代・嘉兵衛、麹町名主・与兵衛、元赤坂町名主・茂左衛門・煩につき代・貞助、赤坂一ツ木町名主・八郎左衛門・煩につき代・勝三郎、青山久保町名主・佐太郎・煩につき代・留次郎、桜田久保町名主・惣右衛門、宇田川町名主・弥兵衛・煩につき代・勇七、柴井町名主・八郎右衛門・煩につき代・平助、三田同朋町名主・藤八・煩につき代・伝七、芝松本町名主・清左衛門・煩につき代・源三郎、牛込改代町名主・三平・煩につき代・喜八、深川海辺大工町名主・八左衛門・外御用につき代・作造、浅草元鳥越町名主・文次郎・煩につき代・常八、浅草阿部川町名主・喜兵衛、浅草誓願寺門前名主・半三郎。なお、石塚三九郎は、「煩ニ付代亀吉」とある。
（6）浅草平右衛門町名主・平右衛門・外七人…南本所元町名主・佐次郎右衛門・煩につき代・文七郎、亀戸町名主・治郎助・煩につき代・徳蔵、浅草東仲町名主・喜平次・煩につき代・啓七郎、浅草西仲町名主・吉左衛門・煩につき代・安兵衛、浅草新鳥越町名主・兵蔵・煩につき代・久三郎、浅草材木町名主・権左衛門、浅草田原町名主・吉兵衛・煩につき代・忠蔵。
〔解説〕名主に対する町奉行からの申渡書。各町名主が、祭礼執行にあたって申し渡されたとおり勤めを果たしたことに対し、誉め置いている。

九一

九一　町年寄が、祭礼取扱掛に、祭礼入用書の差し出しを命じた。『月岑』一〇・一五に「祭入用書上集メ、小藤氏へ行」とある。

当九月神田祭礼出し印・附祭共入用書差出候様、喜多村彦右衛門殿被申聞候ニ付、別紙振合ニ
半紙竪帳弐通、壱通御調印来月十五日迄ニ無間違定次郎方江可被遣候、此段御達申候、以上
亥九月廿九日
祭礼掛

附祭入用書上
何町

一、金何十何両
銀何匁
地走り・練物・踊台共一式請負高、天気合ニ付増手当共

一、金何両
銀何匁
鉄棒引
鉄棒引賃銭并衣類世話役衣類・花笠・足袋・草履・扇子・目印手拭共

一、金何両
銀何匁
底抜日覆
踊台・底抜日覆・茶小屋・差置候小屋補理候入用并右置場番人手当共

一、金何拾何両
銀何匁
番附・芸人名前帳
唄浄瑠璃文句
練絵図板行
附祭三所下見入用、并番附・芸人名前・唄浄瑠璃文句・練絵図板行増手間、紙代、其外下見之節前日・当日弁当入用、床机、挟箱持人足日雇使賃銭、祭礼前より度々寄合席料、小買物、紙筆料共一式入用

〆　金何百何拾両

祭礼町々より出銀

惣小間

祭礼行事

出し印入用

牛車

牛方

手木舞

内　　銀何匁

金六拾両　　惣祭礼町々より出銀附祭壱ヶ所分

差引

金何百何拾両

銀何匁

惣小間何百何拾間ニ割

壱ト小間ニ付割

金何程

銀何匁

右之通取調申上候、以上

亥
十月

何町
祭礼行事　誰　印
名主　誰　印

出し印入用書上 何番　何町

一、金何拾何両　　何々之出印入用囃子方并牛車、牛方人足賃銭、手木舞

銀何匁　人足同断、墨代其外茶小屋壱荷持人賃銭共
一、金何拾何両　鉄棒引賃銭、支度代、セ話役支度料、花笠、足袋、草
銀何匁　履共入用并床机、挟箱持人足其外紙筆料、使人足賃、
小買物共一式諸入用

〆　金何拾両
銀何匁
惣小間何拾間ニ割
一ト小間ニ付
金何程

右之通取調申上候、以上

何町
祭礼行事
誰　印

亥
十月
名主　誰　印

〔解説〕出し及び附祭の入用書の雛型。町年寄より入用書を差し出すように命じられたのをうけて、祭礼掛から関係町に達せられた。入用書の仕様は、半紙の竪帳とされ、一〇月一五日を期限として提出するよう達せられている。ここでは、新革屋町名主・定治(次)郎が提出先となっている。

九二　祭礼取扱掛が、附祭・出し印入用を、町年寄に差し出した。

九二

一、金千三百七拾六両弐分　当九月神田明神祭礼附祭三ヶ所諸入用高

祭礼町々出銀

出し印諸入用
地借・店借之者

祭礼掛名主

銀拾弐匁七分弐厘

内

金百八拾両　祭礼町々出銀高

差引

金千百九拾六両弐分　掛高

銀十弐匁七分弐厘

一、金千八百四拾四両壱分　同断壱番より三十六番迄出し印諸入用高

銀十四匁三分八厘壱毛

内

金百六拾八両壱分　出し印新規出来候町々之内地借店借之者共より出銀仕候分

銀七匁八分

差引

金千六百七拾六両　掛高

銀六匁五分八厘壱毛

右之通御座候以上

亥

十月　祭礼掛

名主共

〔解説〕祭礼取扱掛が取りまとめた、嘉永四年の神田明神祭礼における附祭及び出しにかかった入用

九三　町年寄が、町火消らへ誉置を申し渡した。

『月岑』一一・一三に「喜多村御役所へ頭取御呼出し有之、神田祭帰社之節之御誉なり」とある。

町火消頭取

を書上げた文書。各町より提出された入用書をまとめたものと思われる。

九三

「亥十一月十三日（朱書）

喜多村殿　　申渡

被申渡　　」

町火消壱番組之内

い組頭取

伊兵衛

弥七

太七

煩　仁兵衛

安五郎

煩　源三郎

よ組同

八五郎

栄助

佐太郎

長吉

八兵衛

平四郎

市五郎

音右衛門
平助
煩　久四郎
は組同
煩　嘉助
煩　卯八
忠兵衛
新兵衛
煩　七郎兵衛
に組同
清三郎
甚五郎
八右衛門
煩　長左衛門
万組同
権左衛門
煩　甚右衛門
同弐番組之内
ろ組頭取
丑右衛門
金蔵

せ組同

重五郎

源四郎

新太郎

太郎兵衛

源蔵

喜八

徳次郎

粂次郎

金次郎

重五郎

も組同

長兵衛

岩次郎

源太郎

清次郎

安右衛門

同八番組之内

か組頭取

重五郎

音右衛門

帰社道筋

吉五郎
文五郎
ほ組同
平吉
わ組同
弁之助
た組同
岩右衛門

其方共義、当九月十五日神田明神祭礼ニ付、兼而申渡置候通、帰社道筋江罷出セ話方行届、無滞帰社相済、一段之事ニ付誉置

右は町御奉行所江伺之上申渡間、其旨可存

亥十一月

前書之通被仰渡、一同難有奉畏候、為御請御帳ニ印形仕置候、以上

町火消壱番組

い組頭取

伊兵衛

外三十八人

嘉永四亥年十一月十三日

右之通被申渡候間、祭礼町々同役江、為心得通達致候事

〔解説〕 町年寄から一二の町火消の頭取への誉め渡しと、頭取らからの請書があったことを、各祭礼町名主に心得のため達したもの。これは、町火消頭取に対し、神輿の帰社道筋の世話が命じてあったとおり行届いていたことに関し、誉め置いたものである。ちなみに、「町御奉行所江伺之上申渡間、

湯島山本（六右衛門）

其旨可存」とわざわざ付言されている点は興味深い。なお、一番組に「煩」の者が多いが、九月一六日に起こった小網町若者との喧嘩と関係していると思われる（『藤岡屋日記』）。また、町奉行所側の資料として、「神田明神帰社之節世話行届候町火消人足頭取共御誉之儀ニ付調」（東京大学史料編纂所編『大日本近世史料　市中取締類集』二四（東京大学出版会、二〇〇〇年。一五六～一六二頁）がある。

（裏表紙）「

湯島
山本

」

読解帖（よみときのーと）

《読解帖（よみときのーと）》

【特別寄稿】

現代の神田祭について

神田神社禰宜　清水　祥彦

江戸時代、天下祭として隆盛を誇った神田祭の近代は、明治時代の急激な社会変化によって祭礼の中心であった山車巡行ができなくなるという大打撃からその一歩を踏み出した。日露戦争や第一次世界大戦そして関東大震災といった時代の荒波を、「山車から神輿へ」と祭礼の中心を大きく変えることによって乗り越え、神田祭は祭礼としての命脈を保ってきた。

第二次大戦によって約一〇年間中断した神輿渡御祭は、昭和二一年に就任した大鳥居吾朗宮司のもと、昭和二七年に名称を神幸祭と変更して復活した。行列立ては鳳輦を中心として騎馬神職や威儀物を連ねた平安朝風の雅な行装に仕立てて斎行した。

また戦災復興とともに氏子町会は競って神輿を作り、氏子神輿による連合宮入が実施されて神田祭の神賑わいの中心となっていった。昭和六二年に就任した大鳥居信史宮司のもとでは、神幸祭に附祭を積極的に招聘して、ここに神田祭の活気がふたたび江戸、東京の町に戻ってきたのである。

平成二年の祭礼は今上陛下御即位奉祝・平将門命神忌一〇五〇年奉祝祭として、相馬野馬追騎馬武者が初参加し、平成四年には江戸時代の火消行列の伝統を受け継ぐ茨城県久慈郡の「町田火消行列」が参加した。

平成六年には茨城県岩井市の「将門武者行列」が参加するとともに、企業協力によるクライスデールワゴンパレードという馬車行列を加え、日本航空株式会社のフライトアテンダントが神田祭に参加した。さらに株式会社博報堂をはじめ各社の協力で「神田祭ウォークラリー」の企画も加わり、企業の参加による祭礼活性化はさらに進んだ。

平成八年には天下祭に由来する静岡県大須賀町の三熊野神社祭礼山車二基が里帰りを果たし、新聞報道等で大きな話題を呼んだ。その後祭礼を一年延期して平成の御造替事業を実施し、社殿他境内諸建物を整備した。平成一一年は平成の御造替事業竣工奉祝祭としてふたたび、三熊野神社祭礼山車二基が里帰りを果たし、旧神田青果市場と築地魚河岸会の大神輿も初めて揃って宮入した。

平成一三年には附祭として、江戸時代に流行した「曳き物」を巨大な赤ちゃんに見立てて登場させ、インターネットや各種IT技術を駆使した「KIXプロジェクト」を実施し、伝統の祭礼に新しい風を吹き込んだ。また「お祭入門講座」の開催によって企業や若い女性の参加を勧奨するとともに、大江戸ダンスという少年少女を中心とする踊りチームの参加も促した。

「神田明神祭礼絵巻」に描かれた大鯰と要石（龍ヶ崎市歴史民俗資料館蔵）

平成一五年は江戸開府四〇〇年を記念した祭礼として、東日本橋二丁目町会が船渡御による神輿宮入を復興し、東京芸術大学の学生が制作した四台の曳き物や、同大邦楽科出身者の協力による底抜屋台の演奏が復活した。また神社の助成を受けた大江戸天下祭フォーラムが開催されて、山車文化の見直しや、天下祭の流れを受け継ぐ地方都市との交流と連携が深まり、各地の祭礼関係者に大きな刺激を与えた。さらには金剛流の遠藤勝實師範による明神能が初めて開催され、かつての神事能の伝統を現代に甦らせた。

平成 17 年神田祭附祭「大鯰と要石」

平成一六年の蔭祭には、平成一二年に新たに製作した神社大神輿を、氏子を三地区に分けて輪番で巡行するという、まったく新しい蔭祭の祭礼行事が行われた。

平成一七年には『神田明神祭礼絵巻』に描かれた「大鯰と要石」の曳き物を二一五年ぶりに復活させるとともに、株式会社三越やNTTコミュニケーションズ株式会社等の企業協力による曳き物も初めて参加した。また三井物産株式会社より奉納された将門塚保存会の神輿がはじめて大手町界隈の企業の協力によって担がれ、将門公ゆかりの相馬野馬追騎馬武者の特別参加も実施された。「インターネットTV神田祭チャンネル」という情報化社会に対応した神賑行事も新たに登場した。

このように現代の神田祭は、氏子・市民・企業はもちろんのこと、地方都市の参加やIT技術導入にも積極的に取り組んでいる。天下祭としての豊かな祭礼文化の復権を目指し、時代や流行を意識した祭礼活性化への努力が不断に実施されているのである。

【特別寄稿】
天下祭の真の意味

神田神社権禰宜　岸川　雅範

神田祭はいわずと知れた「天下祭」

神田明神は江戸大祭の随一にして、
祭事は九月十五日なり。惶くも大樹公の上覧あり。
山王権現は神田明神に斉しく、
これを俗に天下祭りといふて、何れも上覧あり。

これは江戸名所案内のガイドブック『絵本江戸土産』（嘉永三年刊）の絵に添えられた一節である。

神田祭は延々と続く華麗で賑やかな祭礼行列が江戸城に入り徳川将軍の上覧にあずかったことから、江戸山王権現（現・日枝神社）の山王祭とともに江戸庶民の間でいつしか「天下祭」と呼ばれた江戸随一の祭礼であった。二基の神輿とともに各氏子町より町のシンボルである豪華な山車が三六番も出され、それに加え毎回当時の流行を取り入れた仮装行列・曳き物といった附祭（つけまつり）や、太神楽・独楽回しなどの名人芸が披露された御雇祭（おやといまつり）と、将軍はもちろんのこと江戸庶民たち、さらには諸国からの見物人の目を楽しませた。

しかしちょっと考えてみると、この日本中に鳴り響いた江戸の大祭礼「天下祭」、いったい何のために行われたのだろうか？そしてこの祭礼の真の意味とは何であったのか？

天下祭の真の意味を知るためには、日本の祭とは何かを知らなくてはならないであろう。

そもそも日本の祭とは何のために行うものなのか？

日本の祭とはその元をたどれば当然「神を祭る」ことである。神輿が出される祭礼をはじめ神社で行われる年中行事、参拝者が神前で受ける祈祷など、常に神との関わりから行われる行事、それが祭なのである。特に祭りの中でも祭礼は年に一度行われる大きな祭りを意味している。各地で行われる多くの祭礼は氏神様をお乗せした神輿の行列が山車などを引き連れ氏子町々を渡御し、それにより神々と人々とがめぐり会い、神々の巡行により町々が清められた。多くの祭礼では山車や賑やかな仮装行列などが人目を引くが、本来の祭礼の目的は神輿の渡御による氏子町の清めにあったのである。

神田祭でも同様に神田明神のご祭神がお乗りになる二基の神輿が神田・日本橋さらには江戸城内にいたる氏子町々を渡御し、神田明神のご神徳により氏子の町々が清められた。

この神輿の渡御こそが祭礼の目的であり、神田祭すなわち天下祭を執り行う「真の意味」であった。

「神田明神祭礼絵巻」（部分）神田神社蔵、幕末期製作

神輿にこそ「天下祭」の真の意味がこめられていた

さらにこの神輿には神田祭が「天下祭」と呼ばれる真の意味が込められていた。神田祭は江戸幕府の「御用祭」であり、祭礼の費用が幕府より出されていた。祭礼の費用とは神輿行列に対するものであった。ちなみに神田祭というと山車や附祭が注目されることが多いが、それらは氏子町々の費用負担と管理に委ねられていた。神田明神の神輿は元和三年に幕府より新調されたことにはじまり、以降江戸時代を通じて原則的には幕府による新調と修復が行われた。のこされた記録上でも元禄、江戸後期の記録が見られる。また神輿を担ぐ諸役も大伝馬町・南伝馬町の人々という神田明神の氏子町であるとともに、伝馬役という幕府の公役を担った人々に限られた。つまり幕府の命により神田祭に従事したという一面もあったのである。

江戸総鎮守、だからこそ神田祭は「天下祭」と呼ばれた

神田明神は江戸の神社の中でも最も歴史ある神社の一つであり、いわば江戸の地主神であった。江戸時代には「江戸総鎮守」と称されたことからも、神田明神が江戸という世界的にも大規模な都市の守護神として崇敬されていたことがうかがえる。その祭礼である神田祭も徳川将軍家の氏神・江戸山王権現の山王祭とともに幕府より重要視された祭礼であったことも、神田明神が「江戸総鎮守」であったからこそである。また江戸山王権現が徳川将軍家の氏神として崇敬されたのに対して、神田明神は江戸庶民たちにも崇敬された神社であり、幕府・庶民たち誰もが認める江戸の守護神であったのである。

「天下祭」の真の意味、それは江戸総鎮守である神田明神の神輿が江戸の町々を渡御することにより江戸を守護することにあったのである。

国芳が描いた天下祭

福原敏男

業仕の侠夫、祭の万度を持て、既に喧嘩を仕出しての云ぶん

〈咄本『都鄙談語』安永二年（一七七三）〉

本書は『天下祭読本』と銘打つものの、内容は神田明神祭礼に終始するので、天下祭の一翼を担った赤坂の日吉山王祭にも触れておこう。山王祭は隔年の旧暦六月一五日を中心とする盛夏の祭りであり、歌川国芳（一七九七～一八六一）が二点の浮世絵を残している（鈴木重三氏編著『国芳』平凡社、一九九二年。以下、同書引用は鈴木解説と表記）。三枚続『勇国芳桐対模様』（大判、人形屋多吉版）と、五枚揃いの一枚『山王神事雪解の富士』（大判、村田屋治兵衛版）の二点であるが、肉筆画までひろげると、江戸東京博物館蔵の『山王祭礼駿河町附祭行列図』や個人蔵の砧踊り図などがあり、今後発見される可能性もあるので、この小文では浮世絵に限定して考える。

浮世絵研究の先達、飯島虚心は明治二七年（一八九四）、『小日本』という新聞に「歌川列伝」を連載した。掲載文中の記載により、その執筆は明治二七年であることがわかり、その後、飯島は訂正増補した。それを底本とし、『小日本』掲載文を参考にして玉林晴朗氏が校訂したのが、昭和一六年に畝傍書房が刊行した『浮世絵師歌川列伝』である。同書「国芳」の項には、次のような注目すべき記事が載る。

嘗て日吉山王の祭礼に際し、門人等と謀り共に手踊をなし、祭礼の列に入上覧に供せしことあり、其の時国芳はみづから其の図を画き、三枚続きの錦画にして発売せり。

以前、門人たちと手踊りをして山王祭の行列に参加した。将軍が上覧し、それを絵にして発売したのが『勇国芳桐対模様』である。その一方、「衣裳の奢侈で実際は（国芳一門は祭礼参加を—福原注）止められた」（鈴木解説）とする典拠不明の説もある。

いずれにしても、明治二七年時点、文久元年（一八六一）の国芳没後より三〇数年しか経っておらず、門人や知人よりの伝聞情報があったかもしれない。前年の二六年には国芳三十三回忌の法会が行われたらしい。三十三回忌といえば祖先祭祀の弔い上げにあたり、国芳関係者の追想譚も色々でたものであろう。

さて、嘉永六年（一八五三）、すでに一家を成していた国芳の行状を町奉行所隠密廻りが探査した書類（『市中取締類集』書物錦絵之部）が残っており、そこには次にように記されている。

新和泉町南側新道の地借りで、借地は一五坪（間口二間半・奥行六間）、妻子や弟子を含め（?）八、九人で暮らしている。「きおい（侠）もの」とも呼ばれる闊達の気質で、板元からの注文があっても、好む仕事は安くてもひき受け、不服の仕事は条

歌川国芳『勇国芳桐対模様』（部分）（『浮世絵を読む　国芳』朝日新聞社より転載）

件がよくても断る。外観は野卑に見え、ろくに着替ももたないといったふうで、暮し方には無頓着である。

以上のように、江戸っ子の職人の親方を体現している人物であった。国芳は弘化四年（一八四七）頃、つまり五〇歳頃から、後半生の約一五年間を新和泉町（現日本橋人形町三丁目）で暮らした。東西町の南の、東西に通る道（幅三尺）沿いの横丁「玄冶店」に住んでいた。「玄冶店」といえば、世話狂言「与話情浮名横櫛」でお富が囲われていた家があった町「源氏店」として人口に膾炙している。先の『浮世絵師歌川列伝』によると、国芳は火消しとの交際があった。成田山霊光館には、国芳の絵馬『火消千組の図』が蔵されているが、これは天保四年（一八三三）に深川永代寺で行われた成田山新勝寺の出開帳に際して江戸町火消千組が奉納した絵馬である。刺青の下書きを描く名人として知られ、国芳自身彫り物をいれていたという説も有力（浅野秀剛氏発言、『国芳』朝日新聞社、一九九七年）であり、有名になって金回りがよくなると、一月の半ばは吉原に遊んでいたという。『広瀬六左衛門雑記』（前掲『国芳』収録）によると、国芳は「気性が面白」く、その宅には「当時流行の俳優野郎の類皆多く出入」していたという。

前置きが長くなったが『勇国芳桐対模様』を観察しよう。国芳の門人が持っている扇には、芳鶴・芳藤・芳雪（菊慈童の彫り物で知られ、半身をさらしている）・芳綱・芳兼・芳貞と記されている。先頭で行列を先導している男は向う向きで顔は見えないが、左手で手拭をつかみ、右手で練りの指示をしているかのような所作はいかにも集団のリーダーである。鈴木解説によると、白虎と青龍、牡丹と菊という好対照の図を、格天井模様に描いた衣裳を着けている、この人物こそ国芳自身であり、まさに「勇国芳」である。上部の雲形の向こうの群には熊坂人形の山車と踊り屋台があり、山車正面には「冨澤」の額がかかっている。山王祭の時、熊坂の山車は富沢町と長谷川町が連合して、二二番目に出すことになっていた。熊坂人形は人気があったらしく、神田明神祭礼にも九番連雀町の出し物として寛政期より登場している。千代田区有形民俗文化財の山車人形「熊坂」（小栗氏管理）の頭部は明和年間の作とされ、神田明神祭礼に出ていたものである。山車の左には底抜け屋台の屋根も見え、踊り屋台では歌舞伎の一場面が演じられている。絵の中心は国芳一門の練りであり、国芳が先導する方向へ進んでいる。飯島虚心がいうところの「手踊」であるが、以下の二つに解釈できよう。一つは附祭りの地走り踊り。『守貞漫稿』によると、地走りとは、普通の長柄傘より小形の赤紋付の傘を差しかけて歩行しつつ踊ることをいう。もう一つは子ども歌舞伎の役者を踊り屋台まで導く道行道中の場面。国芳はじめ十六人の大人と子ども五人が描かれるが、練りの後部は切れており、もっと大勢による練りのはずである。二人の子どもが青年に手をつながれ、傘を差しかけられている。先頭の傘は国芳の芳桐印、後ろの傘は糸輪（覗き二つ引き）に日の丸を描いた逆さ陣笠のデザインである。この二人は群に埋もれているので判然としないが、練りの中心であり、芳桐印の大団扇で煽がれている。浅野氏はこの二人を国芳の二人娘と推定している（前掲『国芳』）が、そうだとすると、三枚続きの左は国芳、中央は長女、右は次女がそれぞれの中心であるとも解釈できる。先頭は隈取も鮮やかに、二本差しのでっぷりとした武将、背中の大帯が特徴である。浅野氏は桃太郎とするが、当時の山王祭には昔話をテーマにした附祭もあるので妥当であろう。盛夏の意匠である朝顔を笠につけた者もいる。

鈴木解説によると、『勇国芳桐対模様』三枚それぞれに捺された芳桐印は弘化元年（一八四四）頃以降の作品に見られ、これは嘉永初期の作であるという。二人が娘であるならば、景観年代は二人の娘の年頃から同じ嘉永初年（山王祭は嘉永元、三年に行われている）であろう。そうなると、ここに一つの問題が生じる。背景の熊坂人形山車は化政期には出ている（千代田区教育委員会編『続・江戸型山車のゆくえ』、一九九九年）ものの、嘉永初年当時、富沢町と長谷川町の山車は「月に薄」のいわゆる「武蔵野」がテーマであった。つまり、『勇国芳桐対模様』の制作は嘉永初年であるが、同元、三年頃の山王祭を忠実に描いたものではない。そこで考えられることは次の三つである。

① 附祭はアドリブで参加できるものではなく、念入りに周到に用意され、仕様書の提出も求められる。国芳は嘉永初年当時、新和泉町の住民としては新しかったが、天下祭を担った鳶や若者仲間などと交際があったので、一門や子ども

とともに附祭に参加できたのかもしれない。嘉永初年の附祭に参加したが、当時の山車飾りであった簡素な「武蔵野」では絵にならないので、過去の熊坂人形を後景に配した。

②『嘉永四年神田明神祭礼御用留』によると、前年三年の山王祭附祭年番町の町人が禁止されていた派手な衣類を着用して問題となっている。当事、踊り子と練り子は、縮緬、ビロード、繻子、金襴、金糸縫い物など高価な衣裳は禁止されていたのである。『勇国芳桐対模様』の国芳の衣裳はどうみても禁制の対象と思われる。附祭に出ようと企画したが、止められたので、実際に練った姿を想像して描いた。

③附祭参加の企画すらなく、想い出のなかの山王祭を借景して、自ら一門の晴れ姿を描いたフィクション。

②と③の場合、『浮世絵師歌川列伝』の先の記述は疑問となる。もう一点は、『東都富士見三十六景』五枚揃いのなかの『山王神事雪解の富士』であり、鈴木解説によると、このシリーズは弘化元年頃の制作とされる。この絵は、山王祭の練物が本町通りを通過する際、山車越しに富士の秀峰を眺める手法をとっている。右下隅の庵看板「江戸の水」とは式亭三馬が売り出した白粉下地の化粧水の名で、この地点は本町二丁目の「式亭店」の前であることがわかる。「本町や水無月晴の不二高き」の賛もある。一番手前の山車は竹生島龍神とある（鈴木解説）が、山王祭の八番目に渡る春日龍神人形であり、品川町・品川町裏河岸・北鞘町・本両替町・駿河町の連合が出していた。人形を支える櫓には京都の風物詩、賀茂の競馬をあらわした染織が懸けられ、山車前方には二人の横笛と異様な仮面の人物が乗って盛り上げている。その後ろは一一番目に出る、本石町四丁分と同町十軒店の連合の宇治橋合戦の山車であり、筒井浄明と、その頭を逆立ちして越える一来法師が象られている。その後ろには「三日月に柳」と「満月に薄」の、いわゆる武蔵野の二台の山車が見える。山王祭は天保一三年、弘化元年、三年に行われているが、当時は武蔵野の山車が多く、『山王神事雪解の富士』は本町二丁目の描写位置といい、記録画としての性格を持っているといえよう。

『勇国芳桐対模様』は、祭り好きの、粋でいなせな江戸町人を描いて余すところなく、武者絵と同様に、「侠気男伊達といった自己顕示」（吉田伸之氏発言、前掲『国芳』）に溢れている名作である。これに対して『山王神事雪解の富士』は美術的には注目されることは少なく、祭りに浮き立つような雰囲気は感じられない。しかし、時事報道画としては後者も前者と同様、祭礼研究に資するところは大きいといえよう。

附祭の音楽

入江　宣子

神輿に浮き立ち、笛太鼓の祭囃子が賑やかに囃される現在の神田祭や山王祭からは想像できないことであるが、江戸時代の天下祭で人々の耳目を占領したのは派手な踊りや仮装行列、すなわち附祭とその音楽であった。江戸中期には朝鮮通信使の仮装行列が人気で、そのエキゾチックな唐人囃子は玄宗皇帝と楊貴妃、浦島と乙姫、はては義経の蝦夷渡りの行列にも流用された。また雅楽の笙篳篥の音楽も響いていた。江戸後期になると附祭の様子も変り、三味線音楽がもっぱらとなる。

当時の音楽事情を概観する。近世の三味線音楽は大きく語り物（浄瑠璃）と歌いもの（地歌・長唄など）に分けられ、ともに芝居や舞踊の音楽として発展してきた。歌舞伎と人形浄瑠璃は、元禄時代までにおおよそ現在の形式が整い、以後互いに競い合って発展していった。一八世紀半ば「菅原伝授手習鑑」「義経千本桜」「仮名手本忠臣蔵」など全盛期の人形浄瑠璃の人気曲が、間をおかず歌舞伎でも上演され、義太夫狂言として歌舞伎の重要なレパートリーとなった。なお歌舞伎舞踊の人気曲長唄「京鹿子娘道成寺」は宝暦三年初演である。また重々しい義太夫節とは趣の異なる、叙景・叙情を艶やかに語るさまざまな浄瑠璃の流派が生れ、歌舞伎ではそれら常磐津節、富本節を伴奏とする劇的舞踊が多く作られるようになった。文化文政期には一人の役者がさまざまに扮装を変える「変化舞踊」が流行し、七変化九変化などの早替わりには手古舞や朝鮮通信使行列に登場する賄唐人など祭礼風俗が変化の趣向に盛り込まれることもあり、音楽的にも異流派の掛け合いなど多様な展開をする。長唄「越後獅子」は文化八年初演の七変化舞踊「遅桜手爾葉七字（オソザクラテニハノナナモジ）」の一部である。文化十一年には富本節から清元節が分派、その江戸っ子好みの高音を聞かせた軽妙洒脱な歌い口と三味線で得た圧倒的人気は明治まで続く。

さて天保一二年附祭を出す町内が三組に制限された結果、各組がそれぞれ踊台、練物、地走の三種目を出すようになった。踊台は移動式舞台での舞踊で、当然伴奏の笛・大小の鼓・太鼓などの鳴物を伴い、唄あるいは浄瑠璃と三味線の音楽が付く。練物はもともと仮装が目的だが、やはり音楽伴奏が付くようになった。地走も「地走踊」という表記もあることから、踊台には乗らず地面を歩きながら踊る形であろう、やはり音楽伴奏も付き舞踊の引抜（扮装の早変わり）もある。踊台は狭いので二、三人しか踊れないが、練物や地走踊は六〜八人位と人数も多く趣向も凝らせる。嘉永四年の絵を見る限りでは、鳴物連中は四周を幕で囲った底抜け日覆いの付いた枠の中に入って演奏し、唄い手や語り手は唄本を手に三味線弾きと共に踊り台の傍らや行列の中で顔を見せている。[1]

嘉永四年の御用留には三組の附祭番付が記録され、関連個所に浄瑠璃や長唄の文句（歌詞）を刷った唄本が綴じ込まれている。神田蝋燭町と神田関口町合同、新石町壱丁目、神田横大工

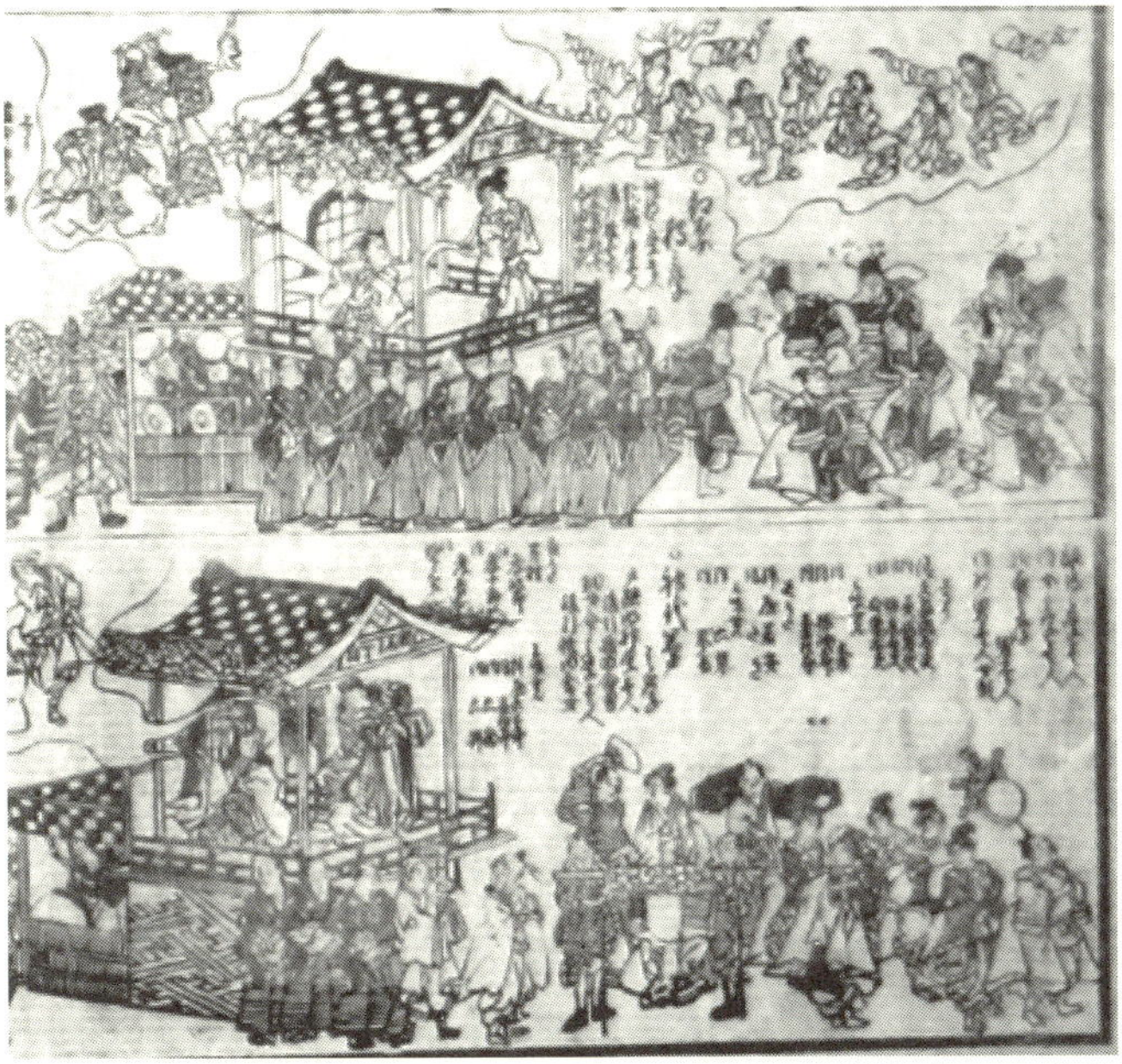

嘉永四年神田明神御祭礼附祭番付（神社蔵）　上段右半分が「布ざらし」、左半分が「惟茂秋篠の学び」。下段の一番先頭に鹿島事触の姿が見える。

町の三組がそれぞれ踊台、練物、地走踊の三種目を出し、合計九組の音楽連中が参加しているのだが、内訳は常磐津三、富本一、清元三（うち一は長唄との掛合）、長唄二となり、ほぼ当時の人気度を表わしている。別刷の「芸人名前帳」（上野学園大学蔵、資料編参照）を見ると、全盛期を過ぎた富本は家元親子が参加の一組だけだが、常磐津・清元はプロの芸人の層が厚いのが分る。常磐津と長唄に各一組、娘達の名取り組があるが、あとはプロの男性芸人で、新石町の踊台に出る長唄芳村孝次郎・三味線杵屋六三郎は音楽事典にも名が載る由緒ある芸名である。また笛・大小の鼓、太鼓、大太鼓などの鳴物方も皆プロのようである。なお新石町の練物に鞨鼓、笙、篳篥などを奏する楽人が七人登場するが、いずれも一五、六歳の娘たちで、どの程度本物の雅楽を演奏できたのかは分らない。

どこの組も踊り子練り子は町内外の主に十代の娘、後見役は十代後半から二〇代の名取りの娘たちである。舞踊研究家西形節子氏によれば、当時は坂東、中村、藤間、西川、松賀の五流が活躍していたというが、嘉永四年は名前帳の後見役の名前から、坂東一、中村二、藤間一、西川三、松賀一、不明（たぶん中村）一組、と分る。このうち新石町の踊台は、請負人に松賀流初世松賀於藤、後見に松賀藤栄と於藤の妹ふきの名があり、家元と有力師匠が関わっていたようだ。横大工町の踊台は同じ町内の

藤間多津が請負い、自ら後見も務めている。

では附祭ではどんな音楽が演奏されていたのだろうか。残念ながら三味線の楽譜はないので、唄や浄瑠璃文句から推測するしかない。

神田蝋燭町・関口町の場合、踊台、練物、地走踊と通して「楓狩」すなわち「紅葉狩」が統一主題である。当然踊台「紅葉狩曠勇栄」では能「紅葉狩」と長唄「紅葉狩(色見草月盃（イロミグサツキノサカヅキ）)」(安永五年初演)の詞章が大幅に取り込まれている。練物の曲名「色見草手毎土産（イロミグサテゴトノイエット）」はこの長唄からきているのだろう。[2] 地走踊「初紅葉長生酒盛」では清元のクドキを聞かせ、引抜きの後は長唄「越後獅子」でおなじみの文句につながる。もっともこれらの文句は「越後獅子」の曲を下敷きにしたというより、流れにのって周知の慣用句を使用したということだろう。

新石町壱丁目の統一テーマは鹿島踊を含む神代の神楽。鹿島神宮の神官と称し、風折烏帽子に狩衣という出立ちで鹿島明神のお告げを触れ歩いた「鹿島の事触れ」は、正月の風物詩として「江戸図屛風」などにも描かれている。その芸能化した鹿島踊は門付芸として江戸庶民にも親しまれ、白張・烏帽子姿に長柄の御幣を担ぐ、あるいは三本足の烏を描いた大型万燈は、やがて鹿島踊を想起させる趣向として附祭にも登場するようになった。同種の芸能は、現在でも神奈川県や千葉県に民俗芸能として残っている。新石町の場合、文化一〇年初演の長唄「俄鹿島踊」と、鹿島踊を太神楽に取り込んだ常磐津「どんつく(神楽諷雲井曲毬)」(弘化三年初演)の趣向や文句が多く使われている。躍台の引抜で田舎男と女になり杵と臼で麦搗をするが、前述長唄の結尾の文句「私はこの臼お前は手杵」から導かれたのであろう。

横大工町「四季の学び」をみてみよう。春の練物「手綱染寄人萬歳」における春駒のうたい文句や木遣り唄には周知の文句がうたいこまれている。夏の地走踊「皐月花曽我写絵」には同じ嘉永四年の春、江戸中村座で初演された常磐津「勢獅子劇場花籠（キオイジシカブキノハナカゴ）」の影響がみられる。同曲には能「夜討曽我」の趣向が取り入れられ、別称「曽我祭」ともいった。また通称「勢獅子」と言われるように能「石橋」を柔らかにして、獅子の狂いや芸者の手古舞を見せるなど、江戸の祭礼風俗を見せるものとして好評だったらしいが、慶応三年の再演以降は曽我祭ではなく山王祭の踊りに変わってしまった。現在の「勢獅子」の詞章と「皐月花曽我写絵」のそれとは共通文句はないが、後者には「夜討曽我」の詞章が要所に挿入されているほか、「石橋」へとつながる趣向がそっくりである。「写絵」の語には、常磐津から清元へ、あるいは歌舞伎の舞台から祭礼の場へ「移す」の意味が込められているのではないか。寛政三年初演の長唄「春駒(対面花春駒)」にはめでたいものづくしで曽我五郎と春駒踊との取り合わせがすでにあり、夏の曽我物への移行の伏線といえようか。

以上見るように、既成の曲や周知の文句を巧みに利用し、かつ神田明神や参加町の名前を読み込み、見物人に親しみの持てる唄にしている。きっと馴染みのある節回しや囃子が随所に聞こえたであろう。

実は祭礼で初演されて現在もレパートリーとなっている曲がいくつか知られている。長唄「賤機帯(シズハタオビ)」は文政一一年の山王祭の踊台で踊られたという。もとは能「隅田川」からとられた我が子を探す悲しい母の物語だが、狂乱の様を見せる舞踊となっている。原曲は常磐津や富本の元になった一中節の「尾上の雲賤機帯」である。また現在は代表曲「助六」で知られる江戸系古浄瑠璃河東節の「御祭礼花くらべ」は嘉永三年山王祭の地走「川狩の学び」が初演といい、人気曲「助六」の文句をうたい込んでいる。常磐津「折箙梅花笠(オリヲエビラウメノハナガサ)」は文久二年山王祭の踊台で初演された。歌舞伎の舞台から祭礼へ、(3)逆に附祭の曲を形式を整えて歌舞伎の舞台へ、という相互交流は実際にはもっと多くあったと想像する。能や他流派の曲を利用する、移す、あるいは部分的に取り込むという創作のやり方は、伝統的にきわめて普通であった。またなにより附祭の見物人の気を引くためには、皆のよく知る流行の唄や文句をうまく取り込むことが効果的であったろう。

附祭とは別に、祭礼の華やかさを主要な背景とした舞踊曲として、清元では「山王祭」(文政九年)、「三社祭」(天保三年)、「神田祭(〆能色相図(シメロヤレイロノカケゴエ))」(天保一〇年)、常磐津では「三社祭」(安政二年)、明治以降の長唄では「神田祭」「三社祭」が知られ、現在でも演奏回数が多い。

斎藤月岑の著書「声曲類纂(セイキョクルイサン)」についても述べておこう。月岑は三大著作「江戸名所図会」「東都歳時記」「武江年表」の他にも著書が多いが、なかでも弘化四年刊行の「声曲類纂」は、徒然草にはじまり江戸時代の唄本や音楽関係資料(一〇九冊の書名を列挙)を読み込んで著した音楽事典として重要である。内容は浄瑠璃の系図や人形操りに関する歴史的記述が多いが、門付け芸や民謡にも触れており、各所に絵図も入る。ただし音律や演奏法など実技に関することは省かれているので、自らは演奏することはなかったらしい。しかし町名主として勧進能の世話をし能楽師との付き合いもあったうえに、もともと漢学、国学をはじめ幅広い教養と好奇心に満ちた文化人であったことから、附祭の作詞を担当した可能性は大いにある。本書で唄浄瑠璃文句作者として月岑と推定しているのはそれ故である。

最後に、出しに乗る祭囃子の消息にふれておかねばならない。

一本柱の出しの根元で大太鼓を打ったり、岩組型や万燈型の出しの飾りに埋もれるように笛太鼓がお囃子を奏している様子は多くの祭礼図から知ることはできるが、今日のような締太鼓二、笛、大太鼓、鉦各一から成る五人囃子が整うのは天保頃からと筆者は推測している。長年天下祭の出しに乗ってきた近郊農村の葛西の連中ばかりでなく、江戸市中にも祭囃子を稽古する者達がでてきた。しかし月岑の膨大な著述のなかには、わずかに「武江年表」文化一三年の項に、「本所小梅寺島などにて若者どもばか拍子を習う。（中略）神田山王に出しの拍子は多くこれを雇う。（後略）」とあるのみ。神田祭に関する詳細な記述に比して、祭囃子はまったく関心の外である。祭礼掛として、附祭の打ち合せに芸人と会うことはあっても、祭囃子連中との接触は彼の「日記」にも記されていない。祭のBGMとしてなくてはならない祭囃子だったが、今日のような主役になるのは附祭が衰退し、櫓型の立派な人形出車が登場してからである。やがて江戸型人形山車の正面席が彼らの場所として用意されるのである。

注

（1）浄瑠璃・唄・三味線を含め囃子方全員が底抜け屋台の枠内に入る絵図例も多い。

（2）「惟茂秋篠之学踊台」の秋篠という女性名は、能にはなくこの長唄で登場する。

（3）天保二年の神田祭番付（上野学園大学蔵）に添えられている「汐汲」「隈取安宅松」「蜘蛛拍子舞」の唄文句を見ると、現行曲の主要部をそっくり利用している。

【参考文献】

『江戸の声—黒木文庫でみる音楽と演劇の世界』東大教養学部美術博物館　二〇〇六

西形節子「幕末期の町師匠と踊り子たち」『演劇学』25号　一九八四

俵木　悟「ミノコオドリの系譜—鹿島踊・弥勒踊の原像から距離をおいて—」『芸能の科学』31　東京文化財研究所芸能部編　二〇〇四

俵木　悟「「その他」の鹿島踊—祭礼行列に出る鹿島踊・弥勒踊を中心に—」『芸能の科学』33　東京文化財研究所芸能部編　二〇〇六

竹内道敬「江戸の祭礼と祭礼もの」国立劇場第11回浄瑠璃鑑賞会—祭礼物—解説　一九九九

西山松之助「江戸の町名主斎藤月岑」『江戸町人の研究』第4巻　一九七九

入江宣子「絵画史料に見る江戸天下祭と祭囃子」『日本民俗音楽研究』24号　一九九九

天下祭と三熊野神社大祭

田中　興平

天下祭とは山王祭と神田祭の両祭のことを言い（根津権現祭が正徳四年に一度だけ加わっている）徳川家は特別にこの両祭に保護を与えたようである。江戸時代は京都の祇園祭、大阪の天神祭と並んで三大祭と言われていた。徳川家康が関八州の太守として天正一八年（一五九〇）に豊臣秀吉により関東に移封された当時は、関東は未開の土地であり、豊臣政権絶頂の時代であった。そのため徳川は武断政治を行い、関西方面の文化を敵視していたようだ。徳川の世になってもこの武断政治により多くの大名が改易された。慶安四年（一六五一）の由井正雪の変までその政治は続いたが、この武断政治が天下祭にまで影響を及ぼしたのではないかと小生は考えている。その影響か、天下祭の山車の発達は中京地区、関西方面の各祭に比べて非常に遅れていて、江戸型山車の成立は江戸末期である。

天下祭は慶長の頃（一五九六～一六一五）より祭が始まったといわれているが、それより時代は後になるが『江戸天下祭図屏風』等で見る限りでは、宮神輿に町印そして題目を定めた仮装行列が供奉して江戸城の城門をくぐるという形態で、今日言われる山車、屋台等はまだ出現していない。すでに中京地区、関西方面の祭では山車、屋台が祭の中心として曳き出されていて、祇園祭の形態は各方面に伝播していた。天下祭はその祭形態を取り入れていかなかったように思われる。すなわち徳川幕府は武断政策により自前の祭礼形態を作ろうと考えていたのではないだろうか。今まで天下祭について総合的に書かれたものは東京市史外篇『天下祭』しか無く、まだまだ詳細な検証が必要であろう。いずれにせよ、天下祭の形態は時の政治情勢、天変地異、民衆の熱意、及び幕府からの要望、お達し、禁止令等により江戸時代三〇〇年の間に大きく変遷するとともに、明治期を迎えることにより解体されていった。この天下祭は江戸近郊の城下町の祭礼にも大きな影響を及ぼし、川越市の川越祭を中心に今でも天下祭の祭文化を伝える祭りが多く存在する。また天下祭の解体後にも江戸型山車を導入して祭を新たに始めた近郊の都市もあり当時の江戸型山車を見ることが出来る。天下祭は近郊だけでなく時の為政者により導入され、地方の城下町にも伝播していった。遠く離れた南部藩でも天下祭を模した祭が存在した。また江戸から六〇里程はなれた遠州横須賀藩（静岡県掛川市）へも時の殿様により天下祭が導入され、現在でも『三熊野神社大祭』として盛んに天下祭の祭文化を現代に伝えている。三熊野神社大祭は元禄から明治一〇年迄体系だった祭に関する古文書が残され、正確に祭の変遷を読み取ることが出来る。

そのため江戸の天下祭と対比する事により山車、踊り、底抜屋台等の変遷をうかがい知ることが出来、今でも三熊野神社大祭は江戸の祭の特徴である、粋と鯔背（いなせ）と気風の良さを、盛んに発信することが出来る。

さて、その三熊野神社大祭であるが、神事の神輿渡御、地固めの舞い、田遊び、神子抱きと、それに供奉する附祭の祢里（ねり）の曳き廻しで構成されている。本来、祭は神事が主のはずであるが、いつかしら附祭の方が派手に豪華に成り、人々の楽しみも手伝って祭の主座をしめている。三熊野神社大祭でも人々は囃子に合わせ「したした」のかけ声のもとステップをふみ、祢里（山車）と囃子と曳き手、が一体となった所作を行い、祭自体が華麗にして優雅にリズミカルに躍動する。

しかし、町民は神事に関しても非常に崇敬心大であって、神輿に祢里が供奉して巡行する場合等、曳き手は道路に正座して神輿を迎える。附祭であるが、文書を繙いていくと、起源は元禄九年（一六九六）にして、踊りを中心とした附祭を行っていた。その後、西尾隠岐守忠尚が横須賀城の城主に就任して、享保一〇年（一七二五）頃江戸の天下祭の祭様式を横須賀に導入して祭の改革を計り、神輿、踊り、祢里を城に巡行させ、城主が上覧する様になった。この頃の附祭の形態は、祢里九町、踊り三町と毎年交代で行い、神輿に供奉して御城、重役屋敷、各町

静岡県掛川市横須賀三熊野神社大祭の祢里（山車）

内を曳き廻していた。最も祢里といっても、現在の形の祢里ではなく、演目を定めて、その演目に添った仮装行列の様であった。その祢里行列の中には担ぐ形のだし、及び、底抜け屋台があった。一方踊り町では、担ぐ形のだし、底抜け屋台、踊り台が練り従った。囃子は底抜けの担ぎ屋台で行われ、祢里、踊りに、それぞれつき従って練って歩いていた。踊りは踊り台の上で行われ、当時、江戸、大阪等で上演された狂言、浄瑠璃が程遠くない時期に三熊野神社大祭でも行われていた。新作ものの狂言、浄瑠璃等を、よりはやく採り入れるために町民は、たえず三味線、謡い、踊り等の基本を稽古していた。そのため練習する場所も備わっていたらしくそこを稽古場と呼んでいた。その名残で、今でも横須賀では公会堂の事を稽古場と呼んでいる。この頃の一番の人気演目は天下祭でも行われていた朝鮮人行列であった。また、安永期から天明期（一七七二～一七八八）にかけては、かなり本格的な二階建ての屋台が存在した事が、文書より確認できる。

　そして、一本柱万度型山車、すなわち祢里の出現が文書で確認できるのは、文化八年（一八一一）頃からである。その後、明治期に入ると、理由は定かではないが、屋台、踊り台、踊りは消滅してしまい、現在の祢里を中心とした華麗な祭となっていった。

山車人形と人形師

是澤　博昭

山車人形は、「屋外に出して置いて、神を招き寄せる」依代であり、はじめ祭礼が終わると処分されたが、次第に、保存され、祭礼のたびに繰り返し使われるようになったという(折口信夫)。その主題は、日本の神話にあらわれる神功皇后・日本武尊、歴史(或は伝説)上の人物として庶民に親しまれた静御前、昔話の浦島太郎、中国の歴史や故事に由来する関羽・鍾馗・諫鼓鶏など、まことに彩り豊かである。つまり、江戸時代の人々が信仰し崇拝する人物、目出度いと考える事物、日ごろ目にする演劇などが題材として用いられている。

これは五月人形や雛段に飾られる浮世物といわれる人形なども同じである。これらのほとんど神格化された人々が人形となって、節句飾りを賑わし、また一方で祭礼の山車人形として、江戸の人々に親しまれてきたのである。

しかも、山車人形は、原則として各町内が人形を仕立てたために、鍛冶町一、二丁目「小鍛冶人形」・雉子町「白雉子」など、町名や町の由来などにちなんだ趣向を凝らしたものが多い。ところが意外にも、その製作者については、人形史研究のなかでも、これまでほとんど触れられることはなかった。

今日整理されている人形師の系譜は、昭和初期に活躍した一部の人形師からの聞き書きを中心とするために、山車人形を得意とした職人の系譜にはほとんど触れられていない。従って、明治と共に衰退する「天下祭り」とともに、彼らの系譜も歴史の闇に消えたといえよう。

近年の研究から江戸の人形師は、数センチの芥子雛から数メートルもする特大の山車人形まで、客の求めに応じて作りこなし、その合間に根付を彫り、木彫の置物を製作するなど、あらゆる技をこなした人々であることがわかってきた。もちろんそれぞれに得意分野はあるが、名工と呼ばれる人々は、分業化が進んだ今日では考えられないような、職人としてのあらゆる顔を持っていた。

例えば、山車人形師として有名な鼠屋は、江戸時代後期から明治期にかけて、正月の羽子板、三月の雛人形・五月の甲人形を扱い、その合間に山王祭・神田祭をはじめとする祭礼品など、いわゆる際物(人用の季節のまぎわに売り出す品物)を扱う店であったことがわかっている。また、江戸の川柳などによまれた雛人形師原舟月(二代)は、「萬木彫細工人」と称し、山車人形をはじめ根付や木彫の置物・神楽の面なども得意とし、その作品は各所に残っている(『江戸の人形文化と名工原舟月』展図録、とちぎ蔵の街美術館、二〇〇五年、参照)。

だが、江戸の人形師については、いまだ未解明な部分が多い。節句人形業界の文書・随筆や俳諧など、文献上の手がかりは若干残っているが、現存する雛や五月人形そのものには、ほとんど銘はなく、その技を推測する手がかりは、わずかに残された収納箱の箱書きばかりである（もっとも人形師にかぎらず、江戸の職人はよほどの名工でない限り落款（作者の署名や印）を残すことはない）。

その欠点を補うのが、実は山車人形である。山車人形だけは、例外であり、作者を特定できるものが多い。それは、祭礼が人々の生活のなかで最大のイベントの一つであった時代に、いわば各町内の顔である人形の製作を請け負うことは、職人としても腕と名誉をかけた一世一代の大仕事であったからであろう。

近年『川越氷川祭りの山車行事調査報告書』（川越市教育委員会、平成一五年）で山車人形に注目した調査が行われたのをはじめ、『とちぎの山車人形』（栃木市観光協会、平成一七年）等、県の指定文化財を中心とする調査が、ようやく緒についたばかりである。また、赤坂氷川神社・千代田区・荒川区など、震災や戦災を免れた山車人形が、意外と江戸東京の中心地やその周辺に保存されていることも明らかになった。

幻に近い山車人形師の姿を追うことは、同時に、一人でおおくの技をこなした江戸の人形師の姿を明らかにすることでもある。その調査は、祭礼研究ばかりではなく、江戸の「モノヅクリ」の実態を明らかにするという意味でも、今後に多くの課題を残している。

三河島の山車人形・櫛稲田姫（東京都荒川区荒川、荒川4丁目西仲睦会・荒川文化会・大西町会・荒川宮地町会蔵、写真提供：荒川ふるさと文化館）

祭礼に熱狂する人々
―家持・若者・鳶の者―

滝口　正哉

本書で収録した御用留の作成された嘉永四年（一八五一）は、天保の改革から一〇年ほど経過している。すでに弘化二年（一八四五）二月の町触では「何故歟此節世上ニ而御改革は最早弛み候と相唱、心得違之者有之趣相聞、以之外之事ニ候」（『江戸町触集成』一四二八四号）とあり、改革の締め付けが弱まったことを江戸庶民はいちはやく感じ取っていたようである。すでに弘化～嘉永年間に化政文化を深化させたものとして「嘉永文化」が存在したという指摘がある（吉原健一郎「嘉永文化論」『江戸町人の研究』第六巻、二〇〇六年）が、本稿では幕末の江戸文化を解明する上で一つの分析対象として祭礼に熱狂する人々に注目し、家持・若者・鳶の者を取り上げてみたい。

神田塗師町の家持紀伊国屋長三郎（一八一九～八六）は、万治三年（一六六〇）に同所で金物問屋を創業した紀伊国屋三谷家の八代目当主である。同家は五代目嘉兵衛（一七四六～一八二六）の寛政四年七月に居地面を購入して経営基盤を築いており、八代目は幕末期に異国貿易で銅や真鍮を輸出するなどして財をなすとともに、浮世絵師三代歌川豊国のパトロンとしても知られる人物である。同家に伝来した資料は現在千代田区立四番町歴史民俗資料館に寄贈・寄託されており、天保十二年（一八四一）～嘉永六年（一八五三）の店の帳簿である「店附勘定帳」には、毎年「一、金九両壱分也　祭礼積金　町内より預り」と記されていて、同家は隔年に行われる神田祭礼にむけて塗師町の家持として毎年積み立てを行っていたことがわかる。また同家には一曲二隻の「能画猩々図屏風」が伝来しているが、その袋には「能画猩々図屏風　二枚折壱隻之内　狂斎筆」「万延元申年仲春」「神田区塗師町　三谷長三郎　所蔵」と書込があることから、若き日の河鍋暁斎（狂斎）が八代目長三郎の依頼によって万延元年（一八六〇）に描いたものだとわかる。画題は「猩々」と「石橋」であり、「猩々」で想起されるのは、神田塗師町が神田祭礼の折に三十四番として出す山車の定番として知られていることである。実際に嘉永四年の祭礼番附をみると、「猩々能人形」となっていることが確認できる。

一方、若者と鳶について『藤岡屋日記』（本書資料編参照）をみていくと、祭礼をめぐる両者の関係が窺える。嘉永四年九月九日、神田蝋燭町で若者と鳶との喧嘩があり打こわしに発展した記事をみていくと、永富町四丁目板新屋の若者頭家根屋巳之助は山車小屋の屋根を葺き、鍋町頭新右衛門子分の鳶金太郎は町内へ山車小屋を掛けるさまが描写されている。この一件は蝋

「能画猩々図屏風」（千代田区立四番町歴史民俗資料館寄託　三谷家資料）

燭町飴屋の忰と「小若者」二人が町内の鳶の頭へ酒三升を持っていったところ、これでは少ないと言われ喧嘩になったのだという。ここに山車の準備をめぐる、鳶と若者との交差する関係が示されている。

また同月一五日の祭礼当日には、「神田大明神御祭ニ付、大伝馬町、は組鳶之者、獅子之手子前（舞）きやり下手なりとて、小網町若者、本町丸角の前ニて悪く言候が口論の初めニて、是喧嘩の発端也。…（中略）…斯て同日夕方、は組鳶之者ハ、今日小網町若者の悪口を心外ニ存憤り、十四、五人言合せ、小網町壱丁目裏通り貝杓子店若者頭、川一寄を打こわし候積りニて押懸行候」として練物に主体的に参加する鳶と見物人である若者の喧嘩があったことを伝えているが、ここに祭礼の参加者と見物人という異なる立場での、鳶と若者との競合関係が明瞭に見出せるのである。

この他にも大工や鳶が経営する寄席に鳶・若者の他に役者・芸人などが出入りしている記事がしばしばみられることから、彼らの日常的な相互交流が窺えるとともに、その多くは寄席など室内文芸の社会を舞台にしていたことがわかる。つまり彼らは花会・名弘会や寄席を舞台にネットワークを構築し、それらの最大の表現の場が神田・山王などの祭礼であったのではないかと考えられるのである。また、祭礼ごとに刊行される「芸人名前帳」（資料編参照）をみていくと、氏子町域以外からも芸人たちが参加していることがわかる。

こうした検討から、祭礼の中心には鳶→地縁的に参加、若者→地縁性を有する傍観者、芸人（素人踊含む）→御府内から参加の三形態があり、これらの周囲に祭礼文化を享受する多くの江戸庶民があったとみることができよう。

ところで神田雉子町の町名主斎藤月岑は、『東都歳事記』六月二六日の相州大山参詣の項において、半纏に鉢巻・梵天の出で立ちで一丈（約三メートル）余の木太刀をかつぎ、法螺貝を吹く先達に合わせて「懺悔懺悔　六根清浄」と唱える人々について触れている。彼はここで「この事中人以下のわざにして、以上の人はなしといへり」として上層町人とは異なる江戸庶民特

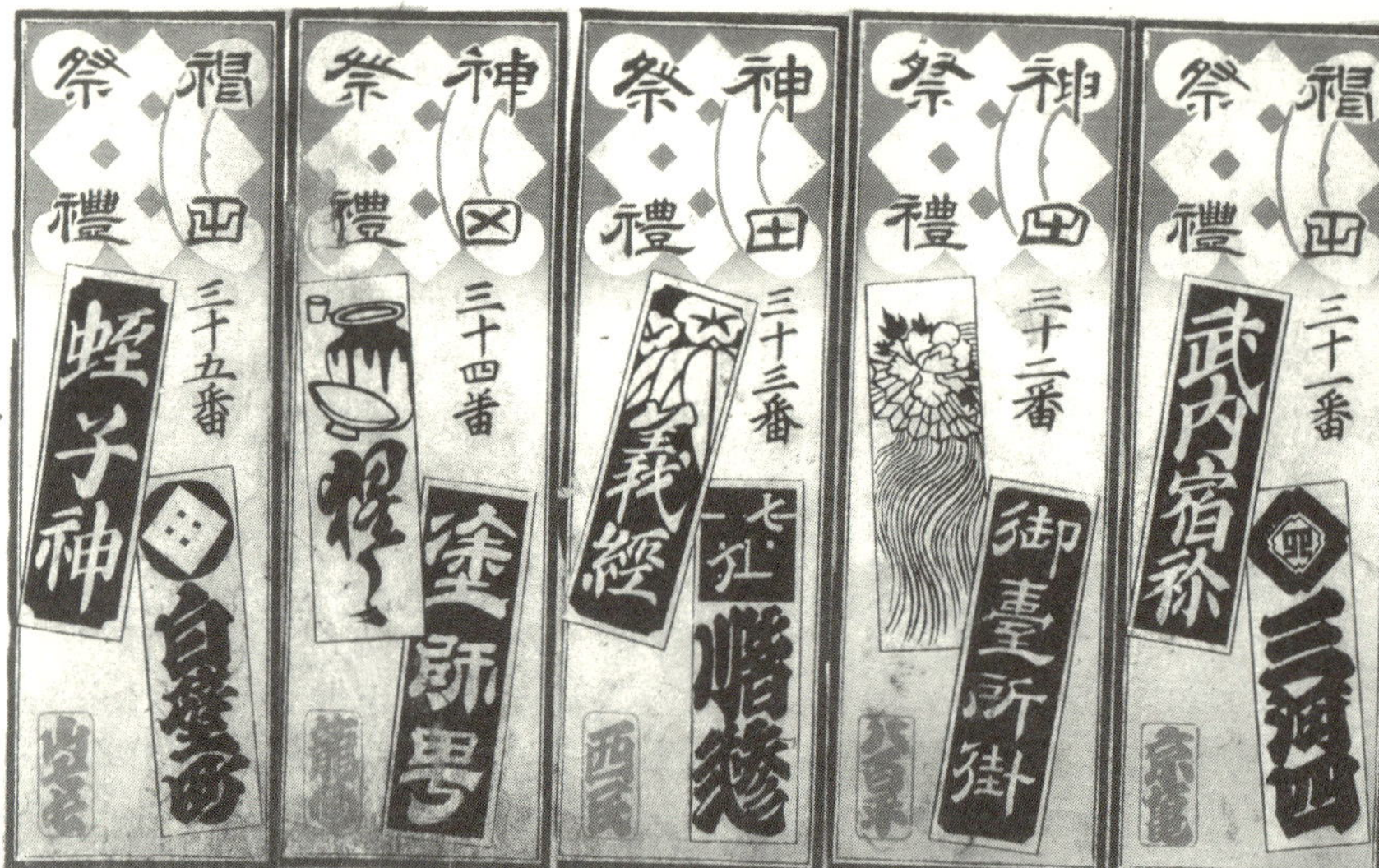

神田祭礼の連札（後藤禎久氏所蔵）。千社札の画題には、火消や祭礼に関するものが用いられることも多い。

有の習俗であることを記し、さらに「信の心をもって納受し給ふならん」と述べて、こうした行為が彼らの信仰心から来る行動様式であると位置付けている。彼らの大山詣の光景は錦絵にも度々描かれているが、侠気に満ちた職人の姿を彷彿とさせる場合が多い一方で、同書二月初午の項で彼は「千社参りと号して、稲荷千社へ詣るもの、小き紙に己が名所を記したる札をはりてしるしとす。此族殊に多し。何れも中人以下の態なり。」と述べていることに注目したい。これは千社札に興じる人々を示しており、彼らもまた大山詣に通底する独特の文化を築いており、ともに鳶を含めた職人に多く見られる傾向であったことがわかっている（拙稿「江戸庶民信仰の娯楽化―千社札をめぐって―」『関東近世史研究』第五四号）。

　以上みてきたように、江戸には家持・町役人のような町の構成員の中軸を担った上層町人と、彼らが「中人以下」と把握する中下層民の世界とが存在し、こうした文化の多重構造が最も可視化されるのが、天下祭の情景であった。そして中下層民内部でも鳶と若者のように、祭礼を自己文化の表現の場として競い合う特質が窺えるのである。

祭礼番附の見方

亀川　泰照

祭礼番附概観　祭礼番附は、往時の祭礼を考えるにあたり想像に頼るしかない私たちにとって、より豊かなイメージを与えてくれる。近世後期の江戸では、毎年のように出されていた出版物の一つだった。このような状況は、全国的に見て江戸だけで、もっといえば、神田・山王両祭礼がその代表だった。だから勿論、嘉永四年の祭礼番附も残っている（口絵、資料編参照）。ちなみに、この年の祭礼番附は、八種類もあったという。[1]

そもそも祭礼番附とは、行列の順番や行列への参加者などについて、事前に打ち合わされた取り決め通りに祭礼が行われているかどうかをチェックするため作成されたものである。[2] 町奉行所の与力・同心、あるいは町名主などは、番附と実際の行列を見比べながら祭礼を取り締まり、山車や附祭を出す町の方は、番附と相違なく執り行うように求められた。[3] もし、番附通りに行われなかったなら、「御叱り」が待っていた。[4]

本書「御用留」によれば、番附は、附祭の年番町の出銀で、絵草紙問屋・太田屋佐吉より二、九五〇冊が納品されており、要した費用は、七〇八匁二分四厘。[5] 試みに割り出してみると、一冊が約二分四厘となる。[6] ここで作成された祭礼番附は、八月二八日に祭礼取扱掛から町奉行所へ送られ、[7] さらに老中・若年寄等へ渡っていった。[8] この番附は横帳仕立てで、文字のみで行列を表現したものであった。[9]

こうして得られた情報により、絵草紙問屋が市販用の祭礼番附を売り出す。第三者が祭礼行列を事前に知り、対照させることができるという番附のもつ機能は、役人にのみ有効だったのではなく、祭礼を見物する者にとって、格好の案内になった。これらは絵入りで、二～三枚続きのものや（口絵）、浄瑠璃唄文句や芸人練子名前帳などのより詳細な附祭の情報を加え、絵本仕立てのものもあった（口絵）。板元の側からすれば、取材の手間はかからず、毎年、一定の収入を得られるという、まことにうま味のある出版物だったに違いない。

ある名物男の話　しかし、祭礼番附は、祭礼の事前に作成されたものである以上、実際の祭礼が必ずしも番附通りとはかぎらない。

例えば、祭礼番附と同様毎年祭礼に登場した次のような男がいた。[10] その名を茶利屋新吉といい、幇間であった。ある年の山王祭のとき、梅の立木に扮した茶利屋は、踊り子の子どもが「うめとさん、うめとさん」と唄い踊るのに合わせ、糸で枝を上下させていた。退屈だったのだろう、上覧所前で子どもたちが唄い踊りだすと、自分も「見事に咲いたぞや」などといいながら踊り出した。焦ったのは町役人だった。茶利屋のことは、番附に記載がない。とはいえ、上覧所前ということもあって、叱ることもできない。やがて上覧所前を通過し、ほっとしたのもつかの間、「梅木に御用なり」という声が。町役人はびっくり仰天。どんなお咎めを受けるのだろうかと肝を冷やすも、思いの外、「もう一度踊らせよ」との命だった。一同胸をなで下ろしたが、一方の茶利屋はというと、澄まし顔で踊っていたという。

祭礼番附からの逸脱　茶利屋新吉のように〝確信犯〟がいなくても、思わぬアクシデントによって祭礼番附の世界から逸脱してしまうという現実もある。

嘉永四年には、三五番・神田白壁町の恵比須の山車が、筋違御門外を引き回していた際に、車輪を折り、江戸城へ入るのが定時に間に合わなかった。(11) そこで詠まれた落首が次である。

車の輪 折れて前後もしらかべ(白壁)町
笑ふ恵びすも にがひかほ(苦い顔)する

また、二番の南伝馬町の岩に猿の山車を牽く牛が、上覧所前で突然暴れ出すという事故も起こっている。(12) やがて山車は壊れ、死者まで出たらしい。それでも城内に居座るわけにもいかない。しかたなく、鳶の者が猿の山車人形を担いで上覧所の前を通過したという。ここでもまた次のような落首が詠まれている。

きやつ〱と気をもんだとて是非もなし
牛ハ平気でのらりくらりと

こうした落首を見ていると、見物人たちが、祭礼番附からの逸脱もまた楽しんでいた姿が透けて見えてくる。役人たちが祭礼番附を現実の祭礼と一致しているかどうかという見方をしていたのに対し、案外、見物人は、違うところを探す、というような見方をしていたのかもしれない。

祭礼番附の中の行列　以上のような現実は、整然とした祭礼番附上の行列と趣きが異なる。祭礼番附とは、ちょうど逸脱をも楽しむ心もちでながめるべき代物かもしれない。一方、番附上の行列は、町触によって、町々山車は、番附之通、行儀よく並び、静に曳くように、とされていた上覧所前だけであったのかもしれない。(13) 何しろ、本書「御用留」によれば、常盤橋を出たところで解散し、山車をそのまま置いてってしまわないようにとの町触が出ているのだから。(14)

注

(1)「藤岡屋日記」第三四（資料編二四〇頁）。現存を確認している同年の祭礼番附としては、森屋治兵衛板（神田神社所蔵。口絵）、狩野文庫所蔵本（東北大学附属図書館所蔵）、太田屋佐吉板（東京都立中央図書館所蔵）、松坂屋金之助板（木下直之・吉見俊哉編『ニュースの誕生—かわら版と新聞錦絵の情報世界—』、東京大学出版会、一九九九年。七六〜七七頁）がある。

(2) 以下、祭礼番附の概要は、主に、前掲、木下直之・吉見俊哉編著に拠る。
(3) 『江戸町触集成』一六巻（近世史料研究会編、塙書房）、第一五五九六号。
(4) 『同前』九巻、一〇〇九五号。
(5) この点については既に、皆川義孝「嘉永四年「神田明神祭礼御用留」にみる神田祭」（『社寺史料研究』七、二〇〇五年）が紹介済み。
(6) 皆川義孝「御用留にみる嘉永四年の天下祭と刷物」（第一九回書物・出版と社会変容研究会報告レジュメ、二〇〇五年）より。
(7) 東京大学史料編纂所編『斎藤月岑日記』五（岩波書店、二〇〇五年）。
(8) 「神田祭礼一件」五（国会図書館旧幕府引継書）。『東京市史外篇第四、天下祭』（東京市役所、一九三九年、一〇八～一〇九頁）も参照。
(9) この番附の現物は、恐らく狩野文庫（東北大学附属図書館所蔵）のものと一致する。ちなみに、こうした横帳タイプの祭礼番附の表紙には、「禁売」と朱で摺られている。
(10) 「寝ものがたり」（森銑三・北川博邦編『続日本随筆大成』一一巻、吉川弘文館、一九八一年）。
(11) 以下、この話題については、「藤岡屋日記」第三四（資料編二四一頁）による。
(12) 同前。
(13) 弘化二年の町年寄から祭礼町々名主・月行事宛の申渡。牧田勲「神田明神祭礼留書」（『摂南法学』一五、一九九六年）より。
(14) 資料三三。

江戸の職人と天下祭

斉藤　照徳

天下祭をめぐっては、その準備過程を通してさまざまな経済活動が行われる。そのなかには、祭礼と密接に関わりあって成立している職業がある。ここでは、この「祭礼産業」とでもいうべき業種について、特に年番町が出す附祭に関連するものを取り上げ、天下祭というフィルターを通して見えてくる江戸の社会経済を概観しよう。

附祭の準備経費と品目

まずは、附祭の準備段階で年番町にどのような支出があったのかを「御用留」からみてみたい（附祭年番町の祭礼経費については皆川義孝「嘉永四年「神田明神祭礼御用留」にみる神田祭」（『社寺史料研究』七、二〇〇五）参照）。年番町の附祭における費用を書き上げた御用留資料番号（以下資料と略す）八五「附祭入用留書」には、「番附帳」の発行部数が二九五〇冊、経費が金にして一一両三分余りとある。ついで、「唄浄瑠璃文句三場所合帳」一八五冊、金二両三分余り、「芸人名前帳」二八六〇冊、金一三両一分余りが計上されている。

このうち番附帳とは、祭礼行列の構成が挿絵入りで解説されているパンフレットである。唄浄瑠璃文句三場所合帳は、附祭に参加する浄瑠璃語りの台本である（資料四二など参照）。芸人名前帳はその名の通り、附祭に参加する芸人の名鑑のようなものである。これらを町人や大名に事前に配布し宣伝を図るのである。

つぎに資料九一「祭礼取扱名主申渡書」に、附祭費用書上の雛形を見てみよう。この項目のなかに、「衣類・花笠・足袋・草履・扇子・目印手拭共」とある。資料九一では具体的な経費は分からないが、附祭の衣裳は、華やかに着飾られ、見物人を魅了した。

資料九七には、「出し印諸入用高」として、金一八四四両一分が計上されている。「山車」は祭礼行列の中でもっとも注目を集める花形であった。

では、これらの番附帳などの出版物・祭礼衣裳・「山車」に関わった職業とはいかなるものだっただろうか。

「縫箔屋」

祭礼衣裳に携わる職業としては「縫箔屋」が挙げられる。「縫箔屋」は、着物などに金銀などの色糸で縫い取り（刺繍）をする職人である。彼らの得意先は、附祭を出す町だけではなく、武家や商人といった富裕層全般である。また、「縫箔屋」は職人としての格式も高かったと思われ、見立番附「諸職人大番附」（三井文庫蔵）には、東方前頭の六番目に「ぬいはく師」とみえる。しかし、天保の改革以後の質素倹約令を受け、資料二三に「祭礼衣裳等（中略）重立候縫箔屋共方取調」とあるように、祭礼の際には、取調の対象となった。一般に、天下祭は天保の改革による質素倹約令を契機として縮小傾向にあったとされる。嘉永四年祭礼御用留にみられる、衣裳見分もその延長上のことであろう。

幕府は「高価」「華美」な衣類として、資料二一「町年寄申渡書」にあげられた「天鵞絨（ビロード）」「繻子」「金襴」「金糸」「（新規の）人形衣裳」を禁止した。資料二八「祭礼取扱掛名主申渡書」でも、三井越後屋・大丸屋などの呉服屋とともに縫箔師が祭礼取扱名主から呼び出され、祭礼に関する受注は請けず、依頼人の名前や居住地を確認するように申し渡している（資料二八解説）。

しかし、一方で、『絵本江戸風俗往来』には、「天保御改革以後は、祭礼に無益の費をすること厳制なりしも、木綿と偽り、絹布・縮緬を用い、摺込・摺画模様と申し立て、金襴を用いたるもおかしけれ」（「山王祭（一）」の項）とあり、木綿と偽って取締りをくぐり抜けて、贅沢な衣裳で飾り立てる町人のしたたかでたくましい姿も見られる。こうしたことからも、「縫箔屋」の「祭礼産業」としての強いつながりが確認できるのである。

「絵草紙問屋」

つぎに上げられるのは「絵草子問屋」である。資料三四・三五は番附・浄瑠璃文句唄本代金の証文である。この時は、合計金八両が神田鍛冶町の太田屋佐吉と八兵衛に渡されている。前述の「附祭入用留書」には番附帳と唄浄瑠璃文句三場所合帳が「太田屋佐吉払」として計上されており、あわせて約三〇〇〇冊、金一四両余り相当が刊行されたことになる。祭礼関係の印刷物は、毎年新規に刊行されるものであり、絵草紙問屋にとっても、年に一度の大口の定期的な収入源として計算に入っていたことだろう。

「山車」と様々な職人

そして、祭礼と切っても切れない関係にあるのが「山車」に関わる職人である。山車に掛かった経費は、資料九二「祭礼取扱掛名主差出書（附祭・山車入用）」によると、「金千八百四拾四両壱分　出し印諸入用高」とあり、一番から三六番までの祭礼町で、山車に一八〇〇両もの多額の費用がかかったことが書き上げられている。

『絵本江戸風俗往来』には、「当時出し師にて名高きは、法橋原舟月・法橋仲秀英なり。その以前は、古川徳山なんどなりしなり」（前出同）とある。ここにあげられた人物は、実は「人形師」といわれる職人である。三代目原舟月の作品は関東各地に残っており、名品と謳われる。二代目仲秀英も川越の山車などにその名を残している。山車の制作者としては彼らの名が残るが、山車はプロデューサーの役割を果たす人形師のみで作成されるわけではなく、衣裳師、彫刻師、車師などによる分業で成り立っていた。山車は、最も多くの業種を祭礼と関係付けた「祭礼産業」の中核といえるだろう。

山車は祭礼ごとに新規に作成されるわけではないが、度々引き渡されるうちに、修復や一部新調が必要なこともある。そのたびに、「祭礼産業」に多額の資金が投じられる経済構造が成り立っていたのである。

天下祭をめぐっては、様々な職業が関係して、活発な経済活動が行われていた。これらの「祭礼産業」が、町入用を圧迫したが、逆に町人を潤しもした。町人たちは天下祭の面目を保ち、かつ自分たちも附祭への参加を娯楽として、祭に資金を投じたのである。祭礼の華美化は町財政の圧迫と風紀の乱れを引き起こし、町政の停滞や社会不安を招きかねないとして、幕府を取締りへと向かわせる社会現象となったのである。しかし、言い換えれば、江戸の社会経済の一部に、「祭礼」を核とする経済構造が存在していたことは、間違いないであろう。

【参考文献】

『神田祭』東京市史外篇第四（一九三九）
『絵本江戸風俗往来』（東洋文庫五〇、一九六五、平凡社）
林英夫・芳賀登編『番附集成』上（一九七三、人文社）
千代田区教育委員会『千代田区文化財調査報告書十一　続・江戸型山車のゆくえ』（一九九九）
皆川義孝「嘉永四年「神田明神祭礼御用留」にみる神田祭」（『社寺史料研究』七、二〇〇五）

資料編

《資料編》

神田明神御祭礼附祭番附（嘉永四年、神田神社蔵）

板元の森屋治兵衛は、馬喰町二丁目で地本絵草紙問屋を営み、多数の絵草紙や浮世絵を出版するとともに、祭礼番附も手がけ、一時期その出版を独占した。嘉永四年の祭礼番附は、八種類もあったといわれる。森屋版の祭礼番附の中の行列は、右から左へ紙をまたいで表現され、上段から下段へと続いている。祭礼番附は、事前に作成されたものであり、実際の祭礼と異なる可能性もあるが、毎年趣向を変えていく出しや附祭の様子を今日に伝える。

資料編

人形の出し
五ばん 神田なべ丁 神功かう后人形の出し
六ばん 通新石丁 としとく神の出し
七ばん 神田すだ丁 壱丁め 住吉明神の出し
八ばん 同町二丁目 関羽人形の出し
九ばん れんじやく丁 松に舞づるの出し
十ばん 三河丁一丁目 僧正坊牛若の人形出し
上るり 富本豊前掾 同 豊紫太夫 同 宮戸太夫 同 佐和太夫 三味せん 名見崎友次 同 扇八 同 忠五郎
十三ばん 橋本町壱丁目 二見が浦の出し
十四ばん 同町二丁目 浦嶋人形の出し
十五ばん 佐久間丁壱丁目二丁目 籠宮の出し
十六ばん 同町三丁目四丁目 富松丁岩組 ぼたんの出し
十七ばん 神田久右衛門丁一丁目二丁目 花かご牡丹の出し
十八ばん 同田（多）丁 壱丁 石台ニ稲穂の出し
廿六ばん 新革壱丁 弁才天の出し
廿七ばん 小鍛治丁 一丁目二丁目 三条小鍛治出し
廿八ばん 元乗物町 石台ニ牡丹の出し
廿九ばん 横大工丁 岩組松竹梅の出し
三十ばん 雉子丁 かうらんに白きじの出し
三十一ばん 三河町四丁目 たけの内宿穂の出し
三十二ばん 明神下御だい所丁 石橋能人形の出し

■■ 獅子
■■■ 田楽 神馬
社家馬上
神輿
二社
行列
十一はんゆ嶋丁分 としま丁
金さハ丁
内 としま丁
むさしのゝ出し
湯嶋丁分
金ざハ丁
日本武の尊出し

十九ばん 同町二丁目
松ニ鈎
唐冠の出し
こま廻し 松井源弥
こまの曲 外二四人
枕の曲
二十ばん 永富
龍神の出し
松井源弥
外二四人
丁
むさしのゝ出し
関口
松ニ盃の出し
廿三ばん
神田明神
西丁
むさしのゝ出し
廿四ばん
新銀丁
岩組
牡丹の出し
廿五ばん
新石丁
壱丁目
戸がくし
明じんの出

三十二番
三十三番之間附祭
神田横大工町 同代地共
○春之学練物
万歳之学壱人
才蔵之学壱人
春駒之学六人
上るり
清元美代太夫 同 巴満太夫
同 喜代寿太夫
三味せん
同 順三 同 東三郎
同 清三郎
○夏之学地走
曾我十郎之学壱人
同 五郎之学壱人
女武者之学四人
右六人後引抜石橋之学
長うた
松永鉄五郎 吉住平次郎
松永安五郎 松永福松
三味せん
杵屋六蔵 同 六五郎
同 和三郎
○秋
冬之
学
俊成卿之学壱人
後引抜里神楽之学
侍女之学壱人
後引抜
女形

十二ばん 岩井丁
安宅の関
出し
拾二番
拾三番之間附祭
神田蝋燭町
同 関口町
○紅葉見之学
練物
紅葉の立木造物を冠り候男二人
若殿之学 女子供壱人
田舎侍之学 男壱人
茶道の学 男壱人
供奴之学 男壱人
腰元之学 女子供四人
上るり
常磐津文字千代
同 小 作
同 小ま吉
同 文字とせ
同 文字ちの
三味せん
同 文字廣
同 古とり
同 文字とも
○仕丁之学
地走
仕丁の学 男形七人
右引抜ニて布晒之学
六人は女形 壱人は男形
上るり
清元寿摩太夫
同 己喜太夫
同 千代太夫
同 米太夫
三味せん
同 市太郎
同 常次郎
同 蔵 助
○紅葉狩之学
二拾五番
二拾六番之間附祭
新石町
壱丁目
○神代之学練物
猿田彦之学壱人
後引抜茶屋女
仕丁学男形壱人
後引抜飛脚
同断男形四人
後脱
楽人之学 七人
上るり
常磐津咲太夫
同 小妻太夫
同 都満太夫
同 三都太夫
三味せん
同 文字八
同 八百八
同 三四郎
同 三 平
○鹿嶋踊之学
地走
神主之学壱人
仕丁之学壱人
鹿嶋踊之学
娘方五人
鹿嶋詣の学
女子供二人
供奴之学壱人
駕籠兒二人
三十三ばん 皆川丁
二丁目
三丁目
岩に汐くミ桶の出し
三十四ばん 神田塗師丁
猩々能人形の出し
三十五ばん 同白壁丁
ゑびすの出し
三十六ばん 松田丁
頼義人形の出し
上るり
常磐津三とせ太夫
同 三笠太夫
同 三浦太夫
同 登久太夫
三味せん
岸沢金蔵
同 三八
同 金八
同 式之助
森屋治兵衛板元

上野学園大学蔵「神田明神附祭芸人名前帳」　嘉永四年九月十五日

〔解題〕

正式には「神田明神附祭芸人練子名前付」とある。横帳。全九丁。表紙には「禁売」とある。附祭を出す町ごとに配列され、趣向ごと、その参加する芸人や練子の役割と名前、年齢、住所などが書き連ねられている。祭礼番附同様、事前に町側が作成し、町奉行所へ提出されて、祭礼取締りに用いられた。ここに記載がある者だけが、附祭に参加していることになっていた。いわば附祭への参加者名簿といえる。

記載されている芸人は、神田明神の氏子町を越え、江戸の全域から芸人が参加していたことがわかり、師弟関係を組み合わせとして、参加していた様子が窺える。幕末期の江戸の芸能資料としても貴重である。

（表紙）
「　辛亥九月十五日
三場所
神田明神附祭芸人練子名前付
（朱）禁売　」

神田蝋燭町
同　関口町

○紅葉見之学練物
神田蝋燭町
家主和助孫
鉄棒引　銀之助
十才
同新銀町
家主小兵衛娘
同　ぎん
十二才
亀井町金五郎店
半兵衛娘
若殿之学　ふさ
十三才
呉服町久八店
侍之学　伊之吉
三十二才
浅草南馬町新七店
茶屋之学　藤五郎
三十七才
深川八幡旅所門前弥兵衛店
安五郎事
奴之学　語楽
廿五才
橋本町四丁目
家持庄兵衛娘
腰元之学　いく
十五才
豊嶋町壱丁目吉右衛門店
忠右衛門娘
同　つる
十四才
南本所町嘉七店
新五郎娘
同　きち
十四才
神田花房町
家主新兵衛娘
同　ミね
十四才
豊島町三丁目吉蔵店
源次郎娘
後見　松本美穂
廿五才
本郷竹町伊三郎店
亀次郎娘くら事

浄瑠璃 常磐津文字美代
廿一才
柳原岩井町代地
安兵衛店嘉七娘
きん事
同 同 小作
廿二才
通壱丁目儀兵衛店
常吉娘つる事
同 同 小摩吉
十七才
神田蝋燭町和助店
熊次郎娘千代事
同 同 文字登勢
十六才
神田松下町二丁目
次郎兵衛店金蔵娘
てつ事
同 同 文字千野
十六才
同紺屋町三丁目代地
善右衛門店万吉娘
きく事
三味線 文字広
廿一才
同横大工町伊三郎店
和助娘つね事
同 古登理
十七才

本銀町二丁目政吉店
伊之助孫
もよ事
同 文字登茂
十九才
神明町七兵衛店
笛 住田勝五郎
品川歩行新宿権兵衛店
同 同 勝六
出雲町久助店
小鼓 望月鶴三郎
弥左衛門町清兵衛店
太鼓 同 太久次
池の端仲町久兵衛店
同 福原百助
木挽町三丁目佐七店
同 望月太幸
○仕丁之学地走
市ヶ谷田町壱丁目
宇右衛門店仙右衛門娘
仕丁之学 かね
十二才
小石川御掃除町
家主直次郎娘
同 たけ
十三才
永富町四丁目源次郎店

万吉娘
同 いく
十三才
神田関口町
家主伊兵衛孫
同 いそ
十三才
新石町壱丁目市兵衛店
権次郎娘
さだ事
同 中村翫枝
十五才
出雲町茂吉地借
伊左衛門娘
はる事
同 中村濱治
十七才
本町四丁目治兵衛店
清次郎娘
ゆう事
同 国吉
十七才
永富町四丁目源六店
万吉妹
後見 中村芝穂
廿五才
神田松下町二丁目
半六店甚右衛門事
浄瑠璃 清元寿摩太夫

同　岩附町惣七店　清次郎事　同　己喜太夫
同　上野北大門町友助店　金次郎事　同　千代太夫
同　四軒町常次郎店　藤兵衛事　同　米太夫
三味線　青物町甚吉店　同　市太郎
同　堺町吉兵衛店　同　常次郎
同　下谷御数寄屋町佐助店　同　蔵助
笛　新乗物町弥八店　住田鈴太郎
同　本所緑町二丁目新八店　同　政太郎
小鼓　浅草正行寺前五郎兵衛店　小西権兵衛
太鼓　永富町三丁目源六店　住田万吉
同　新乗物町弥八店　鈴太郎方同居　同　清七
同　皆川町二丁目宇兵衛店　同　瀧之助

○惟茂秋篠之学踊台

惟茂之学　神田鍋町家主甚吉娘　けい　十三才
秋篠之学　同鍛冶町壱丁目　家主彦四郎娘　なか　十三才
後見　本町壱丁目清右衛門店　甚右衛門娘　しづ事　中村翫仲　廿六才
同　小石川御掃除町　家主直次郎娘　ふぢ事　同　芝名　廿七才
浄瑠璃　米澤町三丁目惣兵衛店　午之助事　冨本豊前掾
同　同人悴保太郎事　同　豊紫太夫
同　通旅籠町五郎兵衛店　市太郎事　同　宮戸太夫
橘町四丁目吉兵衛店　源七事

同　同　佐和太夫
三味線　浅草猿屋町代地米吉店　名見崎友次
同　神田旅籠町壱丁目弁次郎店　同　扇八
同　深川永代寺門前久左衛門店　同　忠五郎
笛　内山町善七店　清住長五郎
同　芝濱松町壱丁目十兵衛店　住田兼松
小鼓　出雲町久助店　望月太十郎
太鼓　猿若町三丁目清蔵店　同　太喜蔵
同　山城町嘉兵衛店　同　太女吉
同　南茅場町重蔵店　福原百太郎
新石町壱丁目

○猿田彦仕丁楽人之学練物

鉄棒引　新両替町四丁目　三郎兵衛地借弥左衛門娘　と代　十八才
守山町家主清助娘

同　勢い
十八才
上野北大門町
平次郎店佐七娘
猿田彦之学　たま
引抜茶屋女　十七才
本町壱丁目清右衛門店
市左衛門娘
仕丁之学　とり
十二才
麹町十一丁目五郎兵衛店
清七娘
同　うた
十三才
同町久次郎店
吉兵衛娘
同　はま
十三才
神田塗師町忠兵衛店
栄五郎娘
同　ゐい
十三才
野嶋屋敷佐右衛門店
清八娘
同　よね
引抜三度飛脚　十四才
新材木町喜兵衛店
楽人　西川国次
十五才

新吉原揚屋町萬次郎店
清吉娘
同　なか
十六才
四谷伝馬町二丁目
勝五郎店徳兵衛娘
同　きせ
十五才
同忍町彦兵衛店
沢村小蝶妹
同　かま
十六才
元赤坂町代地
久蔵店吉兵衛娘
同　きさ
十六才
神田山本町代地
八平店皆川けん娘
同　西川千代
十六才
同町同人店
尾嶋いく娘
同　たま
十五才
神田山本町代地
八平店源太郎娘
後見　西川きん
十九才
四谷伝馬町二丁目

清兵衛店甚兵衛娘
はつ事
同　中村歌鶴
廿五才
市谷本村町
五人組持店大五郎事
浄瑠璃　常盤津佐喜太夫
大鋸町清兵衛店
喜三郎事
同　同　小妻太夫
岡崎町常吉店
栄次郎事
同　同　都満太夫
柳原岩井町代地安兵衛店
藤助事
同　同　三都太夫
桶町壱丁目松五郎店
亀太郎事
三味線　同　文字八
五郎兵衛町勘兵衛店
音吉事
同　同　八百八
本銀町壱丁目平次郎店
重三郎事
同　同　三四郎
市ケ谷田町四丁目新蔵店
兼吉悴
同　同　三平
神田紺屋町二丁目徳兵衛店

笛　皆川勘吉
同人方同居
同　住田勝八
猿若町三丁目久右衛門店
小鼓　望月太喜蔵
同町新助店
望月太左衛門方同居
大鼓　同　太市
神田山本町代地八平店
皆川源太郎悴
太鼓　同　三津太
本郷春木町壱丁目
弥助店
同　皆川源次郎
○鹿嶋踊之学地走
浅草高原屋敷
利兵衛店吉五郎娘
神主之学　とく
十六才
同黒船町与三次店
松兵衛娘
仕丁之学　さわ
十七才
同南馬道町藤次郎店
玉吉娘
鹿嶋踊之学　さと
十七才

北本所表町
家主勘七娘
同　はま
十五才
同町吉兵衛店
常三郎娘
同　たき
十六才
本郷春木町弐丁目
勇八店八重娘
同　くに
十六才
浅草花川戸町栄蔵店
由次郎姉
同　たけ
十六才
柳原岩井町代地
常次郎店粂吉娘
鹿嶋詣娘形　さと
十二才
本銀町壱丁目重蔵店
松賀ふち娘
同　つや
九才
山谷浅草（ママ）町長兵衛店
元吉娘
同　ミね
十一才
浅草東仲町徳次郎店

善左衛門娘
ミね事
後見　西川巳根吉
十七才
神田佐久間町三丁目
次兵衛店幸吉娘
こま事
同　駒吉
十八才
南鞘町弥兵衛店
飴売之学　文太郎
同人方同居文次郎事
同　文車
下谷坂本町壱丁目忠蔵店
十五郎弟丑松事
旅侍之学　福太郎
堀留町二丁目亀七店
同女之学　調作
浅草田原町二丁目忠助店
亀太郎方同居
供奴之学　梅玉
浅草寺地中寿徳院地借
久七店伊三郎悴
銀次郎事
駕籠舁之学　銀蝶
赤坂裏伝馬町吉兵衛店
巳之助事
同　植ミの
横山町三丁目伝八店

浄瑠璃　喜三郎事　清元家内太夫
元飯田町松兵衛店延吉事
同　同　美佐太夫
浅草北馬道町佐兵衛店
松次郎事
同　同　伊尾太夫
湯嶋天神下同朋町
忠蔵店金次郎事
同　同　吾妻太夫
神田鍛冶町二丁目平兵衛店
同　同　一寿
三味線　新両替町三丁目
源次郎店
同　梅次郎
神田冨松町藤兵衛店
同　同　菊次郎
本郷春木町二丁目勇八店
八重娘
わか事
長唄　杵屋若安
十九才
浅草三間町平兵衛店
市五郎娘
同　同　たき
十八才
駒込浅嘉町五人組持店
喜兵衛妹
こと事

三味線　同　六琴
廿一才
小石川戸崎町五人組持店
蟻次郎娘
たけ事
同　同　琴吉
十四才
北本所表町勘七店
小鼓　福原百十郎
同町同人店
大鼓　同　文蔵
浅草聖天町染吉店
太鼓　同　文左衛門
南本所荒井町茂兵衛店
同　同　寅吉
本郷二丁目喜兵衛店
同　同　佐次郎
猿若町三丁目太左衛門店
笛　梅屋平之助
同町彦左衛門店
同　住田勝六
○神代岩戸之学踊台
新石町壱丁目作兵衛地借
嘉兵衛忰
鉄棒引　長太郎
十一才
龍閑町元地伊兵衛店

同　松五郎忰　伊太郎
十才
永富町壱丁目官十郎店
藤吉娘
戸隠之学　まん
引抜田舎男　十五才
浅草三間町勘右衛門店
亀吉娘
宇須女之学　そめ
引抜田舎女　十三才
駿河町太兵衛店
伝五郎娘
ゆう事
後見　松賀藤栄
廿九才
本銀町壱丁目重蔵店
松賀於藤妹
同　ふき
十九才
浅草材木町宇兵衛店
長唄　芳村孝次郎
同南馬道町銀次郎店
同　同　孝十郎
同材木町宇兵衛店
孝次郎方同居
同　同　孝吉
大伝馬町壱丁目吉兵衛店
同　同　伊千三郎

三味線　池之端仲町太郎兵衛店　杵屋六三郎
同　下谷茅町二丁目良助店　同　長四郎
同　池之端仲町太郎兵衛店　六三郎方同居　同　六勝
同　上野元黒門町伊兵衛店　同　六枡
笛　品川歩行新宿二丁目　勝次郎店　住田勝次郎
同　同人方同居　同　勝之助
大鼓　道有屋敷清八店　太田安五郎
小鼓　同人方同居　坂田重次郎
太鼓　浅草天王町久七店　坂田金次郎
同　亀井町庄兵衛店　太田金蔵
大太鼓　神田紺屋町三丁目吉兵衛店　坂田萬吉

○春の学練物　神田横大工町

神田横大工町
鉄棒引　家主金次郎娘　きん　十四才
同　同町同人店平次郎娘　もと　十五才
萬歳之学　小日向水道町嘉助店　善左衛門娘　かめ　十五才
才蔵之学　本郷元町吉五郎店　太兵衛娘　はる　十五才
春駒之学　小日向水道町吉五郎店　金兵衛娘　こう　十五才
同　湯嶋切通町喜兵衛店　善助娘　あい　十六才
同　宇田川町半兵衛店　安兵衛娘　ひで　十四才
同　南小田原町壱丁目　喜三郎店徳兵衛娘　よね　十五才
同　市谷田町壱丁目　儀兵衛店三五郎娘　はつ　十五才
同　神田新銀町庄太夫店　弥兵衛娘　つる　十三才
後見　湯嶋六丁目安兵衛店　平八娘　はる事　坂本三春　十八才
浄瑠璃　元飯田町忠兵衛店　粂次郎事　清元美代太夫
同　室町三丁目平助店　政吉事　同　巴満太夫
同　浅草田町壱丁目善兵衛店　清吉事　同　喜代寿太夫
三味線　神田紺屋町三丁目茂兵衛店　伊之助事　同　順三
同　同白壁町治兵衛店　同　東三郎
浅草花川戸町善兵衛店

同　同　清三郎
芝中門前壱丁目太兵衛店
笛　住田勝七
新両替町藤七店
同　清住松之助
弥左衛門町弥三郎店
小鼓　望月長三郎
八丁堀澪杭屋敷七兵衛店
大鼓　福原勝吉
猿若町三丁目忠兵衛店
太鼓　望月金之助
出雲町茂吉店
大太鼓　同　升蔵

○夏之学地走

南槙町弥八店正助娘
ゑゐ事
曽我十郎之学　中村登栄次
引抜石橋之学　十八才
楠町二丁目佐吉店政次郎娘
たか事
曽我五郎之学　同　小多か
同　十七才
小石川諏訪町勘助店
由兵衛娘
くし事
女武者之学　坂東三江吉
同　十七才

芝神明門前喜兵衛店
幸吉娘
同　同　しま
同　十六才
三河町三丁目裏町
勘次郎店忠兵衛娘
同　せい
同　十六才
浅草山川町平蔵店
熊五郎娘
同　ぬい
同　十六才
下谷御数寄屋町甚兵衛店
平八娘
後見　西川てつ
廿八才
同人娘
同　同　やゑ
十七才
神田松永町宗七店
長唄　松永鉄五郎
三河町三丁目裏町
勘次郎店
同　吉住平次郎
深川亀田町善八店
同　松永安五郎
神田松永町宗七店
鉄五郎方同居
同　同　福松

浅草元鳥越町彦八店
三味線　杵屋六蔵
右六蔵方同居
同　同　六五郎
右同断
同　同　和三郎
新両替町三丁目藤兵衛店
笛　清住長次郎
南紺屋町次郎吉店
同　同　勝次
新両替町四丁目半兵衛店
小鼓　望月太之助
八丁堀北紺屋町伊三郎店
太鼓　同　定次郎
弥左衛門町太七店
太鼓　梅屋清次郎
岡崎町常吉店
大太鼓　望月金蔵

○秋冬之学踊台

神田鍛冶町壱丁目
源蔵店松五郎娘
俊成卿之学　きん
十三才
引抜里神楽豊作踊之学男形
本町二丁目栄蔵店
清次郎娘
侍女之学　てつ

引抜里神楽豊作踊之学女形　十一才
後見　神田横大工町□助店　藤間多津
三十二才
同鍛冶町壱丁目
新八店勇次郎娘
同　いせ
十八才
牛込牡丹屋敷
家主仁兵衛悴
清（ママ）次郎事
浄瑠璃　常盤津三登勢太夫
神田鍛冶町壱丁目
藤吉店市太郎事
同　三笠太夫
湯島五丁目善左衛門店
金次郎事
同　三浦太夫
神田鍋町西横丁甚兵衛店
久次郎悴徳次郎事
同　登久太夫
浅草黒船町藤兵衛店
三味線　岸沢金蔵
小石川金杉水道町
文平店
同　同　三八
鍋町二丁目佐助店
同　同　金八
常盤町安兵衛店

同　同　式之助
本郷壱丁目伝吉店
笛　住田清助
浅草幡随院門前源蔵店
同　住田金次郎
神田明神下同朋町
庄次郎店
小鼓　太田市十郎
湯嶋横町藤兵衛店
大鼓　同　市次郎
浅草金龍山下瓦町
長七店
太鼓　福原文左衛門
神田松永町治三郎店
同　同　吉之助
湯嶋玄桂屋敷半七店
大太鼓　六郷新次郎

東京都公文書館所蔵『藤岡屋日記』嘉永四年九月（抜粋）

筆録者藤岡屋由蔵は外神田の御成道で古本屋を営むと同時に、江戸市中の風聞を丹念に記録した人物である。その内容は文化元年（一八〇四）から幕府瓦解の慶応四年（一八六八）に及んでいるが、本書ではこのうち、嘉永四年の神田祭礼に関する記事を収録した。

ここには祭礼の準備をめぐる様子や、鳶と若者が争うさま、そして祭礼番附の詳細などが記されている。

九月九日

神田蝋燭町ニて、若者と鳶之者との喧嘩ニて打こわし一件

永冨町四丁目板新屋
若者頭　家根屋　已之助
鍋町頭新右衛門子分
相手　鳶者　金太郎

右今年蝋燭町・関口町祭年番ニ付、町内へ出し小屋掛候ニ付、鳶之者ハ東神田より大勢参り候処ニ、仕事之事ニて家根巳のと金太郎と口論を致し、是か喧嘩ニ相成、昼過頃之事なるか、東神田鳶之者大勢ニて押懸来りて、家根巳（之カ）と外二軒こわす、一軒ハ間違ニて三軒こわし候よし、夕方頃又々押懸来ルとて、近辺ニてハ挑灯を取込、残らず戸を〆候由、是ハ家根屋と鳶之者、仕事之事ニて意趣之義有之、家根屋出し小屋の家根を葺て居り候処へ、下へ鳶の者、立派ニ仕度致してか、ごうせひに極まつたなといへハ、鳶のもの、手前達の様なしミつたれとハ訳か違ふは、なぞと言、家根や、たわ事をいふと小便をしかけるぞと、仕懸て見ろと言故、上より小便をひよくり候故ニ、鳶者立服致し、家根へ階子を上り候処を、上より是をなぐり落し候故ニ、是喧嘩の発端なりとも。

一、又蝋燭町飴屋の悴、外ニ二人小若者出来候ニ付、町内の鳶の頭へ酒三升遣し候処に、あまり少きとて是を返し候よし、右ニ付て若者と鳶者喧嘩ニ相成候て、若者頭の家根巳之をこわし候よし。

一、十日夜、角ひらニて中（仲）直り、西東鳶之者金拾両、家根屋ニて金五両、一番組跡四組ニて金五両、〆都合金二十両集候也。

九月十二日

牛込改代町万之助店
湯屋万助
御成街道　鰻屋
田中庄左衛門

九月十三日

今宵は十三夜、殊ニ神田祭礼前ニて客人込合候処ニ、夜五ツ半頃より年頃廿七、八才ニ相成候御坊主躰ニて立派の御客来り、壱人ニて鰻蒲焼・とぜう鍋焼等、金壱歩二朱程いださせ、と（土カ）産を三包程致させ、とせう鍋の残りのつ

ゆを灰吹へ打まけ、是も懐中致し、二階ニも外の客人有之候得共、いつ之間ニやら逃行けり、草履ハ町内番太郎ニて新敷福草履を買て踏て来ル也、一向ニ土もつかず。

　御坊主と見せてぬらりと逃たとて
　　すへはうなぎのやふに切らるゝ

右鍋も、唐銅ニ候間、金弐朱の損毛也、雪駄ハ懐中致し、福草履を買候由、喰逃ハ無是非も事ニ候得共、鍋を盗ミ雪駄を懐中致し候根生、浅猿次第也、御坊主ならハ有間敷仕打也、始終ハ馬の上なるべし。

　猿知恵を出して鰻をさらつても
　　やがておのれに罪がくま鷹

十四日ハ御祭礼の夜宮ニて客人多、夜通し商内致し、蝋燭斗りも壱貫弐百文ともし候よし。

　右掘（堀）之内道、毒饅頭ニ同しき咄し有之。

亥年六月大暑之折節ニ、甲州教来石より甲府江通行致候反物商人、右往来之内字四ツ家、赤坂、今井と申処有之、然ル処ニ町人躰の男ニて紺縞の上布の帷子、御納戸葛織の合羽を着服［　］（ムシ）シ、右之両人道連ニ相成候、商人ハ度々通行致候故、勝手も宜存居り候故、赤坂ニ明家ニて、作物置ニ相成候家有之、炎天故ニ是ニ入て暑をさげ休ミ候処、連の旅人懐中薄荷入の菓子を出し、自分も是を用ひ水をのミ、商人ニも進め候故、是を給候て其処を出候処ニ、途中ニて頻ニねむく相成候故、道ニて少々休ミ候処ニ、前後正躰無之、其砌往来ハ壱人も無之故、右之旅人、懐中の金子七十両程取出し、風呂敷包之内より宜敷処の反物七反引抜取、跡をくらまし逃去候よし、然れ共、右之者ハ正躰無之候ニ付、村之者是を見付、医師よ薬よと大騒き致し候ニ付、正気付候得共、右金子品物紛失ニ付、右之趣早速甲府御代官福田八郎右衛門御役所江御届ニ相成候よし。

九月十五日

　神田大明神御祭礼番組

棒突・太鼓・御幣・御榊・社家馬上・神馬・社家馬上・長柄・
小旗十本
壱番・鶏太鼓出し　大伝馬町
弐番・岩ニ猿　南伝馬町
三番・翁人形　神田旅籠町
四番・和布苅　同町二丁目
五番・神功皇后　神田鍋町
六番・歳徳神　通新石町
　外ニ御雇　本材木町四丁分
　　太神楽　新肴町
　　　弥左衛門町
七番・住吉大明神　須田町壱丁目
八番・関羽人形　同　二丁目
九番・松ニ舞鶴　連雀町
十番・僧正坊・牛若　三河町［　］（ムシ）丁目

　神輿一之宮行列

長柄・社家馬上・太鼓・獅子・田楽・社家馬上・御鋒・社家馬上・神馬・社家馬上・御太刀・社家馬上・御太刀・社家馬上・長柄・鼻高面・御幣・素襖着大拍子・神輿・社家馬上。

　同二之宮行列

鼻高面、御幣、素襖着大拍子、神輿、社家馬上、白張着・
素襖着神主、社家馬上、長柄、突棒。

拾壱番　武蔵野出し　豊島町
湯島町分
金沢町

日本武尊出し　豊島町
湯島町分
金沢町

拾二番　安宅の関　岩井町
神田蝋燭町
附祭　同関口町

紅葉狩と認候幟壱本
鉄棒曳二人　同　男子供壱人
女子供壱人
紅葉之立木造物を冠候男二人　男三人
紅葉見之学、練物　女子供五人
内
若殿学、女子供壱人、木脇差を帯。
田舎侍之学、男壱人、木大小ヲ帯。
木造之刀を持。
茶道之学、男壱人、木大小を帯。
供奴之学、男壱人、木脇差を帯。
紅葉の折枝ニ瓢簞を付、担く。
腰元の学、女子供四人、紅葉折枝持。
右之八人所作仕候、後見女壱人、囃子方十四人、女八人、
男六人かつぎ、日覆壱荷。

仕丁の学、地走り踊女子供七人
内
仕丁の学、男形四人、烏帽子を冠り紅葉の折枝を持。
同断三人ハ烏帽子を背負、内壱人ハ紅葉の折枝ニ酒樽
を付候を持、壱人ハ銚子、壱人ハ盃を持。
右七人、引抜ニて布晒之学ニなり、内六人ハ女形、布
碪を持、壱人ハ男形、碪を特。
右七人、所持仕候。
後見女壱人、囃子方十三人。
かつき日覆壱荷、土手を画候引台三枚。
紅葉狩之学、踊女子供二人
内
惟茂之学壱人、狩衣差貫を着、烏帽子を冠、紅葉の折
枝を持、後ニ引抜ニて田舎男の形、木の葉掻の学ひ、
熊手井あや竹を持。
秋篠之学壱人、下ケ髪鬘烏兜を冠、羯鼓を付、鬼女の
面并撥を持、後引抜田舎娘形、竹箒・あや竹を持、後
見女二人、囃子方十三人、踊台壱荷、かつき日覆壱荷、
警固廿四人、世話役六人、荷ひ茶屋二荷。

十三番・二見浦　橋本町壱丁目
十四番・浦島人形　同　二丁目
十五番・龍宮　佐久間町壱丁目
二丁目
十六番・岩組ニ牡丹　佐久間町三丁目
四丁目
富松町
十七番・花籠ニ牡丹　神田久右衛門一丁目

二丁目

十八番・石台ニ稲穂　神田多町壱丁目

十九番・松ニ釼唐冠　同町　二丁目

外ニ御雇　南本所元町

こま廻し壱組　仕手　源弥

こまの曲　悴　直吉

弟子　源造

同　甚之助

枕の曲　同　力蔵

世話役并手伝廿七人

二十番・龍神　永富町

廿一番・武蔵野　神田竪大工町

廿二番・松ニ盃　蝋燭町・関口町

廿三番・武蔵野　明神西町

廿四番・鶴岡鳥居鶴　新銀町

廿五番・戸隠明神　新石町壱丁目

附祭り

神代之学と認候幟壱本

持人白張着、鉄棒引、女子供二人

神代学練物、女子供十三人

内

猿田彦の学壱人、烏兜を冠、造物釼を持、装束直垂大口を着、襟へ天狗の面を懸、木太刀を□、足駄を履、後引抜、茶や女の形、団扇を持、道化面を冠。

仕丁之学、男形壱人、烏帽子ヲ襟江掛、桃の枝へ面を付候を持、後引抜、飛脚の形、状箱を懸、木脇差を帯、福女の面を冠、同断男形四人、烏帽子を襟へ懸、榊の枝を待、後肌脱。

楽人之学七人、児髷、烏兜を襟へ懸、装束直垂差貫を着、木短刀を帯し、楽器を待、管絃練歩行、右女子供十三人共、所作仕候。

大太鼓一ツ、持人白張着。

後見女十三人、囃子方十三人。

かつぎ日覆壱荷、引台三枚。

鉄棒引、男二人。

鹿島踊の学、地走　女子供十人
男　七人

内

神主之学壱人、烏帽子を冠り、直垂緇袴を着、木太刀を佩、中啓扇・鈴を持。

仕丁之学壱人、烏帽子を冠、白張着、からす万　度を持。

鹿島踊の学、五人娘形、襟へ烏帽子懸、白張を着、手大鼓・扇ヲ持。

右七人、所作仕候。

鹿島詣之学、女子供二人、花笠を持、同壱人花笠を持、練歩行候節ハ造花付候駕籠へ乗。

供奴の学、男壱人、木脇差を帯、造物両掛を担、　駕籠舁同二人、息杖持。

鎗持の学、同壱人、木大小を帯、扇・笠・手拭持。

同女の学、笠・杖・手拭を持。飴売之学、男壱人、飴荷を担、三味線を弾、道化唄をうたひ申候。

同断、男壱人女形、四ツ竹を持。

右女子供十三人共、所作仕候。

後見女十人、噺子（囃子）方十八人　男十四人女子供四人。

神代岩戸之学、踊女子供二人。

内

戸隠明神の学壱人、下ケ髪之鬘、装束縊袴を着、木釼を帯、造物岩を持、後引抜、田舎男ニ成、造物臼を置、麦春之学、手杵を持。

宇須女之学壱人、下ケ髪之鬘、花簪を差、緋の袴を着、并榊の造技を持、後引抜、田舎女の後見女二人、囃子方十二人。

踊台壱荷、かつぎ日覆一荷。

警固十五人、世話役十五人、荷ひ茶屋三荷。

廿六番・弁財天　新革屋町

廿七番・三条小鍛冶　鍛冶町 壱丁目 二丁目

廿八番・石台牡丹　元乗物町

廿九番・岩ニ松竹梅　横大工町

三十番・勾棟ニ白雉子　雉子町

三十一番・武内宿禰　三河町四丁目

三十二番・石橋能人形　御台所町

附祭り　撒大工町

同代地共

四季之見立と認候幟壱本

鉄棒引、女子供二人

春の学、練物女子供八人

内

女万歳之学壱人、素襖を着、烏帽子を冠、中啓之扇を持。

女才蔵の学壱人、素襖を着、侍烏帽子を冠り、鼓を持。

春駒の学六人、造物春駒を持。

右八人共、所作仕候。

後見女壱人、囃子方十二人

かつぎ日覆壱荷、鉄棒引男二人

夏の学、地走踊、女子供六人

内

曽我十郎の学壱人、籠手・臑当・着込を着、木大小を帯、竹の子笠并菖蒲の造花持、後引抜ニて石橋之学、四天を着、扇獅子・麻苧・紅染の赤熊を冠り、牡丹の造花を持。

曽我五郎の学、着附前同断、木大小帯、持物同断、後引抜ニ成、前同断。

女武者の学四人、籠手・臑当着込、四天を着し、張抜陣笠并菖蒲之造花を持、後引抜ニ成、前ニ同断。

右六人、所作仕候。

後見女二人、かつぎ日覆一荷。

引台三枚、岩組石橋の造物牡丹之花を取付。

秋冬の学、踊女子供二人

内

俊成卿野路玉川萩遊覧之学壱人、狩衣・差貫を着し、烏帽子を冠り、短冊と中啓扇を持、後引抜、冬之見立、里神楽之学、男形山茶花之造花を持、手太鼓・撥を持。

侍女之学壱人、白絹之白張を着し、木太刀を持、後引抜ニて女形ニ成、山茶花之造花を持、手太鼓・撥を持、後見女二人、囃子方十五人、踊台壱荷、かつぎ日覆壱荷。

警固十二人、世話役六人、荷ひ茶や三荷。

三十三番　烏帽子汐汲　皆川町 二丁目 三丁目

三十四番　猩々能人形　　神田塗師町
三十五番　恵比須神　　同　白壁町
三十六番　頼義人形　　松田町
以上
右浄瑠璃・長唄・三味線囃子之分　　蝋燭町
関口町

一、紅葉の学
浄るり常盤津文字美代、其外四人
三味線文字広、其外二人
笛・小鼓・太鼓共六人
仕丁之学、地走
浄るり清元寿摩太夫、其外三人
三味線清元市太郎、其外二人
囃子方六人
惟茂秋篠の学踊台
浄瑠璃富本豊前掾、其外三人
三味線名見崎友次、其外二人
囃子方清住長五郎、其外五人

一、猿田彦仕丁楽人之学　　新石町壱丁目
浄瑠璃常盤津佐喜太夫、共外三人
三味線常盤津文字八、共外三人
囃子方七人
鹿島踊の学、地走
浄るり清元家内太夫、其外三人
三味線同一寿、其外二人
長唄杵屋若安、同たき
三味線同六琴、同琴吉、囃方七人
神代岩戸の学、踊台
長唄芳村孝次郎、其外三人
三味線杵屋六三郎、其外三人
囃子方住田勝次郎、其外六人　　横大工町

一、春の学、練物
浄瑠璃清元美代太夫　　巴満太夫
喜代寿太夫
三味線同順三、外二人
囃子方六人
夏の学、地走
長唄松永鉄五郎、其外三人
三味線杵屋六蔵、其外二人
囃子方六人
秋冬之学、踊台
浄るり常盤津三登勢太夫、其外三人
三味線岸沢金蔵、其外三人
囃子方七人

新石町壱丁目浄るり
長唄　外題
神勇千代幣　　常盤津連中
鹿島踊姿出来穐　　清元連中
其往昔神代睦言　　長唄連中
但し、附祭り之帳面ハ森屋・太田屋二軒ニ候得共、
御祭礼番附ハ都合ハ板出来致し候。

九月十五日
神田祭礼之節出し折候事
一、三十五番・恵比須の出し　白壁町
右出し、今朝筋違御門外加賀原迄引出し候処ニ、此所ニて車輪折ル也、右輪を取替、遅刻して引出ス也。
車の輪折れて前後も
しらかべ町笑ふ恵ひすも
にかひかほする
一、第二番・岩ニ猿の出し　南伝馬町
右之出し、上覧所前ニ待居り候内、牛騒き出し、車の手折て、後ろへひつくり返り、怪我人有之、太鼓打の唐人、股をそぎ大怪我致し、後ニ死し候由、上覧所ハ猿斗鳶之者かつぎて通ル也、夫より外へ出候処に、外聞悪敷とて、大伝馬町ニて是を直し、牛ニて引出し、夕七ツ時前ニ町内江帰ル也。
きやつ〳〵と気をもんだとて
是非もなし、牛ハ平気で
のらりくらりと
右前表ニて、前日ニ牛騒ぎて銀座迄逃出し候処を、漸々引返し候由。
一、二十二番　松ニ盃の出し　蝋燭町
関口町
右之出し、飯田町中坂上ニて車の手折、返し候なり。
まつ内に盃出して呑かけて
こゝろせきぐちあしハろうそく
右出しの三本折れ候事も珍敷事ニて、是丈喧嘩の可出来瑞相と、後ニぞ思ひ知られけり。

同日、千住宿ニモ喧嘩有之候由。
一、是ハ、毎年九月十五日、千住氷川大明神祭礼ニて神輿出候処、今年神輿出候処ニ、三丁目・四丁目之若者大喧嘩致し、三人即死、目玉・はらわた飛出し候などと、大評判致し候得共、実ハ手斧ニて三人切候得共、三寸余之疵ハ無之候よし。
御検使之上、十八歳ニ相成候若者壱人罷出申候ハ、私壱人ニて三人ニ手を負せ候由名乗出て入牢致し候由、是を敵も味方も感心致し、相手方より早速御免願ひ致し、内済取結候よし。
どつちらが理だかひかわか
知らねどもやふ了簡を
三四たとほめ

嘉永四亥年九月十五日
神田大明神御祭礼ニ付、大伝馬町、は組鳶之者、獅子之手子(古)前きやり下手なりとて、小網町若者、本町丸角の前ニて悪く言候が口論の初めニて、是喧嘩の発端也。
喧嘩発頭人
小網町若者
川一の忰
は組鳶之者
治郎兵衛
人形町万久裏、纏持
辰五郎
右御祭礼常盤橋御門を出、本町通錬候節、小網町若者共、本町丸角前へ見物ニ出居り候処、御輿獅子之きやり下手なりと悪くち申候処ニ、是をは組鳶の者聞咎メ候処、何のどぶさらい共が、きいた風だと申候が口論の始メニて、双方取合ニ相成候得共、仲人入て其場ハ無事にて相済候よし。

一、斯て同日夕方、は組鳶之者ハ、今日小網町若者の悪口を心外ニ存、憤り、十四、五人言合せ、小網町壱丁目裏通り貝杓子店若者頭、川一寄を打こわし候積りニて押懸行候処ニ、若者兼て覚語(悟)致し居候事故、大勢詰居候処へ、鳶者押懸行候得共、こわす所か却而返り打ニ出合、大勢ニ打のめされ、すごく逃帰り候処ニ、小網町若者共、どぶさらいに町内へ踏込れてハ外聞悪敷とて、直ニ壱丁目・二丁目若者三、四十人ニて跡追欠行けり。

一、斯而、小網町若者ハ人形町へ押懸来り、兼而発頭人ニ候間、人形町飯屋裏頭治郎兵衛ハ、万久裏纏持辰□□ニ軒を打ちこわし候処ニ、鳶者ニ支へ候者も壱人も無之、相手無之候ニ付、皆々引取帰り候。

一、十五日夜、は組ハ十分の不覚故ニ是を残念ニ思ひ、一番組、外三組、い・よ・に江触を廻し候ニ付、外組残らず其夜町内へ勢揃致し、長鳶持出、長半天其外得もの引提て、早押出んとひしめきて勇ミ進んて詰懸たる、其勢ひこそ目覚しけれ共、誰壱人抜懸致す者もなく、いたづら其夜を明しけり。

一、十五日夜、小網町ニても此風聞を承り、兼而覚語(悟)之事ニハ候得共、一番四組揃て押懸来ル時ハ事六ケ(難)敷と、船頭の無法者共の内にも楠・真田にも劣らぬ軍師有之候と相見へ、近辺の漆喰屋より石灰俵を取寄、川一の家根へ上ケ置、近辺の湯屋より小桶・留桶を取集メ置、一番組大勢町内江押懸来り候節、皆々二階ニ隠れ居り、家根へ出て、是をふりちらし、目潰しニ致し候用意致し置、又舩(船)のあゆミ板を数多取寄置、家根へ上ケ置、是を大勢の中へ投落し候積りの謀事用意致し置、討手遅しと待懸たり、防戦用意万端調ひ候得共、是を聞おぢ致し候哉、敵壱人も来らねハ、むなしく其夜を明しけり。

一、十六日、昨夜より一番組中鳶者ハ町内々へ勢揃致し居り候得共、小網町江押懸行候者ハ壱人も無之、夜を明し候処ニ、此風聞諸方へぱつと致シ候故、江戸中惣頭取仲人ニ出来り候処、今朝四ツ時、一番組四組ニて小網町へ押懸候風聞頻りニ付、仲人残らす葺屋町川岸へ相詰、木戸を打止候。

一、扨又十六日朝、小網町若者も此風聞を承り押出し候処ニ、是も芳町川岸之木戸を〆切止メ候ニ付、双方にらミ合ニて、其日ハ空敷日を暮しけり、中ニハ鳶之者の内にて階子を懸、家根越ニ押懸んなどと致し候者も有之候得共、是ハ本の見て呉斗の人騒しなり、壱人ニても木戸を越て押行んとの了簡の程ならハ、昨夜中押行ならは怪我致す迄も適の高名可成に、今にてハ跡の祭りニて、十六日終日どたつき斗りニて、夜ニ入候ても未タ治り不申候。

右喧嘩ニ付、落首、

小網町ハ小まり町　大騒動
は組はあぐミの
御祭りのきやりで出来た喧嘩故
余多の人をきやりくと
小網町家根の防戦
楠の千早か又ハ上田責

聞て一番手合せもなし

一、斯て十七日ニ相成候処、新場小田原町若者共相談致し、近辺廿ケ町若者共仲人ニて中直り之相談に相成、両国茶屋ニて致し候てハ彼是大行ニ相成、手間取候内ニ又々異変有之候も難斗候間、今宵四ツ時過、往来も無之時ニ、江戸橋広小路ニて於往還ニ中直り致し候相談取極メ置、夫より仲人小網町川一へ参り、若者ニも対面致し、右之趣懸合候処ニ、早速承知致し候故、夫よりは組へ参り、当時達者成ハ瓢箪新道勘右ヱ門宅へ参り、仲人右懸合致候処、勘右ヱ門ハ早速承知致候故、仲人申候ハ、為念重立候道具持之方へも貌出し可致由申候処ニ、勘右衛門申候ハ、我等承知之上ハ組合ニ違背致候者無之と請合候ニ付、然ば宜敷様ニ相頼申候由申置、皆々立帰りて手打の用意に懸りけり。

一、扨も仲人ハ四日市へ集り、中(仲)直りの用意致、酒樽五六本鏡を抜、高直のまぐろを五分切ニ差身ニ致し、下戸ニハ餅菓子五両斗用意致し、最早四ツの鐘も打候ニ付、大道へ筵を敷て待居候処へ、小網町より注進来りて申候様は、若者共只今罷出候積りニて支度致し居り候処へ、は組鳶之者共大勢押来り、川一宅をこわし候故、其段御届申候と言置、直に帰りけり、右知らせニ付、仲人の若者共大きに立服(腹)致しけり。

一、斯而仲人之若者共申候ハ、勘右衛門承知致し、内済之義、壱人ニ而請合なから、我々の仲人を侮り、出し抜て小網町をこわし候段、言語同断、奇怪至極也、是より皆々勘右衛門宅へ押懸打こわせと、血気の若者共我劣らじと押懸行候処ニ、荒布橋ニハ頭取挑灯数多有之候故、爰ハ通り切れずと、夫より堀留へ廻り、瓢箪新道へ押懸、勘右衛門宅を伺ひ見候処ニ、表ハ明はなし、内ニ行灯を置て壱人も居らす、仲人申候ハ、家内ハ逃散り候て壱人も居ぬから家をこわし候も本意ニあらすとて、皆々引て帰りけり。

一、十七日、勘右ヱ門ハ内済取扱之義、組合へ申聞候処ニ、是迄小網町斗十分之勝ニて、は組ハ十分の負ニ候間、五分之中(仲)直りニてハ中々承知致さず、其内ニハ無法血気の鳶者も有之、右相談決着無之内ニ、五ツ時頃より小網町へ押懸行て、川一を出し抜ニこわし候也、右喧嘩之節、小網町二丁目浅井と言荒物店の番頭、右喧嘩を見物致し居り候処、は組鳶之者相手と間違へ、背中を竹鑓ニて突通す也、右ニ付、番頭ハ大怪我致し候得共、見物人の事成ハ表向ニ致す事も不相成、疵口至而六ケ敷候得共、極内々にて療治致し、漸々下旬ニ全快ニ趣候よし。

竹鑓で突れ浅井ハ深井疵
おもくるしむらやあけへちが出る

小網町若者ハ、四ツ過ニハ江戸橋江中(仲)直りニ参り候積りニて支度致、油断致し居候処へ、五ツ過頃ニ、は組出シ抜ニ川一をこわし候ニ付、立服(腹)致し、夫より大勢芳町へ押懸行、釜金寄をこわし候処ニ、仲人中ニて勘右衛門をこわしニ参り候由を知らせ候者有之候ニ付、夫成ハ此方ニてもゆかねバならずとて、釜金ハ半こわしニ致捨置、夫より直ニ瓢箪新道差て押行けり。

一、斯て十七日夜四ツ時頃、小網町若者ハ勘右衛門宅へ押懸行見候処ニ、仲人ハ引返し候跡ニて、家内ニ壱人も居らず、表明ケひろげ、暉麗ニ掃除致し、内に行灯一ツともし有之候故、小網町若者大音ニて申候ハ、川一をこわし候仕返しニ来ル処ニ、皆々逃隠れ致し候ハ比興未練也とのゝしりけれハ、時分ハよしと家根裏ニ伏置候鳶者五、六人ニて瓦を投懸、裏よりも伏勢大勢討て出、いとミ戦ふ処ニ、家根より投懸候瓦ニ敵もへきゑき致し、通りハ新道ニて狭し、いろめく処に、兼て用意致置候車を前後透間なく押来り、敵壱人も洩すなと言やいなや、家根よりハ石瓦の飛礫ハ雨あられの如く、今ハ前後ニ途を失ひ、漸く一方打破り、かこミをこそハ遁れけり、是ぞ漢楚軍談ニ、九里山の麓ニて漢の大将六十余人、項羽を責し如く也。

　九里山の四面埋伏車責
　　さて韓信な謀斗なり

最初、瓢(簞脱)新道へ仲人寄懸候砌、表を明はなし、内をからに致し置候謀斗ハ、三国志祁山の戦ひに、孔明城門を開き、高殿ニて琴をたんじ、仲達を退けし妙斗ニ似たれは、

　掃除して祁山(キザン)の琴のからりんと
　　三国一の孔明のでん

一、此度の喧嘩の内ニて瓢簞新道斗ハ小網町不覚の戦ひ也、是四ツ時より九ツ時迄の戦ひ也、然ル処、右の喧嘩大敗軍ニて、ほうく引取候処へ、は組鳶宇之助通り懸ル也、是は小津紙店の抱ニて、店ニて地走ニ相成、一杯きげんニて、喧嘩ニハ掛り合ハ無之候得共、見物ニ廻り候哉、此辺をぶらく歩行候処へ、小網町若者逃ル拍子ニ行当り候ニ付、宇の、酒きげんニて太平楽ヲ申候故、足を見ルニ、は組の半天なる故、大勢ニて打のめし、終ニ堀留就(ママ)の前ニて打殺し候よし．夫より小網町若者ハ、勘右ヱ門方ニて不覚を取し仕返しニ、又々帰り懸ニ釜金を再ひこまかにこわしけり。

一、斯而若者共、釜金をこわし居り候内ニ、浅草辺出火ニて大火ニ相成候ニ付、早々小網町へ引取候処ニ、爰ニ面白き咄し有之、其日、纏の当番ハ小網町也、右ニ付、鳶者纏を取ニ参り候処を、〆ろとて若者共手ぐすねして待居り候故、出半鐘ハ打候得共、誰有て纏を取ニ参り候命知らずハ壱人も無之処ニ、人形町纏持源八と申者飛出し、我行て纏を取来るべし、若大勢ニ打殺され候ハヾ一遍の回向を頼むと申捨、丸裸ニ成欠行候処ニ、小網町若者も裸ニて来ル故、鳶之者と不心付油断致し居り候処を、無難取て持来りけり、是ぞ柴田勝家が一揆勢ニ取巻れ、御幣の指物取られし時、家臣毛受勝助か大おらわとなり、一揆ニ紛れ取返せしニことならず、是此度の一件の第一番の高名也。

　鼻先で騒ぐハはねた鳶の者
　　さて源八のげんハ見へたり
　宇の助が鵜の真似をして
　　からすさわぎ水をくくつて
　　　定仏をする

一、右十七日夜の喧嘩ニ、は組ニて宇之助即死、勘右ヱ門の子分一人ほうを竹鑓にて突通され六ケ敷由、其外ニ腕を切落され候者も有之候よし、小網町ニても、千右衛門ぶたれ六ケ敷よし、外ニ五、六人怪我人有之候由、釜屋もくさ、若者壱人出て怪我致し、其夜直ニ宿へ引渡し候得共、是も至而六ケ敷候由、外ニ船頭壱人大怪我致し候得共、是ハ構へ者ニて表向に相ならず候よし。

一、斯而十八日御検使ニ相成候処ニ、は組ニハ即死壱人有之候ニ付、鳶者町内江御預ケ也。

一、小網町若者三人入牢ニて、十人ハ逃去候よし。

先年、は組と小網町若者の喧嘩之節、落首、

　　こわめしや強ひはハ弱ひ
　　　いよに頼む外の組合

一、廿四日、は組頭取勘右衛門、此度の一件、自分取扱ひ宜しからずニ付、大騒動に相成候ニ付、御番所へ御免願ひニ出て申上候義ハ、宇之助義ハ階子より下り候節、下より振上ケ候長鳶鼻へ当りて気絶致し候ニて、打殺され候ニハ無之由申立、御免願ひ致し候よし。

一、十月八日、大伝馬町名主馬込勘ケ由宅江、は組鳶之者呼出し喧嘩一件下ゲニ致し候積りニて、印形致させ、其場ニて十一人召捕候よし。

小網町名主普勝伊十郎宅へ若者呼出し、是も右同断ニて印形為致、其場ニて十人召捕、双方廿壱人入牢致し候よし。

嘉永四辛亥年

小網町若者、は組鳶之者喧嘩一件

落着御仕置

は組之方御仕置

難波町頭　七之助

鉄炮町頭、長谷川町住居　米　吉

大伝馬町壱丁目　善太郎

五十敲之上

所構　　善　太

堺町新道　巳之助

玄治(冶)店　由太郎

葺屋町　伊之助

大伝馬町二丁目　金太郎

難波町　安五郎

鉄炮町、纏持　吉五郎

〆拾人

葺屋町、纏持　辰五郎

五十敲之上
江戸構

旅籠町　源　八

横山同朋町　次郎吉

〆三人

葺屋町頭、鉄炮町住居　宇之助

即死

「神田明神祭礼御用留」綱文一覧

＊本表は、嘉永四年「神田明神祭礼御用留」に収められている資料の綱文一覧である。
冒頭の番号は、本書の「資料翻刻本文」に付した資料番号にそのまま対応しているので、
御用留の内容が概観できるとともに、目次の役割も果たしている。

NO.	綱　文	頁
1	町年寄喜多村彦右衛門が石塚三九郎外五人に祭礼取扱掛を申し付けた。	20
2	祭礼取扱掛が、町年寄に、附祭年番町を伝えた。	22
3	料亭亀の尾で附祭年番町を決める鬮引が行われた。	23
4	祭礼取扱掛が、同心の三廻方に、附祭年番町と祭礼取扱掛を伝えた。	25
5	祭礼取扱掛が、神田祭の出し印の順番の調整を願い出た。	26
6	祭礼取扱掛らが、新石町一丁目と神田横大工町に、附祭の趣向の調整を指示した。	27
7	祭礼取扱掛が、町年寄に、附祭の仕様について説明の上、仕様書下書を差し出した。	30
8	祭礼取扱掛が、各氏子町の出し印書上げの取集めの段取りと分担を決めた。	31
9	神田蝋燭町・関口町の附祭仕様書が完成した。	32
10	新石町一丁目の附祭仕様書が完成した。	39
11	神田横大工町の附祭仕様書が完成した。	48
12	新石町一丁目の祭礼行事らが、出し印仕様書を差し出した。	54
13	新革屋町の月行事らが、出し印仕様書を差し出した。	56
14	元乗物町の祭礼行事らが、出し印仕様書を差し出した。	57
15	神田塗師町月行事らが、出し印仕様書を差し出した。	59
16	南本所元町のこま廻し芸人源弥が、御雇祭の請書を差し出した。	60
17	源弥がこまの曲・枕の曲番組書を差し出した。	61
18	源弥の居住地の名主が、御雇祭の人数書を差し出した。	63
19	町々の名主が、祭礼当日の取締りへの出仕を命じられた。	64
20	附祭世話番が、店警固の衣装について、町奉行所に請書を差し出した。	65
21	町年寄が、祭礼子供らの衣装について、附祭町々に申し渡した。	67
22	祭礼月行事らが、町年寄から出された不要な出費を控えるようにとの申渡しを、祭礼町々に伝えた。	68
23	祭礼に高価な衣装を用いないよう町々に守らせることを申し合わせ、請書を差し出した。	71
24	町年寄が、祭礼行事若者世話役を料亭・茶屋に呼び出した。	72
25	町年寄が、附祭世話番らに、祭礼衣装の改めを行うことを申し渡した。	73
26	祭礼衣装改めに対する請書の雛形が作られた。	75
27	祭礼取扱掛が、町年寄に、附祭三場所の書上などを差し出した。	76
28	祭礼取扱掛が、呉服屋等に、亀の尾への出頭を命じた。	76
29	呉服屋の越後屋が、禁制の衣類を売らないとの請書を差し出した。	80
30	呉服屋の大丸など各店が、禁制の衣類を売らないとの請書を差し出した。	81
31	祭礼での大名行列次第が完成した。	82
32	町年寄が、祭礼費用を徴収し、亀の尾に持参するよう町々に命じた。	85
33	上覧所繰出についての心得や注意が、町々名主月行事らに申し渡された。	85
34	絵草紙問屋に、浄瑠璃の唄本の印刷代が支払われた。	89
35	絵草紙問屋太田屋佐吉らが、唄本の印刷代の請取を差し出した。	90
36	神輿巡行図	91
37	町年寄が、条約書を渡すため、祭礼の世話掛名主を呼び出した。	92
38	町々から徴収した祭礼費用が取り集められ、出銀取集帳が作られた。	93
39	附祭の当番町に、附祭のための費用が渡された。	102
40	附祭年番町・祭礼取扱掛らが、金棒引等の衣装検分を行った。	103
41	番附帳、芸人名前帳、浄瑠璃唄本の仕訳を行った。	105
42	神田蝋燭町・関口町の附祭「楓狩学び」の浄瑠璃文句が完成した。	108
43	新石町一丁目の附祭「神代の学び」の浄瑠璃長唄文句が完成した。	117
44	神田横大工町の「四季の学び」の浄瑠璃長唄文句が完成した。	123
45	町年寄が、長谷川町名主鈴木市郎右衛門らに、祭礼日の田安御門での諸事心付きを申し渡した。	129
46	町年寄が、浅草平右衛門町名主平右衛門らに、祭礼当日の御雇こま廻しの心付きを申し渡した。	130
47	町年寄が、浅草平右衛門町名主平右衛門らに、祭礼当日の附祭年番町への心付けを申し渡した。	130

48	町年寄が、湯島町名主山本六右衛門らに、祭礼当日の繰出、繰込場所に出向き差配するよう申し渡した。	131
49	町年寄が、祭礼取扱掛らに、祭礼当日の繰出、繰込刻限に遅滞がないよう申し渡した。	132
50	町年寄が、三番から一二番の町名主らに、出し印の遅滞がないよう申し渡した。	132
51	町年寄が、祭礼道筋横町の締め切り方について、道筋の名主らに申し渡した。	134
52	町年寄が、神輿帰社道の町名主らに、神輿巡行上での諸注意を申し渡した。	135
53	祭礼取扱掛が、町奉行所に、衣装検分の日取りを願い出た。	137
54	神田九軒町の月行事らが、町年寄からの牢屋敷修復についての問い合せに支障なしと返答した。	137
55	大伝馬塩町の月行事らが、牢屋敷修復にかかる出し通行につき、返答書を町年寄に差し出した。	138
56	町年寄が、店警固の者の衣装帳面の差出しを命じた。	140
57	大伝馬塩町月行事らが、牢屋敷修復竹矢来について、往古の事例を町年寄に返答した。	141
58	祭礼掛名主らが、牢屋敷竹矢来での出し印通行および牛車通行につき返答した。	142
59	祭礼掛名主らが、附祭の衣装検分の日取りを町年寄に伝えた。	143
60	神田蝋燭町・関口町に、附祭衣装検分の実施が伝えられた。	144
61	新石町一丁目に、附祭衣装検分の実施が伝えられた。	144
62	神田横大工町に、附祭衣装検分の実施が伝えられた。	145
63	附祭三場所の衣装検分が行われた。	145
64	町年寄が、附祭衣装および店警固の衣類検分の日取りを、町奉行所に伝えた。	146
65	南・北町奉行所が、衣類検分の日割について相談した。	147
66	町年寄が、祭礼掛らに、祭礼帰社の際の制し方について、町火消一番組頭取らに申し伝えるよう命じた。	148
67	神田明神の氏子町から、祭礼繰込み刻限の遵守につき、請書が差し出された。	148
68	祭礼取扱掛らが、祭礼神輿の帰社の道筋を取り締まるよう、町火消頭取方に申し渡した。	151
69	祭礼取扱掛が、各組合や町々へ祭礼の道筋の取り締まりについて指示した。	153
70	町年寄が、祭礼諸役の交替を申し渡した。	154
71	祭礼取扱掛が、店警護の衣類検分の日取りを、町年寄に伝えた。	155
72	町年寄が、祭礼取扱掛に田安御門内に出仕する者について、異同のないよう申し渡した。	156
73	町名主たちが、祭礼当日の弁当・菓子について取り決めた。	157
74	九月一二日の店警固の衣類等の検分について、予め衣類の差し出しが命じられた。	159
75	北町奉行所より、明日の衣類検分の刻限が伝えられた。	159
76	料亭川井で衣類等の検分が行われた。	160
77	九月一四日の検分の刻限につき、蝋燭町らが、町年寄に請書を出した。	161
78	湯島繰出場所出役の衣類改掛が交替した。	163
79	湯島繰出場所・繰込み場出役の交替と増員が行われ、こま廻し付添人が選任された。	163
80	湯島繰出場所出役が交替した。	165
81	祭礼取扱掛が繰出繰込場所出役の増員を願い出た。	165
82	町年寄が、祭礼町々惣代取扱掛に対して、上覧所御透し見のための祭礼練物の集合時間を早めるようにとの町奉行所の命令を伝えた。	166
83	町年寄が、上覧所御透し見のために祭礼練物を披露する場所について指示を下し、それに対して附祭町々、祭礼町々惣代取扱掛らが、町年寄に請書を出した。	167
84	祭礼取扱掛が、神輿帰社道筋の警固にあたった町火消頭取らへの誉置を、町年寄に願い出た。	169
85	附祭入用留書を作成した。	170
86	連雀町月行事が、町年寄に、出し印の遅延について申し開きを行い、寛恕を願い出た。	175
87	連雀町の出し印遅延が許された。	176
88	町年寄が、新革屋町名主らに、北町奉行所へ集合するよう伝えた。	177
89	祭礼取扱掛が、北町奉行所へ集合するよう、町名主らに伝えた。	178
90	町年寄が、町奉行からの名主らへの誉置を伝えた。	178
91	町年寄が、祭礼取扱掛に、祭礼入用書の差し出しを命じた。	183
92	祭礼取扱掛が、附祭・出し印入用を、町年寄に差し出した。	185
93	町年寄が、町火消らへ誉置を申し渡した。	187

天下祭研究文献一覧

＊本目録は、本書編纂のため参考にした文献を一覧にしたものである。
＊配列は著者・編者別とし、五十音順に並べた。
＊天下祭に関しては、歴史学や民俗学的な手法による研究があり、古くは、総論的、概論的なものが多かったが、近年は、山車や祭礼図など、資料に即したアプローチによる研究や、風流を構成する芸能に注目した研究も目立つ。

	著者・編者	発行年	タイトル	所収誌／発行
いと	伊藤裕久	2004	「江戸・東京の祭礼空間　―伝統都市の分節構造―」	『年報都市史研究』12　伝統都市の分節構造
いり	入江宣子	1999	「絵画史料に見る江戸天下祭と祭囃子」	『日本民俗音楽学研究』第 24 号
いり	入江宣子	2005	「江戸祭り囃子とその周辺」	植木行宣・田井竜一編『都市の祭礼　―山・鉾・屋台と囃子』、岩田書院
いわ	岩崎均史	1998	「「江戸天下祭図屏風」の考察　―祭礼史研究の観点から―」	『国華』第 1237 号
うえ	植木行宣	2001	「近世都市祭礼の展開」	植木『山・鉾・屋台の祭り　―風流の開花―』、白水社
えど	江都天下祭研究会神田倶楽部	2001	『明神さまの氏子とお神輿』	武蔵野書院
えど	江都天下祭研究会神田倶楽部	2004	『四〇〇年目の江戸祭礼（まつり）　その風景と情熱の人々』	武蔵野書院
おの	小野忠重	1974	「まつりの絵　神田祭の絵姿」	『神田明神祭礼絵巻　天・地・人』（宗教法人神田神社社務所）
かわ	川越市教育委員会	2003	「川越氷川祭りの山車行事」調査報告書本文編・資料編	川越市教育委員会
かん	神田市場協会・神田市場史刊行会編	1968	『神田市場史』上巻	神田市場協会・神田市場史刊行会
かん	[神田神社]	1974	『神田明神祭礼絵巻』	神田神社社務所
かん	[神田神社]	2003	『神田明神史料集』（CD-ROM）	神田神社
かん	神田明神史考刊行会編	1992	『神田明神史考』	神田明神史考刊行会
くる	久留島浩	1985	「近世における祭りの「周辺」」	『歴史評論』№439
くる	久留島浩	1990	「祭礼の空間構造」	高橋康夫・吉田伸之編『日本都市史入門』Ⅰ、東京大学出版会
くろ	黒田日出男	1993	「〈祭り〉の時代としての近世」	『土浦市立博物館第 11 回特別展　にぎわいの時間　―城下町祭礼とその系譜―』、土浦市立博物館
くろ	黒田日出男	1997	「都市祭礼文化研究の現在」	『川越氷川祭礼の展開』、川越市立博物館
くろ	黒田日出男、ロナルド・トビ	1993	「新発見の天下祭り絵巻　―龍ヶ崎市歴史民俗資料館所蔵『神田明神祭礼絵巻』の紹介―」	黒田日出男『王の身体　王の肖像』、平凡社（初出は、『龍ヶ崎市史研究』第6号、1992 年）
くろ	黒田日出男、ロナルド・トビ	1994	『朝日百科日本の歴史別冊　歴史を読みなおす』17　行列と見世物	朝日新聞社
こう	麹町区編	1935	『麹町区史』全	麹町区

	著者・編者	発行年	タイトル	所収誌／発行
こま	小松悦二	1931	『神田明神誌』	神田明神誌刊行会
さか	榊原悟	1998	「「江戸天下祭図屏風」について」	『国華』第1237号
さく	作美陽一	1995	『大江戸の天下祭』	河出書房新社
じん	陣内秀信・伊藤一男	1989	「神輿ルートがまちをあぶり出す」	陣内秀信＋法政大学・東京のまち研究会『江戸東京のみかた調べかた』、鹿島出版会
その	薗田稔	1969	「「天下祭」（神田祭・山王祭）調査報告1　祭りと都市社会」	『国学院大学日本文化研究所紀要』２３
たか	高牧實	2000	「江戸の町と山王神田両祭礼」	高牧實『近世の都市と祭礼』、吉川弘文館（初出は、『聖心女子大学論叢』第８７号）
たけ	竹内道敬	1985	「邦楽五十三次（続）邦楽名所めぐり江戸1　祭を中心に」	『季刊邦楽』第44号
たけ	竹内道敬	1988	「幕末期江戸祭礼の芸能資料　—天保改革以後—」	『東洋音楽研究』第53号
たけ	竹内道敬	1998	「江戸祭礼研究　—天保十年神田祭—」	竹内『近世邦楽考』南窓社（初出は、国立音楽大学『研究紀要』第28集、1993年）
たけ	竹ノ内雅人	2004	「江戸の神社とその周辺　—祭礼をめぐって—」	『年報都市史研究』12　伝統都市の分節構造
たな	田中興平	1997	『遠州横須賀　三熊野神社大祭　そこに江戸の祭文化がある』	私家版
たな	田中興平	2004	『続　遠州横須賀　三熊野神社大祭　そこに江戸の祭文化がある』	私家版
ちよ	千代田区編	1960	『千代田区史』上巻	千代田区
ちよ	千代田区教育委員会編	1970	『江戸型山車のゆくえ』	千代田区
ちよ	千代田区教育委員会他編	1999	『続・江戸型山車のゆくえ　～天下祭及び祭礼文化伝播に関する調査・研究報告』（千代田区文化財調査報告書11）	千代田区教育委員会・千代田区立四番町歴史民俗資料館編
ちよ	千代田図書館編〔鈴木理生執筆〕	1970	『神田の祭　—その周辺—』	千代田区
つじ	辻惟雄	1998	「新出「江戸天下祭図屏風」の特輯について」	『国華』第1237号
とう	東京市京橋区編	1937	『京橋区史』上巻	東京市京橋区
とう	東京都中央区役所	1958	『中央区史』上巻	東京都中央区役所
とう	東京都中央区役所	1958	『中央区史』下巻	東京都中央区役所
とう	東京市役所〔安藤直方氏執筆〕	1939	『東京市史外篇第4　天下祭』	東京市役所

	著者・編者	発行年	タ　イ　ト　ル	所収誌／発行
とう	東京都教育委員会編	1997	『江戸の祭囃子　―江戸の祭囃子現状調査報告書―』	東京都教育委員会
とよ	豊田和平	1998	「第７章第７節　天下祭」	『新編千代田区史』通史編、東京都千代田区
とよ	豊田和平	1999	「天下祭と江戸の祭礼文化」	加藤貴編『大江戸　歴史の風景』、山川出版社
とよ	豊田和平	2001	「江戸の天下祭」	『比較都市史研究』第20巻第2号
とよ	豊田和平	2003	「天保六年の神田明神祭礼　～『斎藤月岑日記』を中心に」	『江戸開府400年記念特別展　江戸の風景　―江戸城築城から大江戸へ―』、千代田区立四番町歴史民俗資料館
なか	中村薫	1927	『神田区史』	神田公論社
なか	中村薫	1935	『神田文化史』	神田史蹟研究会
なか	中村規	2005	「江戸の祭囃子考　―天下祭の祭礼囃子を中心に―」	『芸能』11
なが	長沢利明	2004	「江戸東京歳時記をあるく　第20回　天下祭りの山車行列」	柏書房HP《http://www.kashiwashobo.co.jp/new_web/column/rensai/r03-20.html》
にし	西形節子	1982	「江戸の祭礼の芸能」	『舞踊学』第5号
にし	西形節子	1984	「幕末期の町師匠と踊り子たち」	早稲田大学演劇学会『演劇学』第２５号
にし	西形節子	2003	「清元―『お祭り』（再茲歌舞伎花轢）」	西形節子『日本舞踊の心』３巻　夏に風、演劇出版社（初出は、『邦楽と舞踊』1984年12月号～1985年2月号）
にし	西山松之助	1979	「江戸の町名主斎藤月岑」	西山松之助編『江戸町人の研究』第4巻、吉川弘文館
にほ	日本橋区編	1916	『日本橋区史』第４冊	日本橋区
はた	波多野純	1998	「「江戸天下祭図屏風」の建築と構想」	『国華』第1237号
はっ	八反裕太郎	2003	「資料紹介　天下祭・祇園祭図屏風」について」	『芸能史研究』１６１
はっ	服部幸雄	1996	「都市の祝祭風景　―まつりのかたち芸能の諸相―」	服部『江戸歌舞伎の美意識』、平凡社（初出は、網野善彦他編『大系　日本歴史と芸能　第10巻　都市の祝祭　かぶく民衆』、平凡社、1991年）
はや	林順信	1983	「神輿小史」	林順信『江戸神輿春秋《秋の巻》』、大正出版
ひえ	日枝神社編	1979	『日枝神社史』	日枝神社御鎮座五百年奉賛会
ふく	福原敏男	1994	「祭礼のかたち」	『描かれた祭礼』、国立歴史民俗博物館

資料編

	著者・編者	発行年	タイトル	所収誌／発行
ふく	福原敏男	1998	「宗教・世界観Ⅱ（神社祭祀）　―神社祭祀研究の現在―」	『日本民俗学』Vol.214
ふじ	藤沢衛彦	1903	「神田祭礼考」	藤沢『日本伝説研究』第二巻、大鐙閣
まえ	前田正明	2001	「「江戸天下祭図屏風」制作の周辺　―徳川頼宣の政治的動向に注目して―」	『木の国』27
まき	牧田勲	1989	「天下祭の性格　―神輿行列を中心に―」	『摂南法学』創刊号
まき	牧田勲	1991	「江戸の神輿と領主法規制　―神輿昇をめぐる法と無法―」	『京都民俗』第9号
まき	牧田勲	1992	「近世前期山王祭禁制考　―江戸祭礼の法社会史―」	黒木三郎先生古稀記念論文集刊行委員会編『現代法社会学の諸問題』（上）、民事法研究会
まき	牧田勲	1996	「神田明神祭礼留書」	『摂南法学』第15号
まき	牧田勲	1997	「江戸祭礼と女性（一）」	『摂南法学』第17号
まき	牧田勲	1997	「近世都市祭礼の成立と解体　―楽園の幻影―」	『歴博』Vol. 84
まつ	松平誠	1994	『現代ニッポン祭り考　―都市祭りの伝統を創る人びと―』	小学館
みな	皆川義孝	2005	「嘉永四年「神田明神祭礼御用留」にみる神田祭」	『社寺史料研究』第7号
もと	本川美輝	2004	「江戸の天下祭　―山王権現祭礼と神田明神祭礼―」	日本女子大学文化学会『文化学研究』No.13
やす	安田文吉	1998	「徳川美術館蔵「山王附祭絵図と弘化3年山王御祭礼附祭番附　―常磐津節『雛遊内裏〔ウツシエ〕』を中心に―」	『楽劇学』No.
やま	山口桂三郎	1974	「解説　神田明神祭礼絵巻」	『神田明神祭礼絵巻　天・地・人』、宗教法人神田神社社務所
やま	山下重民	1928	「江戸の祭さまざま」	『江戸文化』2-7
やま	山下重民	1928	「江戸の祭さまざま（承前）」	『江戸文化』2-9
やま	山野信彦・本田友一郎・伊藤裕久	2000	「江戸・東京の祭礼空間」	旭硝子株式会社『Glass&Architecture（ガラス）』winter　2000
やま	山野信彦・本田友一郎・伊藤裕久	2003	「近代における東京の祭礼空間の変容に関する研究」	『2002年度第37回日本都市計画学会学術研究論文集』
よし	吉原健一郎	2000	「江戸天王祭覚書」	『日本常民文化紀要』第21輯

日本橋・神田地域の名主支配町と祭礼町（嘉永３年）

『増補改正　万世江戸町鑑』（嘉永３年版）より作成。

江戸の町は200余の町名主によって支配されていた。寛延２年（1749）以降彼らは番外の吉原・品川を含めた23の番組に分けられ、各町名主は数町から10数町を管轄していた。本表では江戸の市政名鑑ともいうべき書である『江戸町鑑』のなかで、本書収録史料の作成年代に最も近い嘉永３年（1850）のものを用いた。表のうち「番組」欄は名主番組、「名主」欄は支配名主、「山王祭礼」「神田祭礼」欄の数字は各祭礼の氏子町の番組を表している。

町　　名	番組	名　　主（名主居住町）	山王祭礼	神田祭礼
本町一・二丁目	1	山本孫兵衛（本石町三丁目）	7	
本革屋町	1	山本孫兵衛（本石町三丁目）	7	
本石町一〜四丁目	1	山本孫兵衛（本石町三丁目）	11	
十軒店	1	山本孫兵衛（本石町三丁目）	11	
金吹町	1	山本孫兵衛（本石町三丁目）	7	
本町三・四丁目	1	益田文左衛門（岩附町）	7	
岩附町	1	益田文左衛門（岩附町）	7	
本銀町一〜四丁目	1	明田順之丞（本銀町三丁目）	13	
本銀町会所屋敷・同蔵地・同代地	1	明田順之丞（本銀町三丁目）		
室町一〜三丁目	1	加藤潤和（室町二丁目）	10	
駿河町	1	加藤潤和（室町二丁目）	8	
瀬戸物町	1	加藤潤和（室町二丁目）	9	
本町三丁目裏河岸	1	加藤潤和（室町二丁目）	10	
本小田原町一・二丁目	1	加藤潤和（室町二丁目）	9	
本両替町	1	大坪捨五郎（本両替町）	8	
北鞘町	1	大坪捨五郎（本両替町）	8	
品川町・同裏河岸	1	竹口庄左衛門（品川町）	8	
万町	1	竹口庄左衛門（品川町）		
元四日市町	1	竹口庄左衛門（品川町）		
日本橋蔵屋敷	1	竹口庄左衛門（品川町）		
本船町	1	小沢友次郎（本船町）	10	
長浜町一・二丁目	1	小沢友次郎（本船町）		
小舟町一〜三丁目	1	小沢友次郎（本船町）	5	
安針町	1	小沢友次郎（本船町）	10	
大伝馬町一・二丁目	1	馬込勘解由（大伝馬町二丁目、※御伝馬役）	1	1
大伝馬塩町	1	馬込勘解由（大伝馬町二丁目、※御伝馬役）		
通旅籠町	1	馬込勘解由（大伝馬町二丁目、※御伝馬役）		
伊勢町	1	馬込勘解由（大伝馬町二丁目、※御伝馬役）	9	
堀留町一・二丁目	1	馬込勘解由（大伝馬町二丁目、※御伝馬役）	5	
小伝馬町一〜三丁目	2	宮辺五郎三郎（小伝馬町二丁目※江戸御伝馬役）		
小伝馬上町・同代地	2	宮辺五郎三郎（小伝馬町二丁目※江戸御伝馬役）		
通塩町	2	宮辺五郎三郎（小伝馬町二丁目※江戸御伝馬役）		
通油町	2	宮辺五郎三郎（小伝馬町二丁目※江戸御伝馬役）	21	
道有屋敷	2	宮辺五郎三郎（小伝馬町二丁目※江戸御伝馬役）		
岩本町	2	宮辺五郎三郎（小伝馬町二丁目※江戸御伝馬役）		
元岩井町	2	宮辺五郎三郎（小伝馬町二丁目※江戸御伝馬役）		
柳原岩井町	2	宮辺五郎三郎（小伝馬町二丁目※江戸御伝馬役）		12
柳原岩井町代地・同拝領屋敷・同上納地	2	宮辺五郎三郎（小伝馬町二丁目※江戸御伝馬役）		

町　　名	番組	名　　主（名主居住町）	山王祭礼	神田祭礼
亀井町	2	宮辺五郎三郎（小伝馬町二丁目※江戸御伝馬役）		
鉄炮町	17	高部久右衛門（深川三左衛門屋敷）		
松島町	17	高部久右衛門（深川三左衛門屋敷）		
橘町四丁目	17	高部久右衛門（深川三左衛門屋敷）		
堀江町一～四丁目	2	熊井理左衛門（堺町）	5	
堀江六軒町	2	熊井理左衛門（堺町）		
堺町上納地	2	熊井理左衛門（堺町）		
新材木町	2	石塚三九郎（新材木町）	18	
葺屋町上納地	2	石塚三九郎（新材木町）		
新和泉町北側	2	石塚三九郎（新材木町）		
堺町横町	2	石塚三九郎（新材木町）		
長谷川町	2	鈴木市郎右衛門（長谷川町）	22	
堀江六軒町新道	2	鈴木市郎右衛門（長谷川町）		
田所町	2	鈴木市郎右衛門（長谷川町）	21	
岩代町	2	鈴木市郎右衛門（長谷川町）		
新乗物町	2	福島三郎右衛門（新乗物町）	19	
長五郎屋敷	2	福島三郎右衛門（新乗物町）		
庄助屋敷	2	福島三郎右衛門（新乗物町）		
高砂町	2	渡辺庄右衛門（高砂町）	20	
住吉町・同裏河岸	2	渡辺庄右衛門（高砂町）	20	
難波町・同裏河岸	2	渡辺庄右衛門（高砂町）	20	
元大坂町	2	渡辺庄右衛門（高砂町）		
新和泉町南側	2	渡辺庄右衛門（高砂町）		
弥兵衛町	14 増支配	重田弥次右衛門（小石川戸崎町）		
小網町一～三丁目・同一丁目横町	1	普勝伊十郎（小網町一丁目）	17	
甚左衛門町	1	普勝伊十郎（小網町一丁目）		
橘町一～三丁目	2	望月平助（新大坂町）		
新大坂町	2	望月平助（新大坂町）	21	
元浜町	2	望月平助（新大坂町）		
村松町	2	村松源六（村松町）		
久松町	2	村松源六（村松町）		
若松町	2	村松源六（村松町）		
富沢町	2	村松源六（村松町）	22	
横山同朋町	2	村松源六（村松町）		
横山町一・二丁目	2	三戸見勝次郎（横山町一丁目）		
横山町三丁目・同代地	2	小西喜左衛門（米沢町三丁目）		
米沢町一～三丁目	2	小西喜左衛門（米沢町三丁目）		
薬研堀埋立地	2	小西喜左衛門（米沢町三丁目）		
吉川町	2	小西喜左衛門（米沢町三丁目）		
下柳原同朋町・同所続新地・同吉岡因幡拝領屋敷	2	小西喜左衛門（米沢町三丁目）		
馬喰町一～四丁目	2	岡本吉左衛門（馬喰町二丁目）		
橋本町一丁目	2	岡本吉左衛門（馬喰町二丁目）		13
橋本町二丁目	2	岡本吉左衛門（馬喰町二丁目）		14
橋本町三・四丁目	2	岡本吉左衛門（馬喰町二丁目）		
江川町	2	岡本吉左衛門（馬喰町二丁目）		
鍛冶町一丁目	11	小藤権左衛門（多町一丁目）	14	27
白壁町	11	小藤権左衛門（多町一丁目）		35

町　　名	番組	名　　主（名主居住町）	山王祭礼	神田祭礼
多町一丁目	11	小藤権左衛門（多町一丁目）		18
竪大工町	11	小藤権左衛門（多町一丁目）		21
鍛冶町二丁目	11	沢田膳三郎（多町二丁目）	14	27
連雀町	11	沢田膳三郎（多町二丁目）	15	9
多町二丁目	11	沢田膳三郎（多町二丁目）		19
鍋町	11	竹内善右衛門（通新石町）	14	5
鍋町西横町・同東横町・同北横町	11	竹内善右衛門（通新石町）		
通新石町	11	竹内善右衛門（通新石町）	15	6
須田町一丁目	11	竹内善右衛門（通新石町）	15	7
須田町二丁目	11	竹内善右衛門（通新石町）	15	8
松田町	11	竹内善右衛門（通新石町）		36
樽屋三右衛門拝領屋敷	11	竹内善右衛門（通新石町）		
御挑灯屋平兵衛拝領屋敷	11	竹内善右衛門（通新石町）		
元乗物町	1	木村定次郎（新革屋町）	13	28
兵庫屋敷	1	木村定次郎（新革屋町）		
新革屋町	1	木村定次郎（新革屋町）	13	26
新石町一丁目	1	木村定次郎（新革屋町）	13	25
野島屋敷	1	木村定次郎（新革屋町）		
塗師町	1	木村定次郎（新革屋町）		34
塗師町代地	1	木村定次郎（新革屋町）		
後藤縫殿助拝領町屋敷添地・同拝領地	1	木村定次郎（新革屋町）		
大和町立跡御水菓子納人拝借地	1	木村定次郎（新革屋町）		
鎌倉町	1	柿沢平次郎（鎌倉町）	16	10
鎌倉町横町南側代地・同横町北側代地	1	柿沢平次郎（鎌倉町）		
龍閑町元地・同代地	1	柿沢平次郎（鎌倉町）		
大和町代地	1	柿沢平次郎（鎌倉町）		
松下町一丁目代地・同二丁目南側代地・同二丁目北側代地・同三丁目南側代地・同三丁目北側代地	1	柿沢平次郎（鎌倉町）		
本銀町四軒屋敷	1	柿沢平次郎（鎌倉町）		
三河町一丁目	1	柿沢平次郎（鎌倉町）	16	10
養安院屋敷・数原通玄拝領屋敷　他	1	柿沢平次郎（鎌倉町）		
永富町一～四丁目	14	衣笠房次郎（小石川白山前町）		20
永富町二丁目代地・下谷永富町三丁目代地	14	衣笠房次郎（小石川白山前町）		
皆川町一丁目	14	衣笠房次郎（小石川白山前町）		
皆川町三丁目	14	衣笠房次郎（小石川白山前町）		33
蝋燭町	11	平田宗之助（関口町）		22
関口町	11	平田宗之助（関口町）		22
横大工町	11	平田宗之助（関口町）		29
横大工町代地	11	平田宗之助（関口町）		
新銀町	11	平田宗之助（関口町）		24
三河町二丁目	11	平田宗之助（関口町）		
皆川町二丁目	11	平田宗之助（関口町）		33
雉子町	11	斎藤市左衛門（雉子町）		30

町　名	番組	名　主（名主居住町）	山王祭礼	神田祭礼
三河町三丁目	11	斎藤市左衛門（雉子町）		
三河町四丁目	11	斎藤市左衛門（雉子町）		31
三河町三丁目裏町・同四丁目裏町	11	斎藤市左衛門（雉子町）		
四軒町	11	斎藤市左衛門（雉子町）		
佐柄木町・同代地・同蔵地	11	佐柄木忠次郎（佐柄木町、※御研師）		
南佐柄木町	11	佐柄木忠次郎（佐柄木町、※御研師）		
紺屋町一・二丁目・一丁目代地・二丁目代地・二丁目横町・紺屋町住居蔵地・紺屋町上納地	2	山家喜四郎（紺屋町一丁目代地）		
岩原幸伯拝領屋敷	2	山家喜四郎（紺屋町一丁目代地）		
紺屋町三丁目・同代地・同上納地	2	橋本市之丞（紺屋町三丁目）		
九軒町・同代地・同上納地	2	橋本市之丞（紺屋町三丁目）		
小泉町	2	橋本市之丞（紺屋町三丁目）		
柳原土手内御染物屋伊左衛門拝借地　他	2	橋本市之丞（紺屋町三丁目）		
三島町	8 兼帯	大久保藤兵衛（芝中門前一丁目）		
富山町一・二丁目	11	飯塚市蔵（岸町？富山町？）		
永井町	11	飯塚市蔵（岸町？富山町？）		
岸町	11	飯塚市蔵（岸町？富山町？）		
佐久間町四丁目代地	11	吉村源太郎（佐久間町四丁目裏町）		
富松町	11	吉村源太郎（佐久間町四丁目裏町）		
元柳原六丁目	11	吉村源太郎（佐久間町四丁目裏町）		
紋三郎・与兵衛両人御請場所	11	吉村源太郎（佐久間町四丁目裏町）		
豊島町一～三丁目	12	山本六右衛門（湯島四丁目）		11
松枝町	—	月行事持		
平永町	11	久保啓蔵（平永町）		
八軒町	11	久保啓蔵（平永町）		
下谷車坂町	11	久保啓蔵（平永町）		
西久保車坂町	11	久保啓蔵（平永町）		
小柳町一～三丁目	11	岡村庄兵衛（小柳町二丁目）		
西久保新下谷町	11	岡村庄兵衛（小柳町二丁目）		
元飯田町	15	江塚五郎兵衛（元飯田町坂下）	42	
通一～四丁目	4	樽屋三郎次（呉服町）	24	
通一丁目新道・同二丁目新道	4	樽屋三郎次（呉服町）		
呉服町	4	樽屋三郎次（呉服町）	24	
呉服町新道	4	樽屋三郎次（呉服町）		
元大工町	4	樽屋三郎次（呉服町）	24	
元大工町新道	4	樽屋三郎次（呉服町）		
中橋広小路町	4	樽屋三郎次（呉服町）		
西河岸町	4	千柄清右衛門（西河岸町）	12	
竹川町	4	千柄清右衛門（西河岸町）	35	
万町	1	竹口庄左衛門（品川町）	27	
日本橋蔵屋敷	1	竹口庄左衛門（品川町）		
元四日市町	1	竹口庄左衛門（品川町）	27	
本材木町一～四丁目	4	多田内新助（坂本町一丁目）	26	
江戸橋蔵屋敷	4	多田内新助（坂本町一丁目）		

町　　名	番組	名　　主（名主居住町）	山王祭礼	神田祭礼
江戸橋木更津河岸	4	多田内新助（坂本町一丁目）		
平松町	4	船江弥左衛門（音羽町）	30	
音羽町	4	船江弥左衛門（音羽町）	30	
小松町	4	船江弥左衛門（音羽町）	30	
川瀬石町	4	船江弥左衛門（音羽町）	30	
南油町	4	船江弥左衛門（音羽町）	30	
新右衛門町	4	船江弥左衛門（音羽町）	30	
榑正町	4	船江弥左衛門（音羽町）	30	
箔屋町	4	市川又兵衛（箔屋町）	31	
岩倉町	4	市川又兵衛（箔屋町）	31	
下槙町	4	市川又兵衛（箔屋町）	31	
福嶋町	4	市川又兵衛（箔屋町）	31	
中橋広小路町	4	市川又兵衛（箔屋町）		
桧物町	4	星野又右衛門（桧物町）	25	
桧物町会所屋敷	4	星野又右衛門（桧物町）		
三島屋敷	4	星野又右衛門（桧物町）		
道寿屋敷	4	星野又右衛門（桧物町）		
上槙町	4	星野又右衛門（桧物町）	25	
上槙町新道会所屋敷	4	星野又右衛門（桧物町）		
北槙町	4	星野又右衛門（桧物町）		
数奇屋町	4	星野又右衛門（桧物町）	39	
中橋広小路町	4	星野又右衛門（桧物町）		
津田小十郎拝借地	4	星野又右衛門（桧物町）		
佐内町	4	倉本恒太郎	27	
青物町	4	曽我小左衛門（青物町）	27	
南伝馬町一丁目・同三丁目新道	5	小宮善右衛門（南伝馬町三丁目、御伝馬役）・高野新右衛門（南伝馬町二丁目、御伝馬役）	2	2
南伝馬町二丁目	5	高野新右衛門（南伝馬町二丁目、御伝馬役）	2	2
松川町一・二丁目	5	高野新右衛門（南伝馬町二丁目、御伝馬役）		
南鞘町	5	高野新右衛門（南伝馬町二丁目、御伝馬役）		
南塗師町	5	高野新右衛門（南伝馬町二丁目、御伝馬役）		
南伝馬町三丁目	5	小宮善右衛門（南伝馬町三丁目、御伝馬役）	2	2
畳町	5	小宮善右衛門（南伝馬町三丁目、御伝馬役）		
白魚屋敷	5	小宮善右衛門（南伝馬町三丁目、御伝馬役）		
桶町一・二丁目・同東会所	5	飯田藤五郎（桶町二丁目）	6	
南大工町	5	飯田藤五郎（桶町二丁目）	43	
五郎兵衛町	5	中野五郎兵衛（五郎兵衛町）	41	
狩野探淵屋敷	5	中野五郎兵衛（五郎兵衛町）		
南鍛冶町一・二丁目	5	中野五郎兵衛（五郎兵衛町）		
北紺屋町	5	富沢徳兵衛（北紺屋町）	41	
芝口北紺屋町	5	富沢徳兵衛（北紺屋町）		
八丁堀北紺屋町	5	富沢徳兵衛（北紺屋町）		
水谷町二丁目	5	富沢徳兵衛（北紺屋町）		
八丁堀水谷町一丁目	5	富沢徳兵衛（北紺屋町）		
八丁堀金六町・同所立跡	5	富沢徳兵衛（北紺屋町）		
鈴木町	5	和田源七（鈴木町）		
因幡町	5	和田源七（鈴木町）		
具足町	5	和田源七（鈴木町）	37	
炭町	5	和田源七（鈴木町）		
常磐町	5	和田源七（鈴木町）	44	

町　名	番組	名　主（名主居住町）	山王祭礼	神田祭礼
柳町	5	和田源七（鈴木町）	37	
本材木町八丁目	5	和田源七（鈴木町）	37	
大鋸町	5	小林亀太郎（大鋸町）	28	
南槙町・同西会所	5	小林亀太郎（大鋸町）		
富槙町	5	小林亀太郎（大鋸町）		
中橋広小路町	5	小林亀太郎（大鋸町）		
本材木町五～七丁目	5	西村石之助（本材木町五丁目）	28	
正木町	5	西村石之助（本材木町五丁目）		
銀座町一～三丁目・同一～三丁目裏河岸	6 （年番持）	村田佐兵衛（新両替町？丁目）・池谷権兵衛（与作屋敷）	23	
銀座町四丁目裏河岸	6	村田佐兵衛（新両替町？丁目）		
尾張町一丁目元地・同二丁目・同一丁目裏河岸・同二丁目裏河岸	6	村田佐兵衛（新両替町？丁目）		
竹川町裏河岸	6	村田佐兵衛（新両替町？丁目）		
元数奇屋町二丁目	6	村田佐兵衛（新両替町？丁目）		
麻布永坂町	6 増支配	村田佐兵衛（新両替町？丁目）		
与作屋敷	6	池谷権兵衛（与作屋敷）		
弥左衛門町	6	長谷川伊左衛門（弥左衛門町）	36	
新肴町	6	長谷川伊左衛門（弥左衛門町）	36	
勘左衛門屋敷	6	長谷川伊左衛門（弥左衛門町）		
鑓屋町	6	長谷川伊左衛門（弥左衛門町）		
尾張町一丁目新地	6	長谷川伊左衛門（弥左衛門町）		
銀座町四丁目	6	長谷川伊左衛門（弥左衛門町）	23	
山下町	6	長谷川伊左衛門（弥左衛門町）	38	
元数奇屋町一丁目	6	長谷川伊左衛門（弥左衛門町）		
弓町	6	渡辺源太郎（弓町）	34	
南紺屋町	6	渡辺源太郎（弓町）	34	
休泊屋敷	6	渡辺源太郎（弓町）		
木挽町五丁目	6 増支配	渡辺源太郎（弓町）		
西紺屋町	6	坂部六右衛門（西紺屋町）	34	
出雲町	6	坂部六右衛門（南紺屋町）	35	
出雲町裏河岸	6	坂部六右衛門（南紺屋町）		
元数奇屋町二丁目	6	坂部六右衛門（南紺屋町）		
南佐柄木町	11	佐柄木忠次郎（佐柄木町、※御研師）		
南鍋町一・二丁目	6	長尾文蔵（南鍋町二丁目）	38	
滝山町	6	長尾文蔵（南鍋町二丁目）		
守山町	6	長尾文蔵（南鍋町二丁目）		
元数奇屋町四丁目	6	長尾文蔵（南鍋町二丁目）		
尾張町一丁目新地	6	長尾文蔵（南鍋町二丁目）		
加賀町	6	田中平四郎（加賀町）		
八官町	6	田中平四郎（加賀町）		
丸屋町	6	田中平四郎（加賀町）	4	
佐兵衛町	6	田中平四郎（加賀町）		
喜左衛門町	6	田中平四郎（加賀町）		
山城町	6	田中平四郎（加賀町）		
筑波町	6	田中平四郎（加賀町）		
山王町	6	田中平四郎（加賀町）	4	
南大坂町	6	田中平四郎（加賀町）	4	
寄合町	6	田中平四郎（加賀町）		

町名	番組	名主（名主居住町）	山王祭礼	神田祭礼
惣十郎町	6（年番持）	長尾文蔵（南鍋町二丁目）・長谷川伊左衛門（弥左衛門町）		
金春屋敷	6（年番持）	長尾文蔵（南鍋町二丁目）・長谷川伊左衛門（弥左衛門町）		
内山町	6	尾崎七左衛門（木挽町三丁目）		
坂本町一・二丁目	4	多田内新助（坂本町一丁目）		
神田新銀町代地	4	多田内新助（坂本町一丁目）		
本材木町一～四丁目	4	多田内新助（坂本町一丁目）		
江戸橋蔵屋敷・同所木更津河岸	4	多田内新助（坂本町一丁目）		
南茅場町	7	神谷甚七（南茅場町）		
北島町	7	神谷甚七（南茅場町）		
亀島町	7	神谷甚七（南茅場町）		
竹島町	7	神谷甚七（南茅場町）		
八丁堀与作屋敷	7	神谷甚七（南茅場町）		
山王御旅所門前	—	月行事持		
本八丁堀一～五丁目	7	岡崎十蔵（本八丁堀四丁目）	32	
本八丁堀一丁目上納地	7	岡崎十蔵（本八丁堀四丁目）		
岡崎町	7	岡崎十蔵（本八丁堀四丁目）		
八丁堀亀屋屋敷	7	岡崎十蔵（本八丁堀四丁目）		
本湊町	7	岡崎十蔵（本八丁堀四丁目）	33	
本湊町久志本屋敷	7	岡崎十蔵（本八丁堀四丁目）		
船松町一丁目	7	岡崎十蔵（本八丁堀四丁目）		
八丁堀澪杭屋敷	7	岡崎十蔵（本八丁堀四丁目）		
幸町	7	長沢次郎太郎（幸町）		
長沢町	7	長沢次郎太郎（幸町）		
日比谷町	7	長沢次郎太郎（幸町）		
永島町	7	長沢次郎太郎（幸町）		
松屋町・同所続上納地	7	長沢次郎太郎（幸町）		
東湊町一・二丁目	7	遠藤七兵衛（東湊町二丁目）	29	
霊岸島銀町一～四丁目	7	鈴木将七（霊岸島銀町三丁目）	45	
霊岸島銀町続円覚寺屋敷	7	鈴木将七（霊岸島銀町三丁目）		
霊岸島川口町	7	鈴木将七（霊岸島銀町三丁目）		
霊岸島長崎町一・二丁目	7	鈴木将七（霊岸島銀町三丁目）	29	
霊岸島町	7	鈴木将七（霊岸島銀町三丁目）	29	
霊岸橋際埋立地	7	鈴木将七（霊岸島銀町三丁目）		
霊岸島浜町	7	清水太一郎（霊岸島浜町）		
霊岸島塩町	7	清水太一郎（霊岸島浜町）	40	
霊岸島四日市町	7	清水太一郎（霊岸島浜町）	40	
霊岸島富島町一・二丁目	7	清水太一郎（霊岸島浜町）		
南新堀一・二丁目	7	富田平蔵（南新堀二丁目）	40	
霊岸橋際請負地	7	富田平蔵（南新堀二丁目）		
箱崎町一丁目	1	浜野又右衛門（北新堀町）	40	
箱崎町二丁目・同所裏河岸埋立地	1	浜野又右衛門（北新堀町）		
北新堀町	1	浜野又右衛門（北新堀町）	40	
北新堀大川端町	1	浜野又右衛門（北新堀町）	40	
南八丁堀一・二・三・五丁目（代地とも）	7	嶋崎清左衛門（南八丁堀一丁目）		
大富町	7	嶋崎清左衛門（南八丁堀一丁目）		

町　名	番組	名　主（名主居住町）	山王祭礼	神田祭礼
芝口金六町	7	嶋崎清左衛門（南八丁堀一丁目）		
京橋金六町	7	嶋崎清左衛門（南八丁堀一丁目）		
八丁堀金六町立跡	7	嶋崎清左衛門（南八丁堀一丁目）		
京橋水谷町	7	嶋崎清左衛門（南八丁堀一丁目）	37	
八丁堀水谷町一丁目立跡	7	嶋崎清左衛門（南八丁堀一丁目）		
卓峰屋敷	7	嶋崎清左衛門（南八丁堀一丁目）		
元松村町	6	尾崎七左衛門（木挽町三丁目）		
木挽町一～四丁目・同新屋敷・六・七丁目	6	尾崎七左衛門（木挽町三丁目）		
麹町平河町続木挽町四丁目裏上納地替地	6	尾崎七左衛門（木挽町三丁目）		
内山町	6	尾崎七左衛門（木挽町三丁目）		
猿若町一・二丁目	6	尾崎七左衛門（木挽町三丁目）	20	
猿若町三丁目	6	尾崎七左衛門（木挽町三丁目）		
木挽町続氷川屋敷	9	堀江理三郎（芝西応寺町）		
本湊町・同所久志本屋敷	7	岡崎十蔵（本八丁堀四丁目）		
船松町一丁目	7	岡崎十蔵（本八丁堀四丁目）		
船松町二丁目・同所本阿弥屋敷	7	水田善三郎（上柳原町）		
十軒町	7	水田善三郎（上柳原町）		
明石町	7	水田善三郎（上柳原町）		
上柳原町	7	水田善三郎（上柳原町）		
南本郷町	7	水田善三郎（上柳原町）		
南飯田町	7	水田善三郎（上柳原町）		
南小田原町一・二丁目	7	松倉重次郎（南小田原町二丁目）		
佃島	7	森幸右衛門（佃島）		
深川佃町	7	森幸右衛門（佃島）		
芝口一丁目東側	8	椎野伊助（芝口二丁目）	35	
芝口二丁目・同所新町	8	椎野伊助（芝口二丁目）		
汐留三角屋敷	8	椎野伊助（芝口二丁目）		
芝口一丁目西側	8	兼房平十郎（兼房町）	35	
二葉町	8	兼房平十郎（兼房町）		
兼房町・同町横拝領町屋敷	8	兼房平十郎（兼房町）		
芝口三丁目	8	深野長兵衛（芝口三丁目）		
麹町一～十三丁目	15	矢部与兵衛（麹町）	3	
麹町平河町一～三丁目・同代地	15	矢部与兵衛（麹町）	3	
麹町山本町	15	矢部与兵衛（麹町）	3	
麹町隼町	15	矢部与兵衛（麹町）		
神田佐久間町一・二丁目	12	片岡仁左衛門（松永町）		15
神田浜松町	12	片岡仁左衛門（松永町）		
神田久永屋敷	12	片岡仁左衛門（松永町）		
神田御弓師屋敷	12	片岡仁左衛門（松永町）		
神田松永町	12	片岡仁左衛門（松永町）		
神田花房町・同代地	12	片岡仁左衛門（松永町）		
神田仲町一丁目	12	片岡仁左衛門（松永町）		
神田通船屋敷	12	片岡仁左衛門（松永町）		
神田柳屋敷	12	片岡仁左衛門（松永町）		
麹町平川町代地	15	矢部与兵衛（麹町）		
神田相生町	—	月行事持		

町　　名	番組	名　　主（名主居住町）	山王祭礼	神田祭礼
神田佐久間町三丁目・四丁目残地・四丁目元地・四丁目裏町・四丁目代地	12	吉村源太郎（佐久間町四丁目裏町）		16
神田富松町元地・富松町	12	吉村源太郎（佐久間町四丁目裏町）		16
神田元柳原六丁目	12	吉村源太郎（佐久間町四丁目裏町）		
神田紋三郎・与兵衛両人請負場所	12	吉村源太郎（佐久間町四丁目裏町）		
神田旅籠町一丁目	12	中村善左衛門（旅籠町一丁目）		3
神田旅籠町二丁目	12	中村善左衛門（旅籠町一丁目）		4
神田金沢町	12	中村善左衛門（旅籠町一丁目）		11
神田仲町二・三丁目	12	中村善左衛門（旅籠町一丁目）		
神田明神西町	12	中村善左衛門（旅籠町一丁目）		23
神田明神門前町・同表門前・裏門前	—	月行事持		
神田明神下御台所町	13	片山太郎右衛門（神田明神下御台所町）		32
神田明神下御賄屋敷	13	片山太郎右衛門（神田明神下御台所町）		
神田明神下同朋町	13	片山太郎右衛門（神田明神下御台所町）		
湯島妻恋町	13	片山太郎右衛門（神田明神下御台所町）		
湯島三組町・同所続拝領屋敷	13	片山太郎右衛門（神田明神下御台所町）		
本郷春木町一・三丁目	13	片山太郎右衛門（神田明神下御台所町）		
本郷兼坂台町	13	片山太郎右衛門（神田明神下御台所町）		
本郷六丁目横町	13	片山太郎右衛門（神田明神下御台所町）		
本郷喜福寺裏門前	13	片山太郎右衛門（神田明神下御台所町）		
湯島一〜六丁目	12	山本六右衛門（湯島四丁目）		11
湯島一丁目横町・一丁目代地・三丁目代地	12	山本六右衛門（湯島四丁目）		
聖堂掃除屋敷	12	山本六右衛門（湯島四丁目）		
湯島棟梁屋敷	12	山本六右衛門（湯島四丁目）		
本郷金助町	12	山本六右衛門（湯島四丁目）		
本郷元町	12	山本六右衛門（湯島四丁目）		
豊島町一〜三丁目	12	山本六右衛門（湯島四丁目）		
湯島亀有町代地・同所続拝領町屋敷　他	12	山本六右衛門（湯島四丁目）		
浅草平右衛門町	3	村田平右衛門（浅草平右衛門町）		
浅草福井町三丁目	3	村田平右衛門（浅草平右衛門町）		
神田八名川町	3	村田平右衛門（浅草平右衛門町）		
神田餌取屋敷	3	村田平右衛門（浅草平右衛門町）		
神田久右衛門町一丁目蔵地・同代地	3	村田平右衛門（浅草平右衛門町）		17
神田久右衛門町二丁目蔵地・同代地	3	村田平右衛門（浅草平右衛門町）		17

都市と祭礼研究会　参加者・協力者一覧（五十音順）

都市と祭礼研究会に参加、または出席した会員・協力者の名簿である。本書の刊行にあたり、御用留本文の翻刻・解説等の執筆を担当した方、「読み解き帖」に執筆した方、資料編を作成した方、研究会に参加された方を下記のように示した。●＝翻刻　○＝執筆　△＝資料編作成、無印＝研究会参加協力者。また所属については、翻刻、執筆者のみ示すにとどめた。

	所属・肩書	
入江宣子	日本民俗音楽学会会員	●○
上村真理子		
片倉比佐子		
加藤　貴		
亀川泰照	荒川区立荒川ふるさと文化館	●○△
岸川雅範	神田神社権禰宜	○
是澤博昭	聖徳大学専任講師	○
齊藤照徳	駒沢大学大学院博士課程	○
坂本真理子		
清水祥彦	神田神社禰宜	○
鈴木　努	元鹿沼史市史編さん調査員	●○
滝口正哉	千代田区立四番町歴史民俗資料館	●○△
高橋美貴		
田中興平	遠州横須賀・祭研究家	○
新島章夫		
西岡陽子		
西海賢二		
野尻かおる	荒川区立荒川ふるさと文化館	●
橋本美紗子		
樋口　昭		
福原敏男	日本女子大学教授（会代表）	●○
牧田　勲		
水谷　類	明治大学兼任講師	●
皆川義孝	駒沢女子大学講師	●○
村上弘子		
本川美輝		
弥永浩二	荒川区立荒川ふるさと文化館	●
山瀬一男		
山本高史		
湯浅　隆	駒沢大学助教授	●
吉沢季久榮		
渡辺文久		

平成19年4月25日　初版発行　《検印省略》

天下祭読本　―幕末の神田明神祭礼を読み解く―
（てんかまつりどくほん　―ばくまつのかんだみょうじんさいれいをよみとく―）

編　者　都市と祭礼研究会（としとさいれいけんきゅうかい）
発行者　宮田哲男
発行所　（株）雄山閣
〒102-0071　東京都千代田区富士見2－6－9
電話 03-3262-3231 ⑫　FAX　03-3262-6938
振替：00130-5-1685
http://www.yuzankaku.co.jp

組　版　水谷　類
印　刷　ヨシダ印刷
製　本　協栄製本

Printed in Japan 2007
ISBN 978-4-639-01980-0 C1021